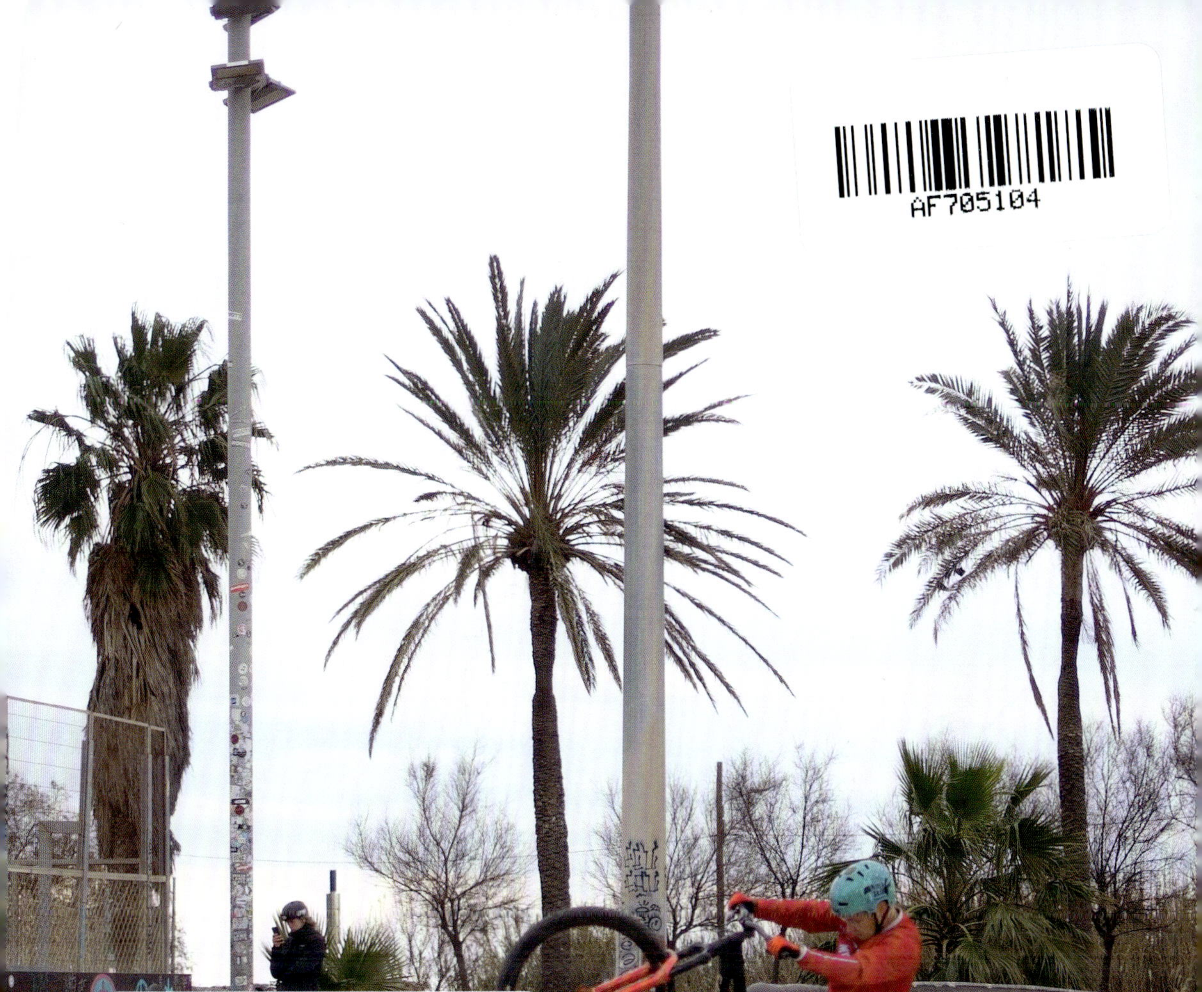

Tricks, die du über Dirt Jumps und Box-Jumps machen kannst, kannst du mit dem Buch „*How to Stunt it*“ lernen.

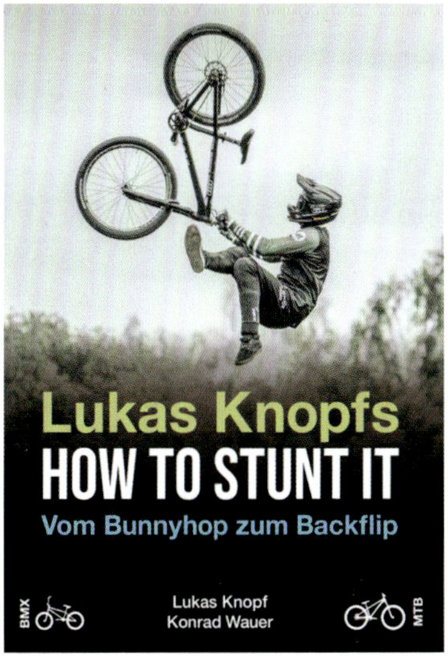

ISBN 978-3-00071-018-6

Der Autor

Konrad Wauer

Für Konrad vergeht kaum ein Tag ohne sein Dirtrad. Und wenn, dann sitzt er wahrscheinlich auf einem Fully. Er hat an unzähligen Wettbewerben, von Dirt- und Skateparkcontests bis zu Pumptrack- und 4x-Rennen teilgenommen und viele davon gewonnen. Selbst einen Trialwettbewerb und ein Cyclocross-Rennen gewann er schon auf dem Dirt. Unter dem Label „Ninja-Bike“ entwickelt er Mountainbike-Problemlöser. Auf seiner eigenen Webseite bietet er Trick-Workshops an. Konrad hat Industriedesign studiert und arbeitet als freiberuflicher Autor, Dozent und Industriedesigner.

konradwauer konrad-wauer.de ninjaskin_shinguards ninja-bike.de

Fährt Mountainbike seit: 2001

Konrads erster Trick: Nofoot

Lieblingstrick: 360-Nosedive und 360-Cancan

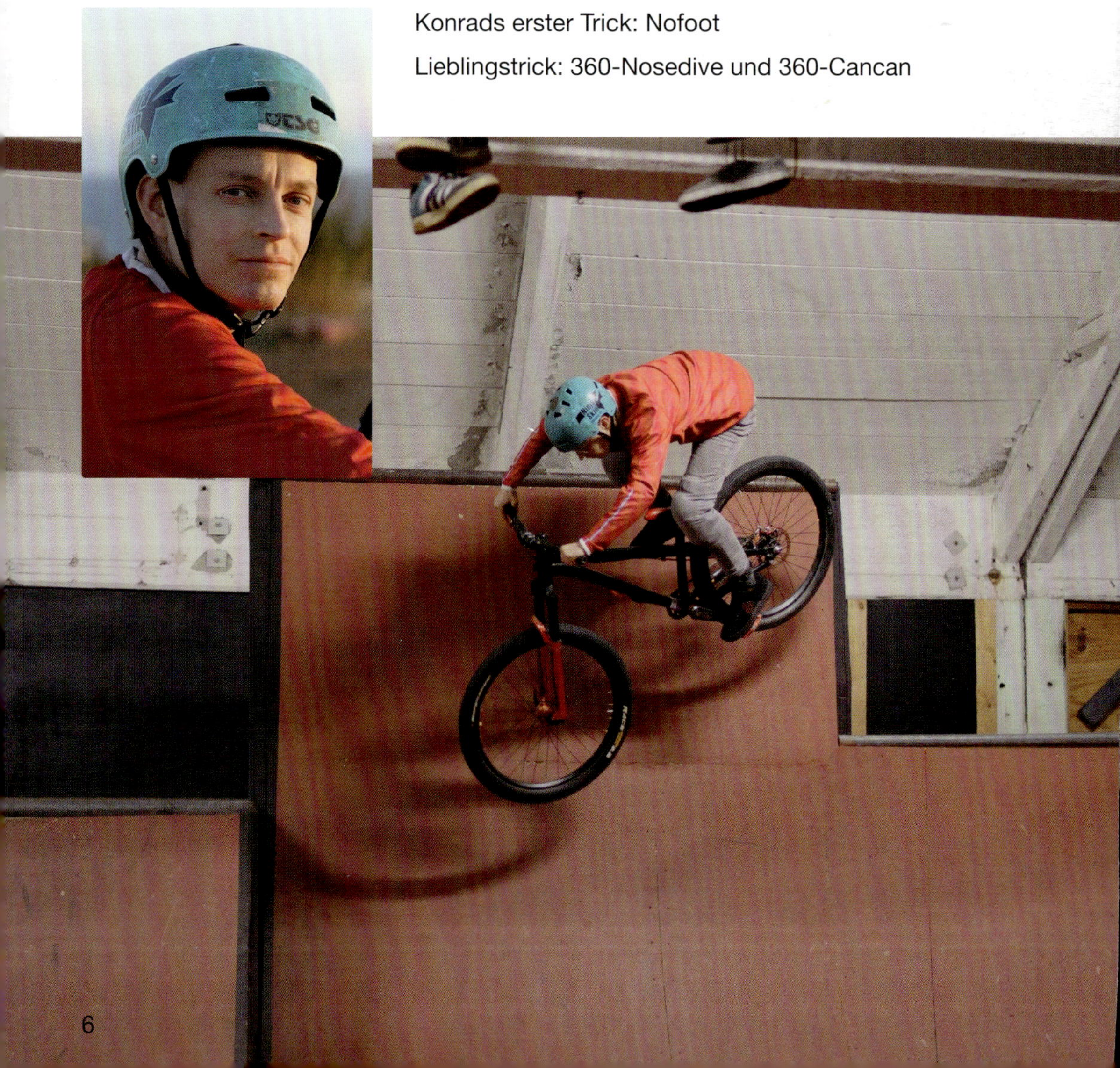

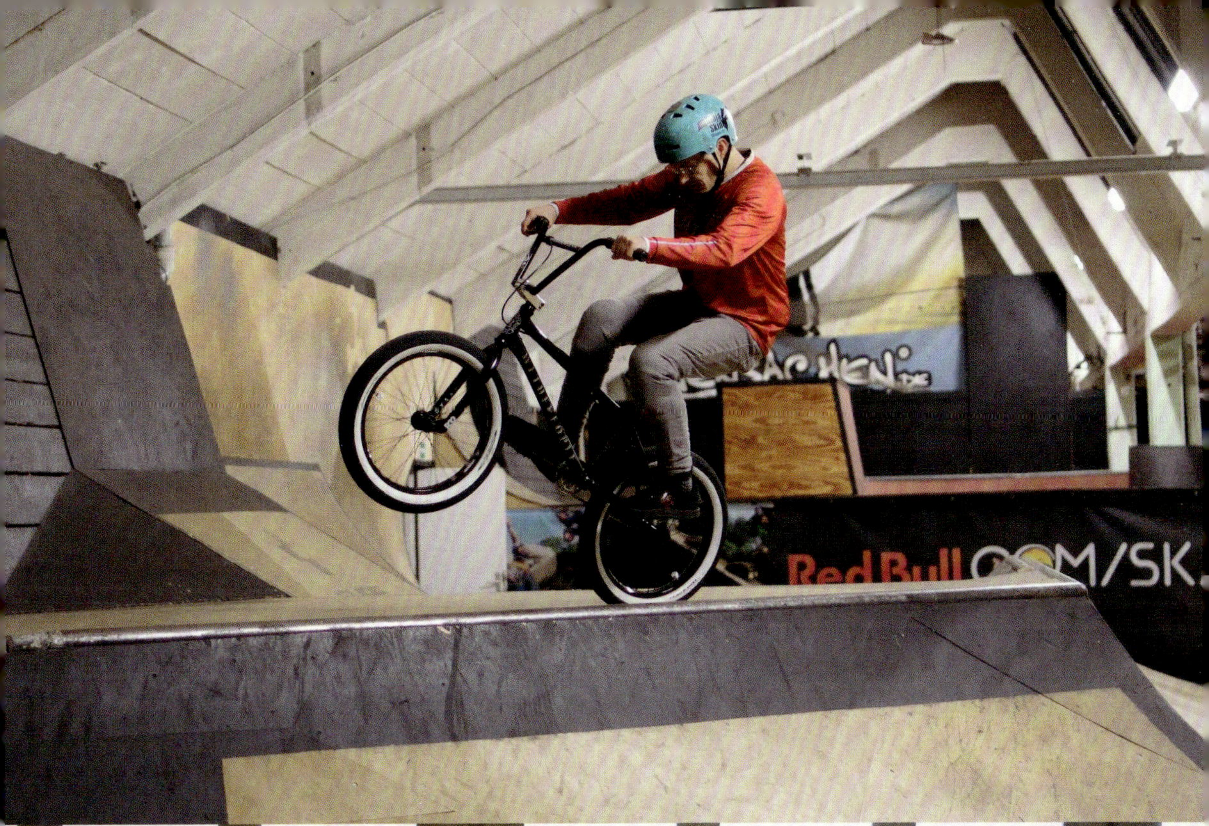
Red Bull

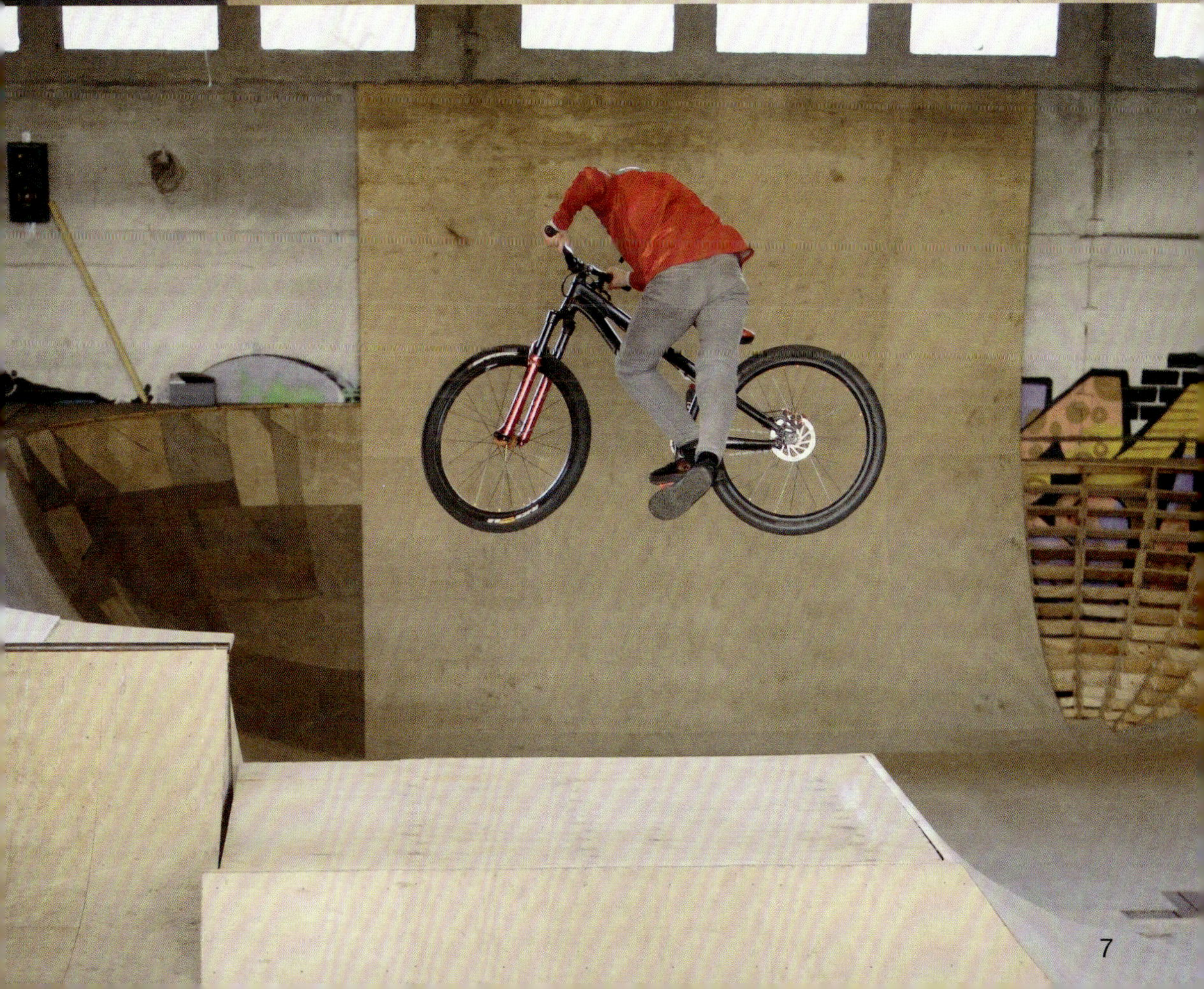

Begriffserklärungen

Spezialbegriffe fürs Trickfahren

Airtime: Die Zeit, die du bei einem Sprung in der Luft verbringst.

Alley-oop: Schräg (im Winkel) entgegen der Drehrichtung auf den Absprung zufahren.

Fakie (fahren): Rückwärts fahren.

Freecoaster: Spezial-Hinterradnabe zum Fakie fahren ohne rückwärts treten.

Grinden: Das Rutschen auf einer Kante mit Pegs, Pedalen oder Ausfallenden.

Hinterer und vorderer Fuß: Welcher Fuß vorne oder hinten auf den Pedalen steht.

Manual: Ohne zu treten (im Stehen) nur auf dem Hinterrad fahren.

Nosedive: Mit tief hängendem Vorderrad springen.

Opposite: Einen Trick in die andere und ungewohnte Richtung machen. Kurz: Oppo.

Peg: Rohrförmige Verlängerungen der Achsen, auf denen man grinden kann.

Pull-up Trick: Einen Trick nur auf dem Hinterrad fahrend ausführen.

Tap: Mit nur einem Rad an einem Punkt stehen oder eine Fläche berühren.

Spezialbegriffe für den Skatepark

Transition: Die Rundung einer Quarter oder Rampe.

Vert: (Von vertikal) – Der senkrechte Teil einer Halfpipe oder Quarter.

Coping: Ein Metallrohr an Rampen. Fürs Grinden und extra „Kick“ beim Abspringen.

Bauformen von Sprüngen

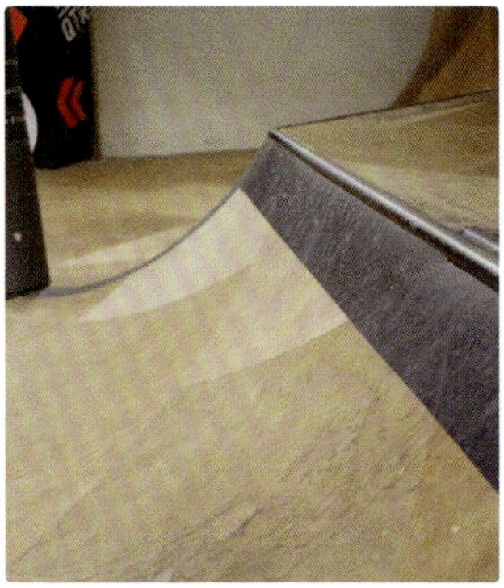

Quarter – Ein breiter Absprung, in dem auch gelandet werden kann.

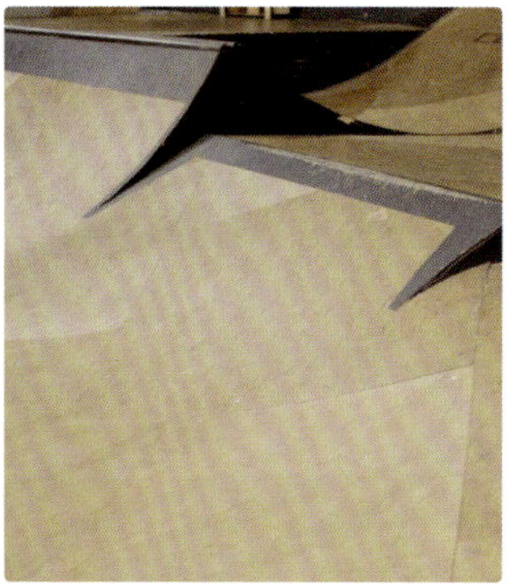

Bank – Eine schräge breite Fläche, auf die du hinauffahren kannst.

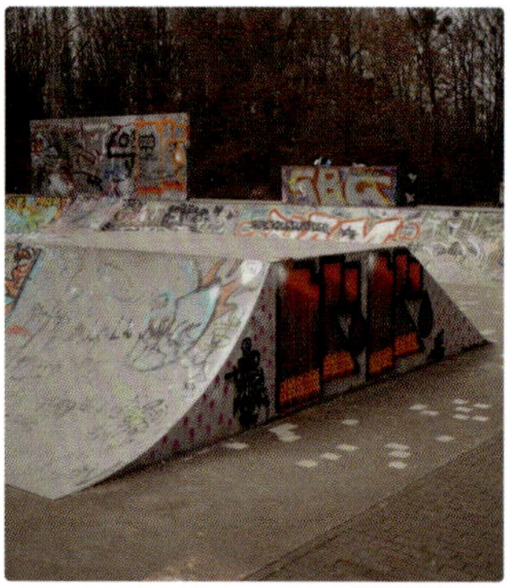

(Fun)Box / Table – Sprung mit einer Fläche zwischen Absprung und Landung.

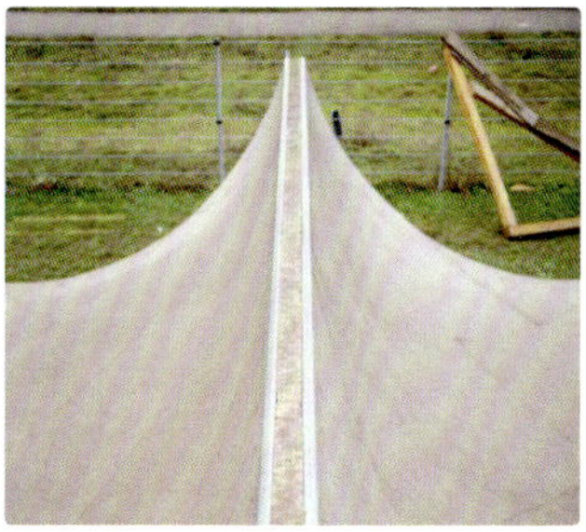

Spine – Zwei aneinanderstehende Quarter zum Drüberspringen.

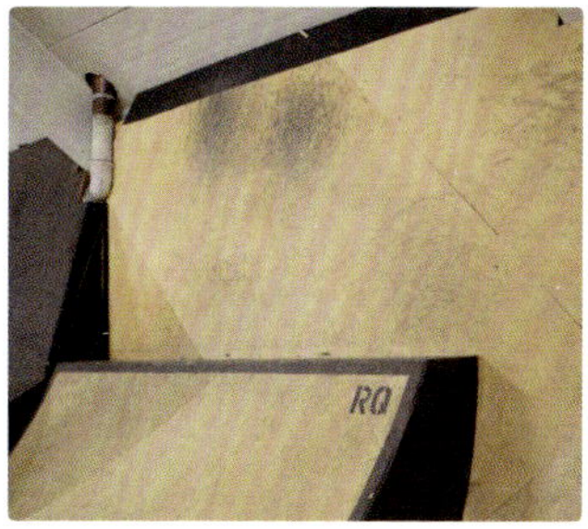

Wallride – Eine steile oder senkrechte Wand, meist mit Quarter davor.

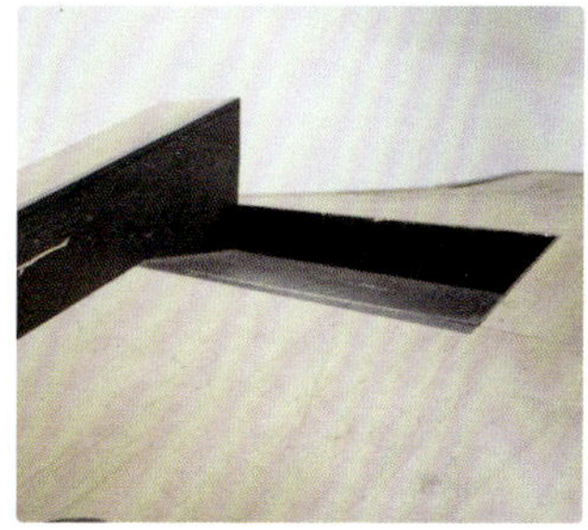

London Gap – Ein Absatz zwischen einer Bank und einer Fläche.

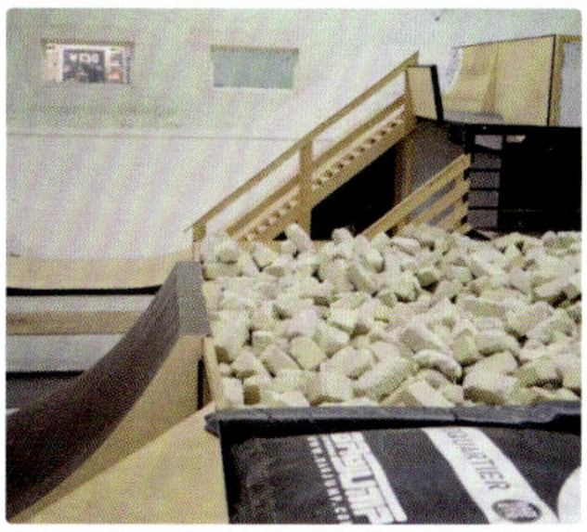

Foampit – Ein weiches Becken voller Schaumstoff.

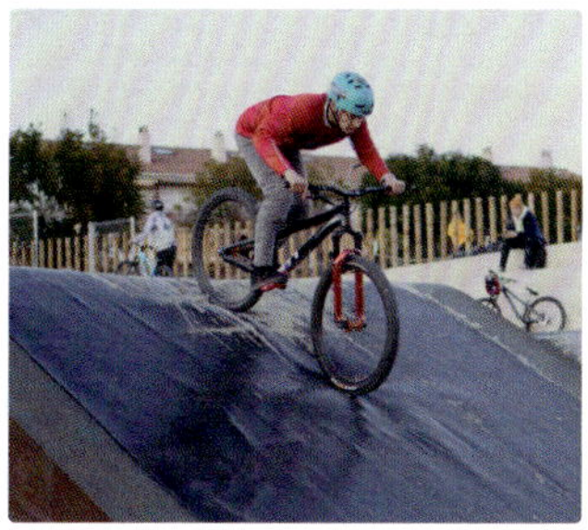

Resi – Eine weiche Landung (gerade oder geneigt).

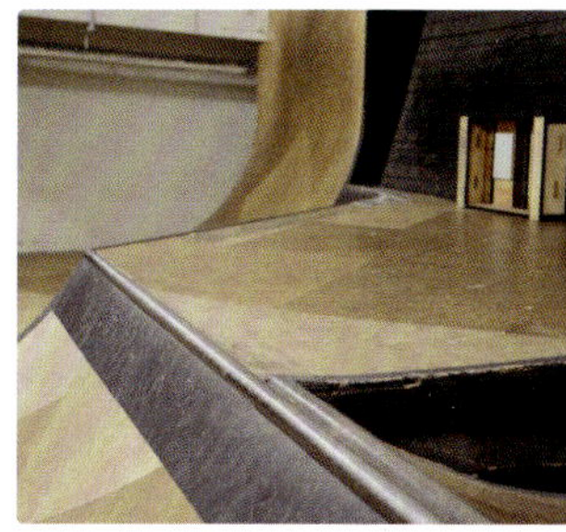

Flyout – Eine gerade Fläche, vor der sich ein Absprung befindet.

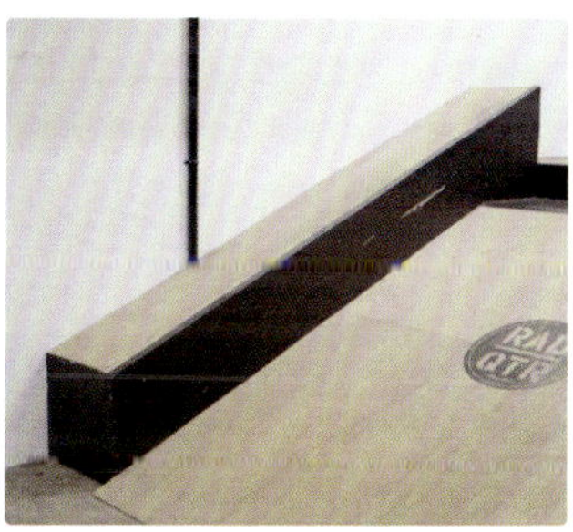

Ledge – Eine schmale angehobene Fläche (gerade oder geneigt).

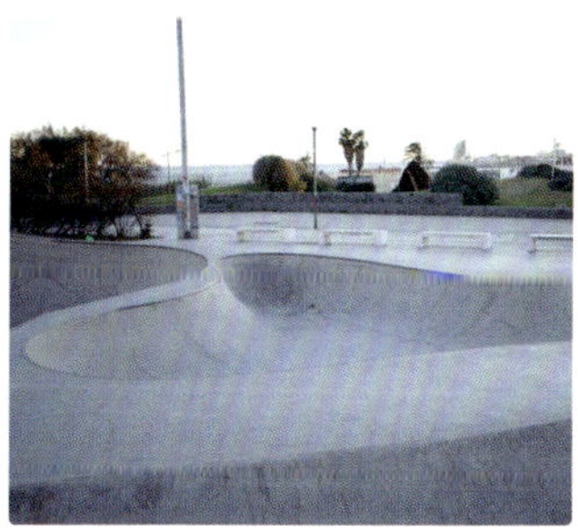

Pool – Geschwungene Senke mit einer Quarter an allen Seiten.

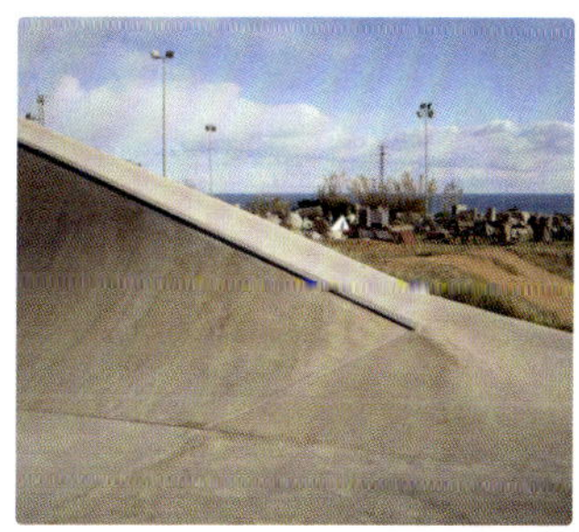

Hip – Ein Sprung, der um die Ecke geht.

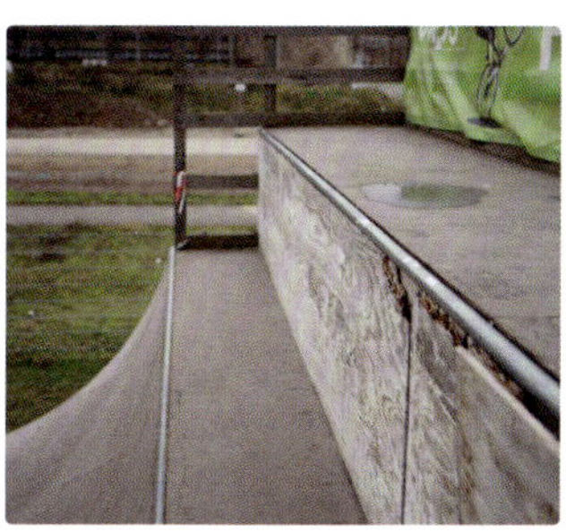

Subbox – Eine erhöhte Fläche an einer Quarter. Zum Abspringen & Landen.

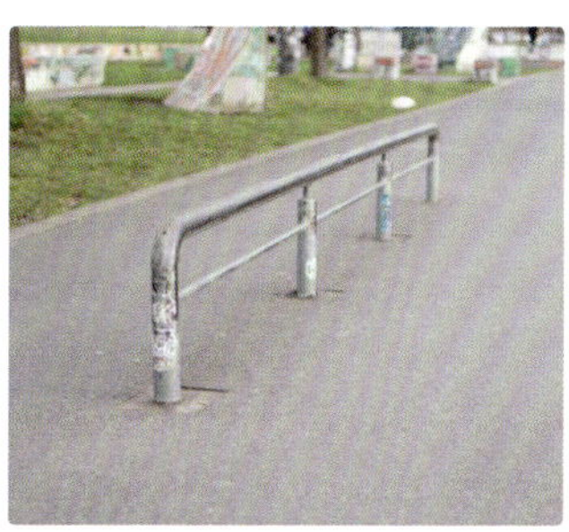

Rail – Ein frei stehendes, höher befestigtes Metallrohr zum Grinden.

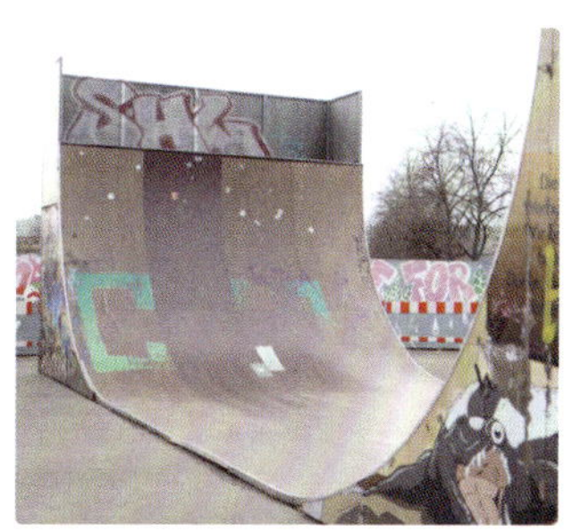

Halfpipe – Zwei hohe, gegenüberstehende und senkrechte Quarter(pipes).

Fahrradeinstellung

Deine Kette

Deine Kette sollte so sehr gespannt sein, dass sie nicht gegen den Rahmen schlägt. Eine ordentliche Kettenspannung vermeidet nicht nur Klappern, sondern oft auch, dass sich deine Kurbel in der Luft bei Tricks wegdreht. Beim BMX sollte dafür dein Kettenblatt auch möglichst mittig und rund laufen.

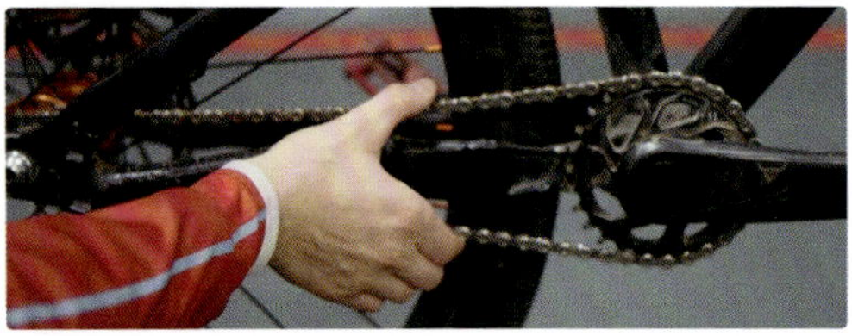

Deine Bremsen

Wenn du Bremshebel hast, sollten sie mindestens 45° nach unten zeigen, sonst fehlt dir bei Tricks die Bewegungsfreiheit für deine Hand. Stell die Bremsgriffe so nah ein, dass du sie jederzeit einfach mit deinen Zeigefingern erreichst.

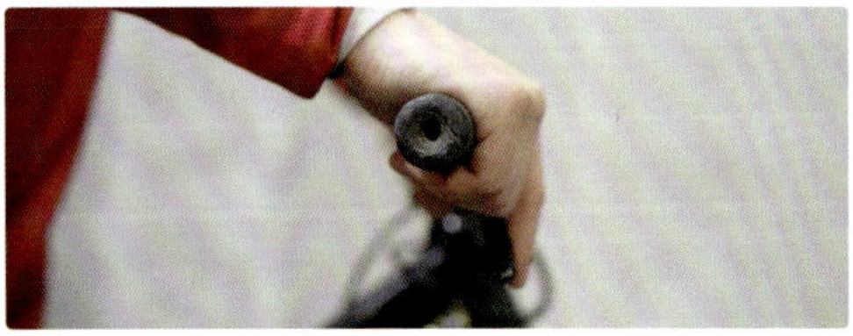

Dein Reifen

Wenn deine Reifen es erlauben, (siehe Aufschrift) solltest du mit 3,5-4,5 bar fahren. Bei weniger Druck rollt dein Reifen schlechter und fährt sich beim Abspringen und Landen schwammig.

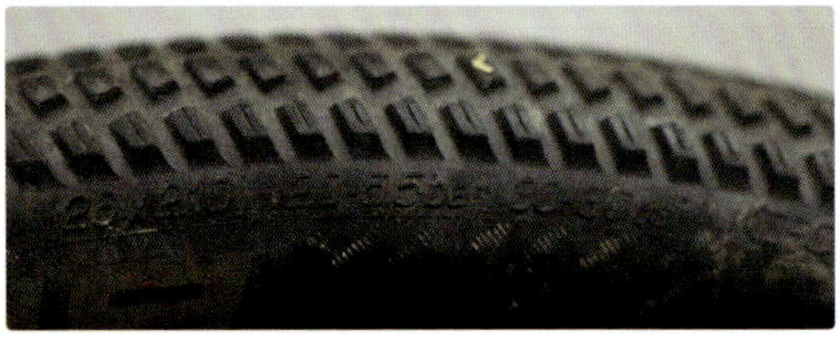

Dein Sattel

1-2 Egal ob MTB oder BMX, um den Sattel gut klemmen zu können, sollte er sich entweder über oder unter dem Knie befinden.

3-4 Zusätzlich kannst du noch mit der Neigung experimentieren, was sich besser klemmen lässt. Grundsätzlich gilt: Für die meisten Tricks den Sattel besser so niedrig wie möglich einstellen, aber so hoch wie zum Klemmen nötig.

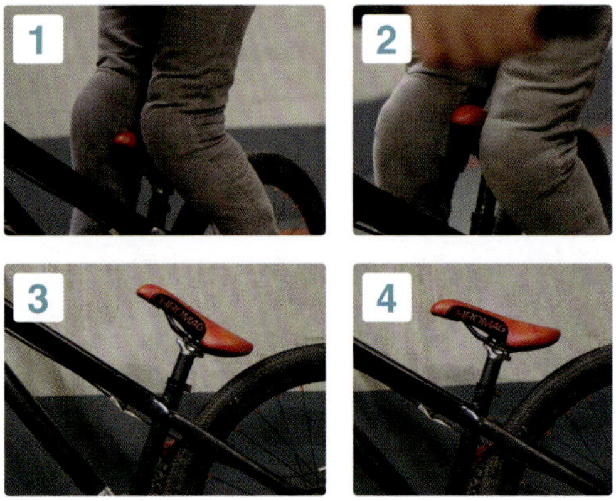

Die Wartung deines Rades

Eine Regelmäßige Wartung, wie Kette ölen, bewegliche Teile reinigen und Schrauben darauf prüfen, ob sie festgezogen sind, tut nicht nur deinem Fahrrad gut. Ohne Knacken und Knirschen macht Springen mehr Spaß und manche Tricks funktionieren mit gepflegtem Rad sogar besser. Speziell deine Federgabel braucht, je nachdem wie oft du fährst, ca. jährlich einen kleinen Service inklusive Ölwechsel, damit sie lange gut funktioniert.

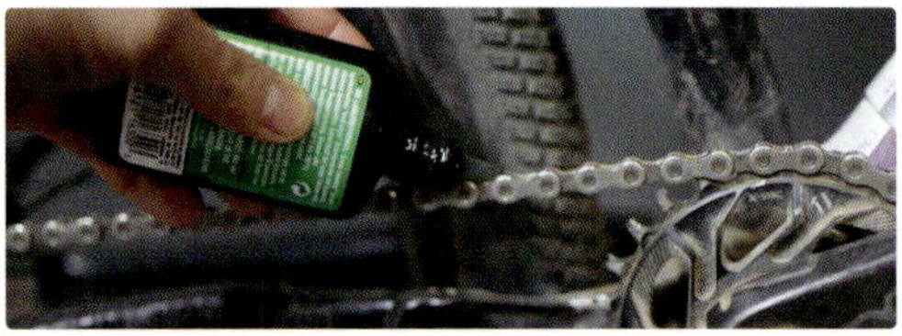

Dein Lenker

MTB 1 – BMX 1 Stell deinen MTB-Lenker so ein, dass deine Lenkerenden hinten ca. mit der Steuersatzkappe abschließen. Beim BMX sollte der Lenker etwa eine Gerade mit der Gabel bilden. So bewegen sich deine Griffe beim Lenken um den Drehpunkt und schwenken nicht zur Seite. Das hilft dir bei X-Ups, Barspins und beim Kurvenfahren.

MTB 2-3 – BMX 2-3 Die Höhe und Breite von Lenkern kannst du an Fahrrädern deiner Freunde testen. Achte darauf, ob sich die Höhe besser als deine anfühlt und pass sie gegebenenfalls an, indem du die Spacer verschiebst oder den Lenker oder Vorbau wechselst. Neben der Höhe kann auch ein passend gekürzter Lenker Barspin & Co. leichter machen (Konrads Lenker ist 730 mm breit). Kürze ihn in 5-10- mm Schritten.

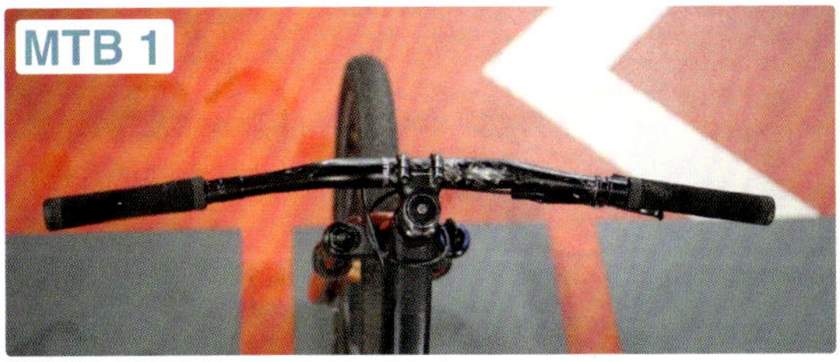

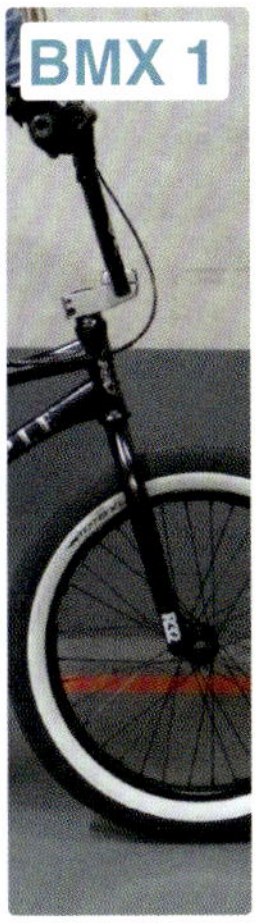

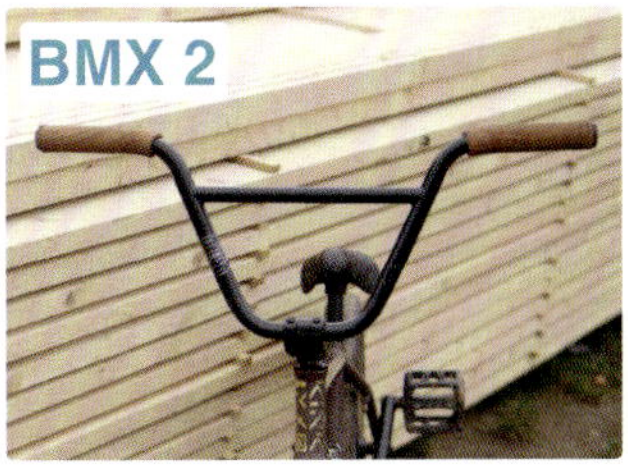

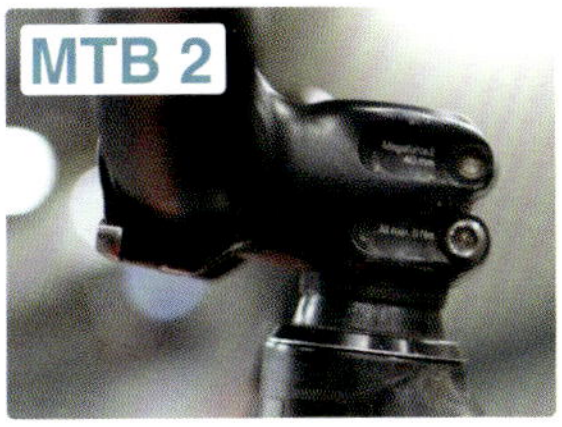

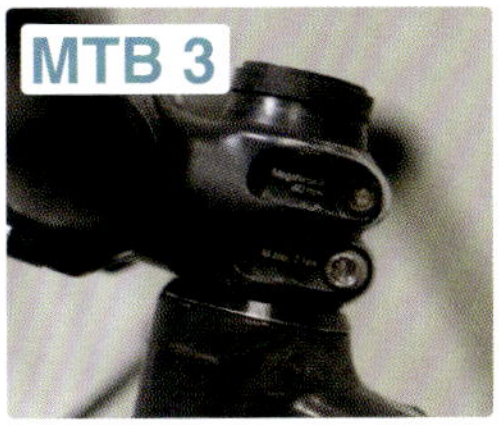

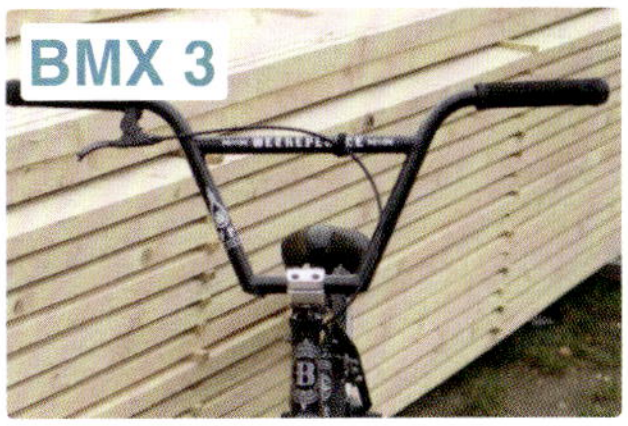

Wenn du eine Federgabel hast:

Stell deine Gabel in kleinen Schritten ein und probiere sie zwischendurch aus.

Ventil: Wenn du eine Luftfedergabel hast, solltest du mit so viel Luftdruck fahren, dass die Gabel beim Fahren nicht wegsackt und trotzdem harte Landungen abfedern kann. Geh circa vom einfachen bis doppelten des empfohlenen Drucks aus, aber überschreite nicht den angegebenen Maximaldruck.

Zugstufe: Die Zugstufeneinstellung (nicht immer vorhanden) regelt die Ausfedergeschwindigkeit und ist meist über einen roten Knopf einstellbar. Sie sollte so offen und schnell wie möglich sein, ohne dass die Gabel „schnipst".

Druckstufe: Die Druckstufeneinstellung (nicht immer vorhanden) regelt die Einfedergeschwindigkeit. Sie lässt sich über einen blauen Knopf einstellen. Fahr sie so offen wie möglich und verwende lieber mehr Luftdruck, das schont die Gabel.

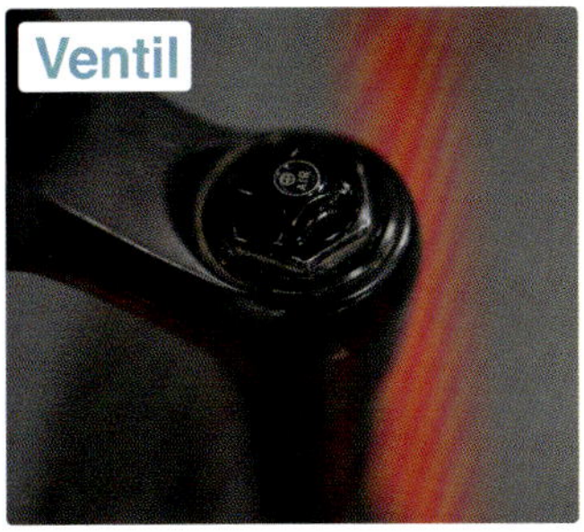

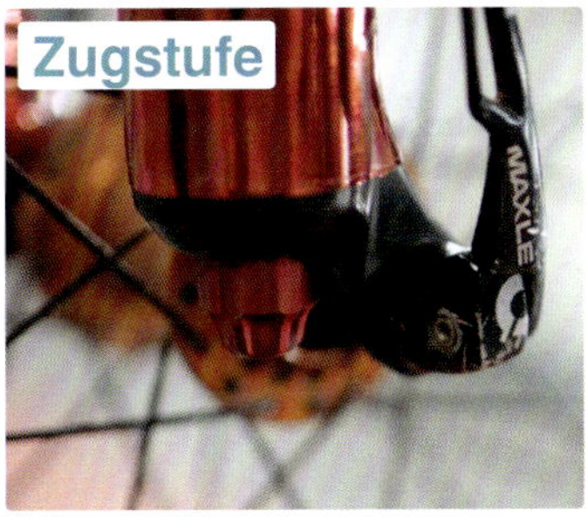

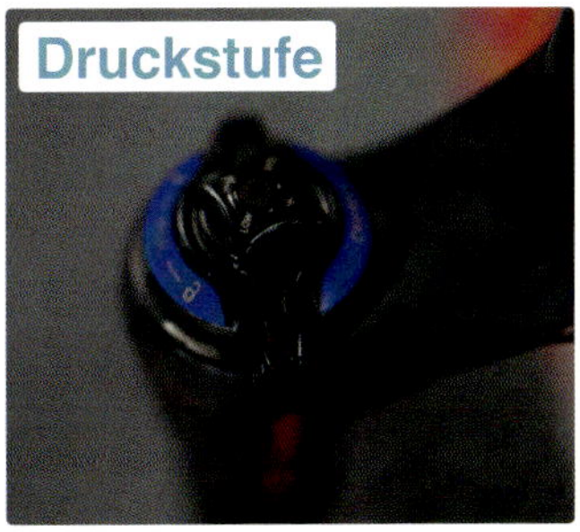

Die Basics für Tricks

Lass dir Zeit

1-2 Oft hilft es, einen Trick erst später in der Luft anzufangen. Wenn du dir die Zeit nimmst, dein Rad zu stabilisieren, dann fallen dir Tricks einfacher, weil dein Rad dann „still hält". Gerade Tricks, die lange dauern, funktionieren meist besser, wenn du etwas wartest. Ein Tailwhip etwa, ist viel schwerer, wenn du ihn direkt nach dem Abspringen ankickst.

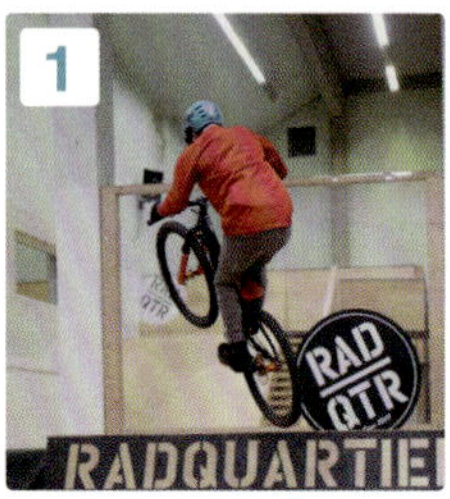

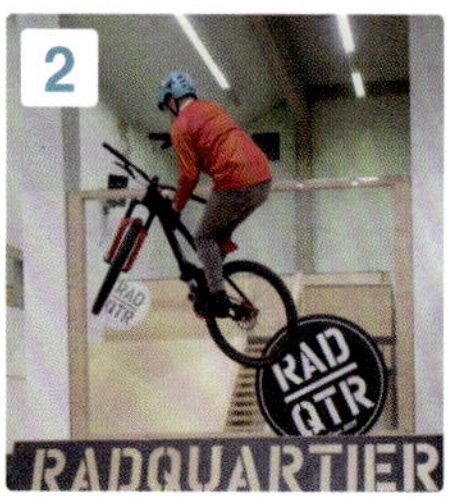

Nutze einfache Sprünge

Probiere Tricks an einem Sprung, den du gut beherrschst und der keine zu steile Landung hat. Bestenfalls hat er eine weiche Landung oder du kannst dir die Landung durch eine Matte oder, bei einer Erdlandung durch Aufhacken des Bodens weich machen.

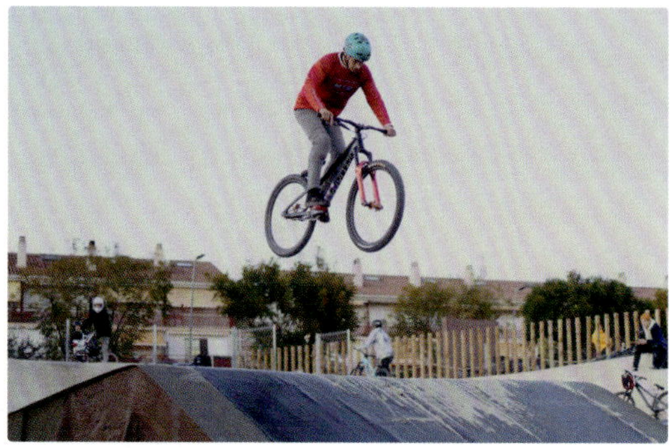

Konzentriere dich auf EINE Bewegung

Viele Tricks sind schwierig, weil du viele Bewegungen gleichzeitig oder direkt hintereinander ausführen musst. Beim Full-cab etwa musst du nur zum Einleiten:

1 Erst deinen Körper zur Drehseite neigen

2 Gegen die Drehrichtung einlenken

3 Gleichzeitig deine Arme strecken

4 Danach wieder die Arme beugen

5 Und dann deinen Hüfte zum Balancieren nach hinten schieben

Du kannst dir sicher vorstellen, dass du das nicht alles gleichzeitig lernen kannst. Viel besser ist es, sich immer nur auf *eine* Bewegung zu konzentrieren. So kann dein Unterbewusstein diese eine Bewegung erlernen. Du kannst dich dann, wenn die Bewegung funktioniert oder du sie viel geübt hast, auf eine andere Bewegung konzentrieren.

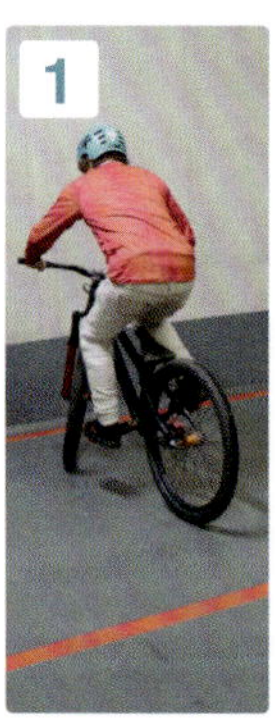

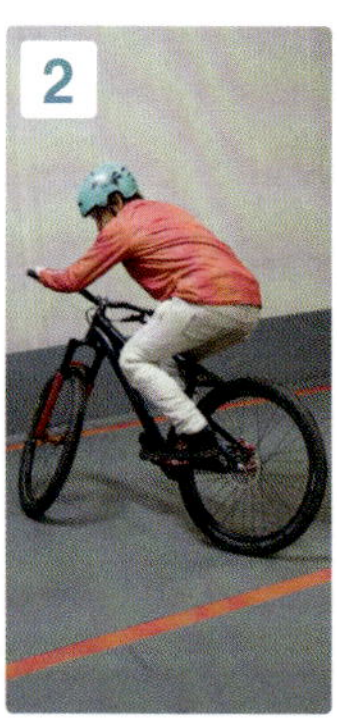

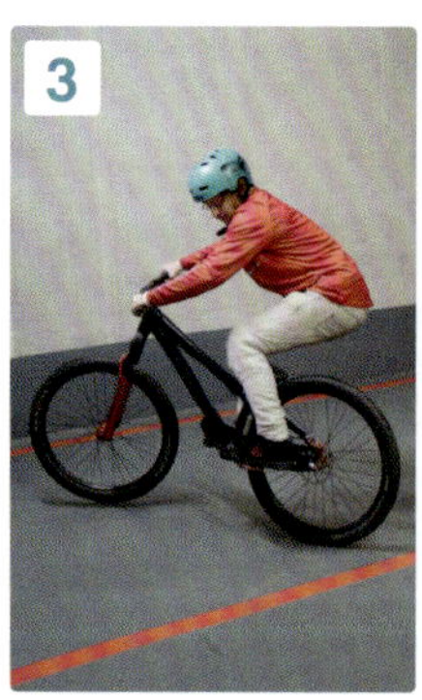

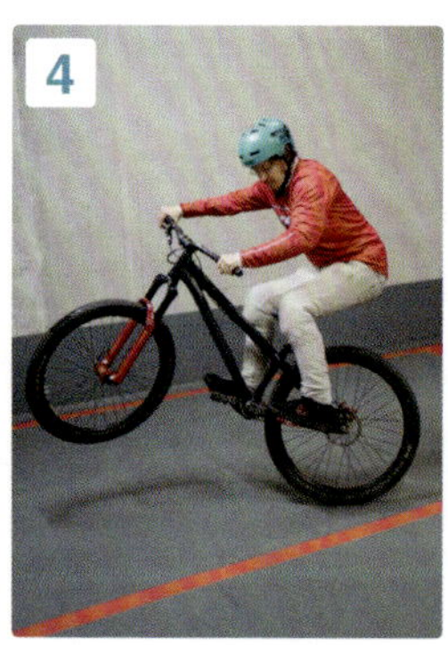

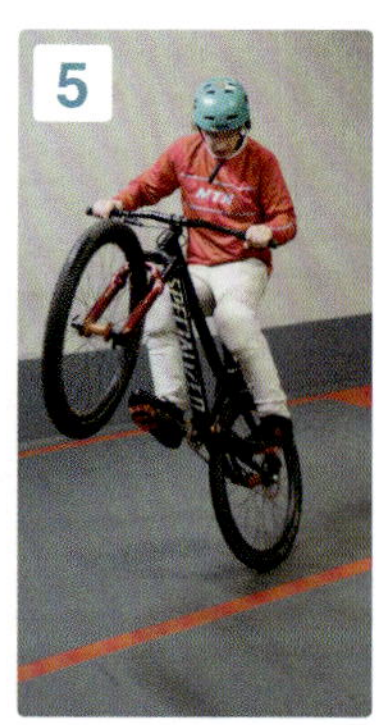

Taste dich schrittweise vor

Es ist meist viel leichter, einen Trick in Zentimeterschritten zu lernen, als ihn gleich verkrampft voll ausführen zu wollen. Oft „klemmt“ ein Trick, wenn du am Anfang zu viel willst. Wenn du beim Tricks Üben jedes Mal ein klein wenig mehr machst, als beim letzten Versuch, ist viel einfacher und du schaffst Tricks so meist schneller.

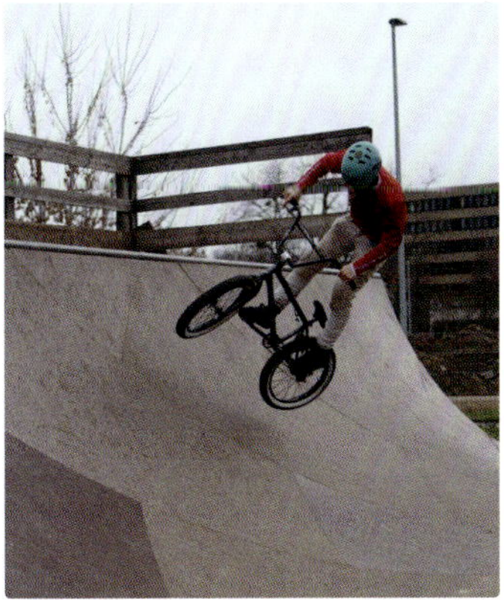

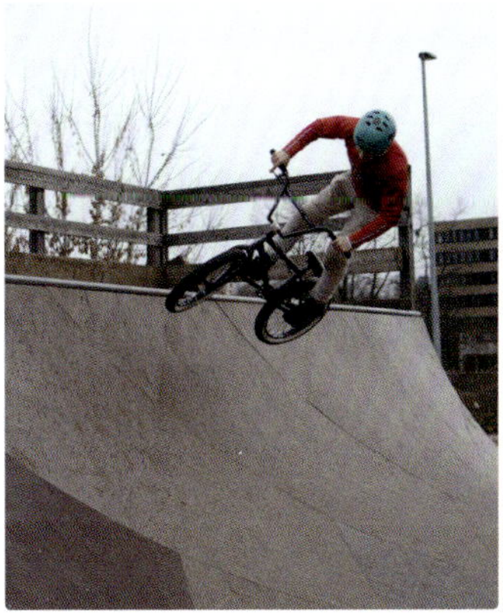

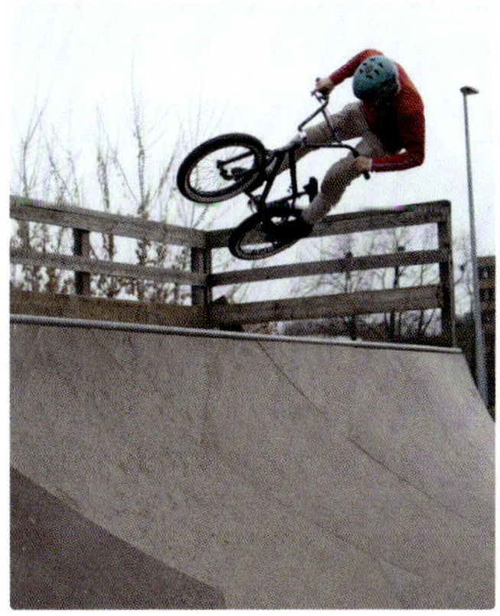

Dein Schutz

Trag immer einen Helm und für die meisten Tricks auch Knie- und Schienbeinschoner. Einen Nofoot mit Scheinbeinschonern zu üben ist nicht nur sicherer, sondern du wirst dich auch schneller trauen, die Füße von den Pedalen zu nehmen. Zur Sicherheit ist es auch besser, nicht alleine zu fahren.

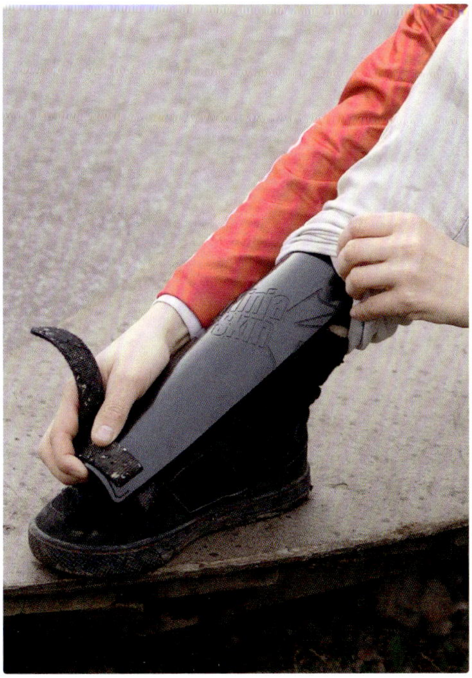

Übe mit Freunden

Mit Freunden Tricks zu üben, macht mehr Spaß, ist motivierender und kann euch auf neue Ideen bringen. Außerdem können sie manchmal sehen, was du noch besser machen kannst. Achte bei Erklärungen aber auf das Wort „einfach“. Denn genau der Teil des Tricks ist oft der schwerste.

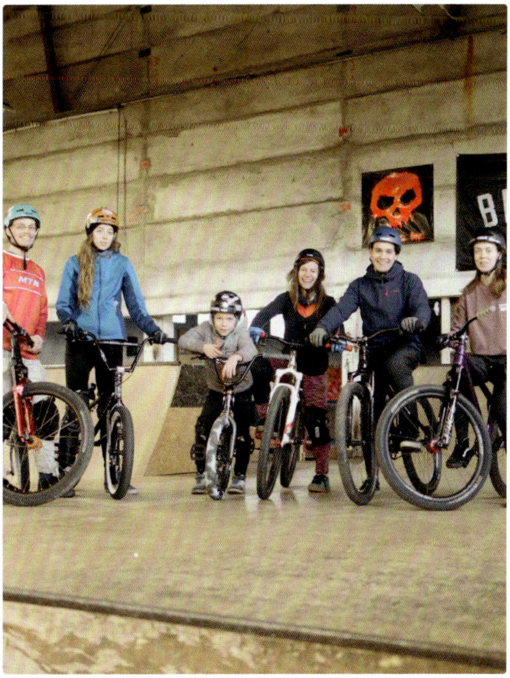

Allgemeine Sprungtechnik

Die Grundhaltung

Überprüfe selbst deine eigene Haltung. Lass aber auch Freunde deine Haltung begutachten, denn die Haltung lässt sich von „außen“ oft besser beurteilen.

Rücken flach: Um stabil in der Luft zu fliegen, solltest du nicht zu sehr auf dem Rad „stehen“, sondern eher „liegen“. Damit du „liegst“, musst du deine Beine strecken, deine Arme beugen oder vielleicht deinen Lenker tiefer montieren.

Ellenbogen nach außen: Damit du seitlich stabil auf dem Rad stehst, halte deine Ellenbogen zur Seite (nicht nach hinten) und die Arme leicht gebeugt.

Beine nur leicht gebeugt: Um deine Beinkraft am besten zum Springen, Pumpen und Abfedern zu nutzen, streck deine Beine fast ganz aus.

Hinterer Fuß gegen das Pedal gedrückt: Um dich gut auf dem Rad zu verankern, neigst du deinen hinteren Fuß nach vorn und drückst ihn nach hinten in das Pedal. So verhakt sich deine Schuhsohle in den Pins. Noch dazu sollten deine Füße weit hinten auf den Pedalen stehen, damit du sie besser neigen kannst.

Steh mittig auf dem Rad: Dein Körpergewicht sollte sich gleichmäßig auf das Vorderrad und das Hinterrad verteilen.

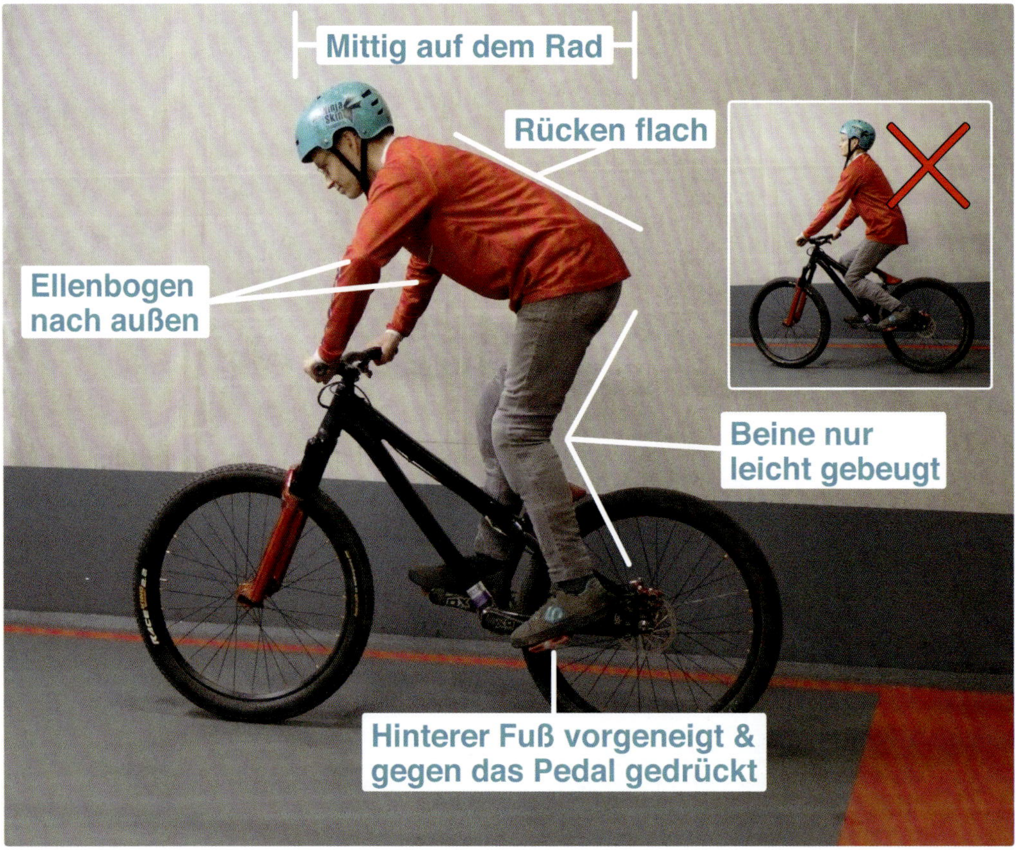

Das Abspringen

1 Um das Abspringen entspannt zu üben, suchst du dir am besten einen Flyout, einen breiten Table oder ein Resi. Nimm die Grundhaltung ein und fahr mit ausreichender Geschwindigkeit auf den Absprung zu.

2 Beuge vor dem Absprung deine Arme und Beine nur wenig. Spann deine Muskeln an.

3 Drück mit deinen Beinen und Armen gegen den Absprung, das macht das Abspringen sicherer.

4 Umso steiler der Absprung ist, umso mehr musst du am Ende den Lenker zur Hüfte ziehen.

Zum Höherspringen machst du dich vor dem Absprung klein und streckst die Arme und Beine auf den letzten zwei Metern des Absprungs.

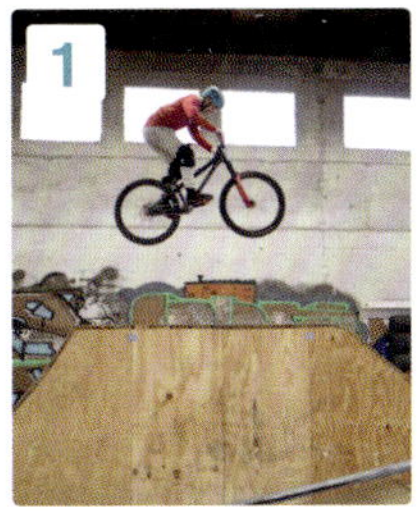

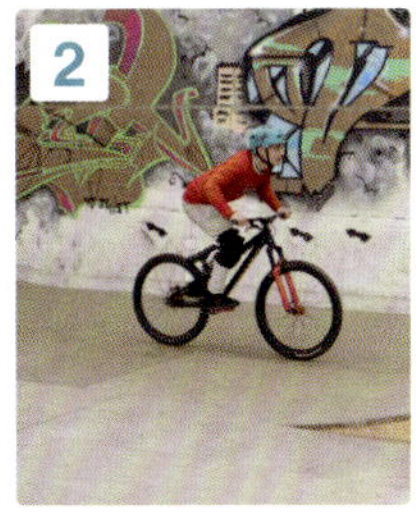

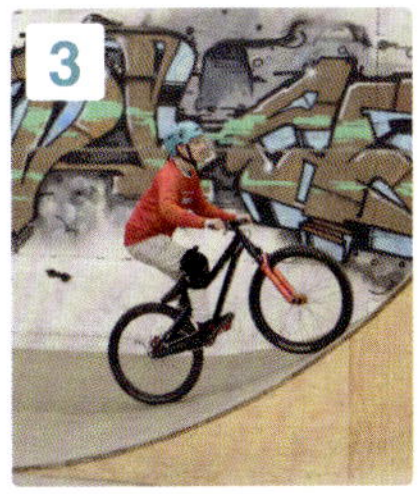

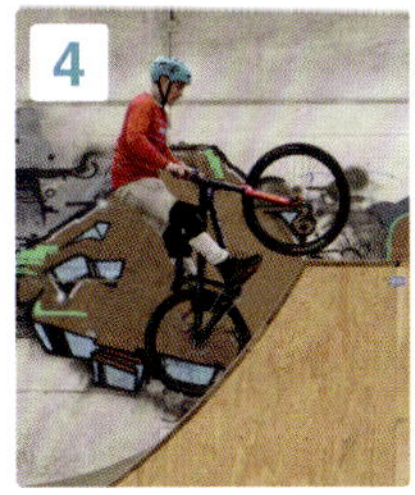

Das Fliegen

5 Streck deine etwas nach vorne Arme und nimm wieder die Grundhaltung ein.

6-7 Für einen Sprung mit Landung brauchst du eine Flugkurve (deswegen ziehst du deinen Lenker vor dem Abspringen zur Hüfte). Es kann einiges an Übung brauchen, bis du ein Gefühl für die Flugkurve hast und sie mit einer gleichmäßigen und entspannten Bewegung einleiten kannst. Um deine Lage in der Luft zu korrigieren, lehnst du dich nach vorne, um frontlastiger zu fliegen, und nach hinten, um hecklastiger zu fliegen.

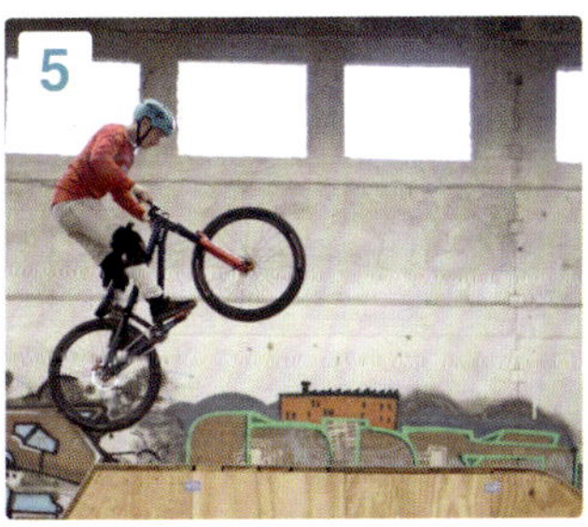

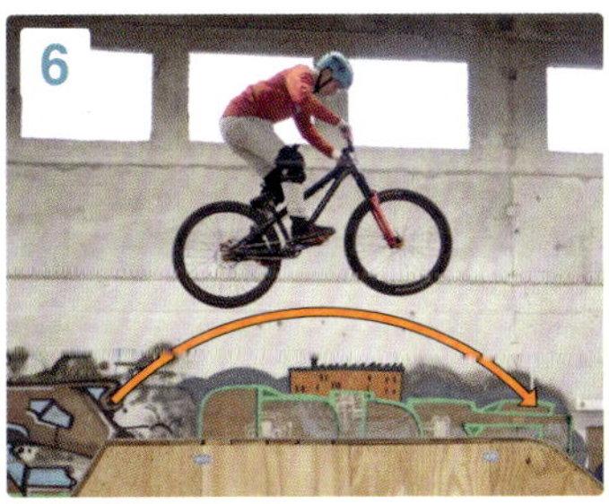

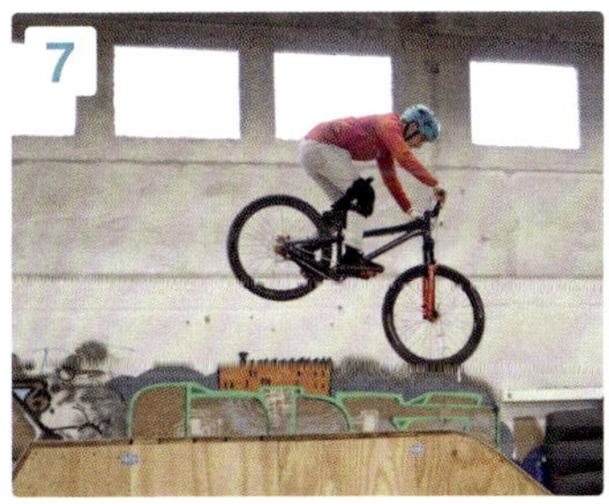

Das Landen

8 Halte deine Arme und Beine vor der Landung leicht gebeugt und steh mittig zwischen Vorderrad und Hinterrad.

9a Am Anfang ist es sicherer, mit beiden Rädern gleichzeitig zu landen.

9b Bei steilen Landungen solltest du zuerst mit dem Vorderrad landen.

9c Lande hecklastig, wenn du aus großer Höhe auf einer flachen Landung aufkommst.

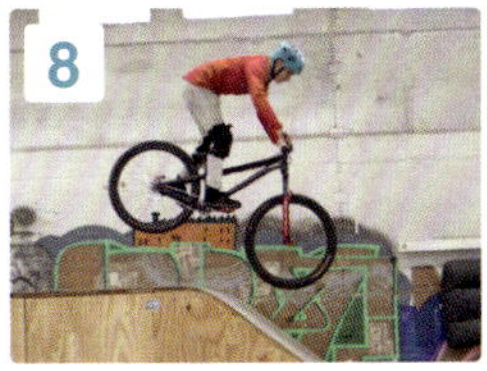

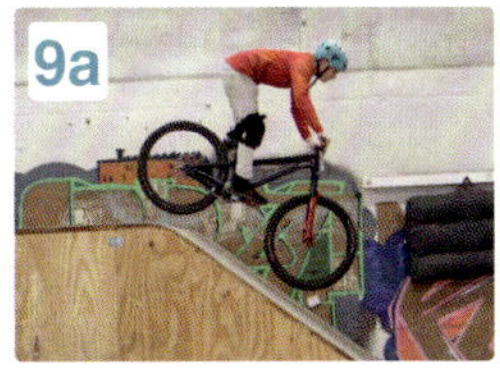

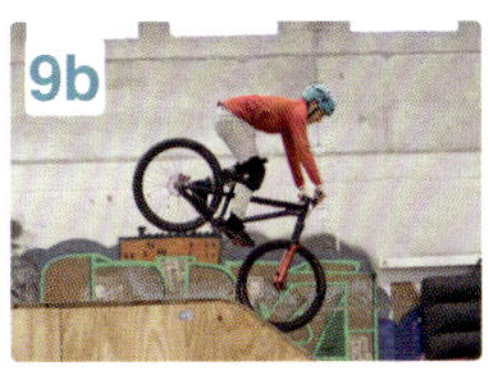

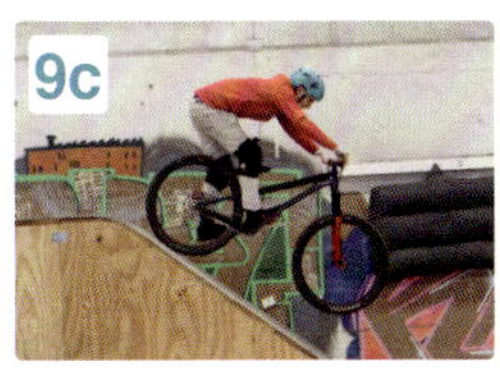

Bunnyhop

Vorübung I – Vorderrad hochziehen

1 Streck deine Arme und Beine.

2 Beuge deine Arme stark und senk so deinen Oberkörper zum Lenker.

3 Streck deine Arme schwungvoll aus, sodass dein Oberkörper ca. im 20°-Winkel nach hinten und oben schnellt. Lass deine Beine dabei leicht gebeugt.

4 Sobald du ganz ausgestreckt bist, ziehst du deine Arme wieder leicht zu dir. Damit das Hochziehen gut funktioniert, ist es wichtig, die Bewegungen schnell hintereinander auszuführen. Dieser Bewegungsablauf ist übrigens der gleiche wie beim Manual.

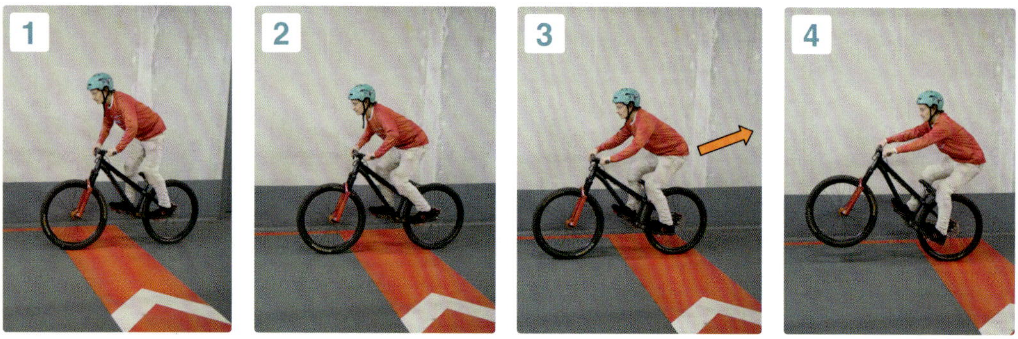

Vorübung II – Hinterrad hochziehen

1 Neige deinen hinteren Fuß nach vorne und drück nach hinten gegen das Pedal. So hebst du nicht von den Pedalen ab, wenn du deine Füße nach oben ziehst, sondern ziehst auch dein Hinterrad mit nach oben.

2 Geh mit deinem Po zum Sattel, als würdest du dich hinsetzen wollen, halte aber 10 cm vor dem Sattel an.

3 Streck deine Beine gleich danach mit voller Kraft ganz aus.

4 Zieh deine Beine wieder an dich ran. Wenn du dabei weiter nach hinten gegen das hintere Pedal drückst, hebt dein Hinterrad vom Boden ab.

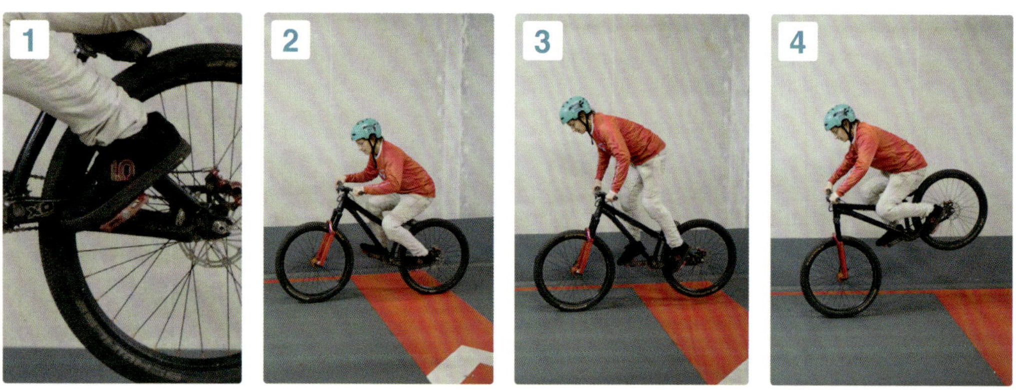

Der Bunnyhop

Der Bunnyhop ist eine Kombination aus den Vorübungen I und II. Erst hebst du dein Vorderrad und dann dein Hinterrad wie beschrieben an. Es braucht etwas Übung, bis du das richtige Timing draufhast.

1 Für einen richtigen Bunnyhop musst du erst das Vorderrad anheben. Achte dabei darauf, dass du deinen Körper in einem flachen Winkel nach hinten oben bewegst und deine Beine am Ende noch gebeugt sind. Denn du musst sie ja strecken können, um das Hinterrad anzuheben.

2 Erst kurz vor dem Höhepunkt des Vorderrades streckst du deine Beine aus.

3 Nun ziehst du deine Beine wieder an dich heran und hebst das Hinterrad hoch. Wenn du die Arme und Beine so nah wie möglich an dich ziehst, kommst du am höchsten.

4 Als Übung kannst du über einen dünnen Stock oder eine Linie auf dem Boden springen und dann schrittweise das Hindernis vergrößern. Wähle zum Üben abgerundete Hindernisse, um keinen platten Reifen zu bekommen.

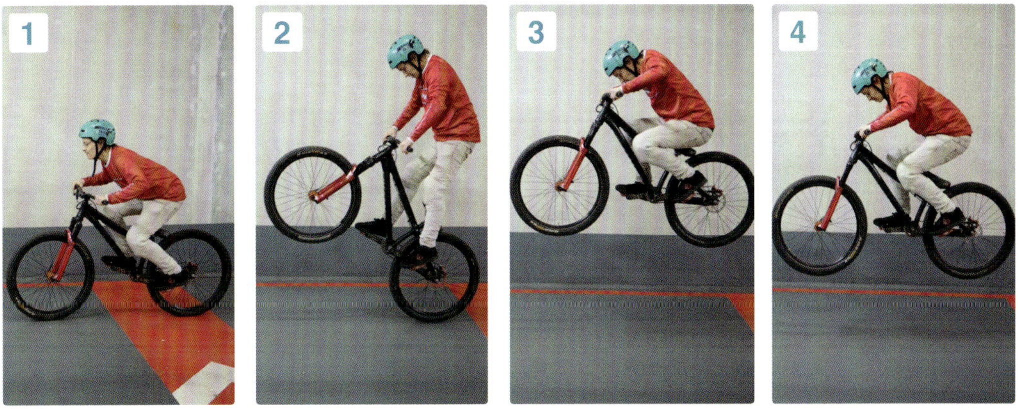

Der Schweinehop

1-3 Wenn du beide Laufräder gleichzeitig anhebst, dann machst du einen Schweinehop. Im Vergleich zum eleganten Bunnyhop, bei dem du wie ein Hase springst, sieht dieser Hop nicht so elegant aus. Weil er einfacher ist und du dich weniger vor- und zurückbewegst, eignet er sich für manche Vorübungen trotzdem besser.

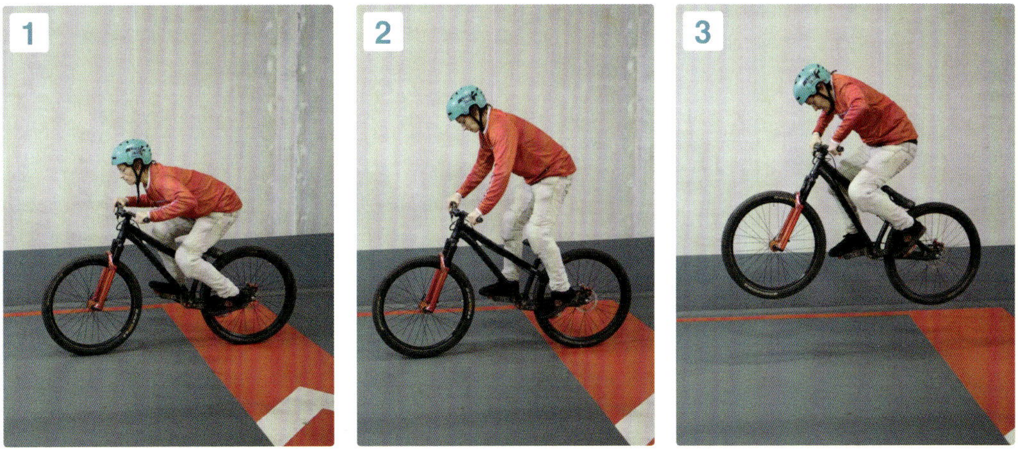

Die Skatepark-Verkehrsordnung

Die STVO für den Skatepark

Damit alle im Skatepark Spaß haben und so sicher wie möglich fahren können, gibt es ein paar Regeln, die dir und anderen helfen.

- Wer fährt, hat Vorfahrt vor denen, die warten.
- Achte auch auf andere, wenn du Vorfahrt hast.
- Achte beim Warten, Filmen und Quatschen darauf, die Fahrbereiche freizuhalten.
- Lege keine Fahrräder, Taschen und Ähnliches im Fahrbereich ab.
- Halte den Skatepark und umgebene Bereiche sauber.
- Sei freudlich zu anderen, auch wenn sie Fehler machen.
- Jeder hat das Recht, den Skatepark als Sportplatz zu nutzen.

Die Fahrtrichtungen des Skateparks

In vielen Skateparks gibt es Bereiche oder Hindernisse, die sich gut aneinanderreihen lassen. Wenn du dir anschaust, wie die anderen fahren, kannst du besser einschätzen, ob deine gewünschten Skateparkelemente für dich frei befahrbar sind.

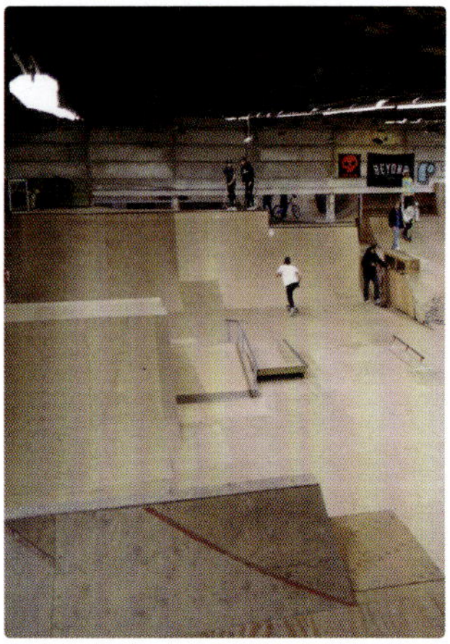

Die Elemente dieses Skateparks sind längs angeordnet. Meist kannst du dich also in einem der drei Bereiche bewegen, auch wenn die anderen zwei Bereiche belegt sind. Achte dabei denoch darauf, ob jemand den Bereich wechselt.

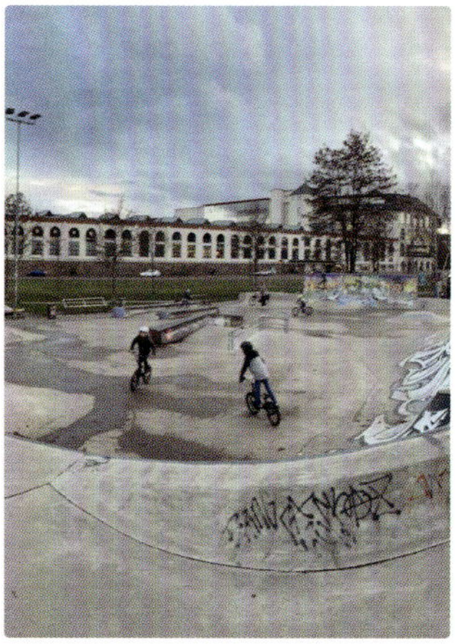

Bei diesem Skatepark kannst du die Elemente von verschiedenen Seiten anfahren. Hier musst du darauf achten, dass andere von allen Seiten deine gewünschte Fahrlinie kreuzen können.

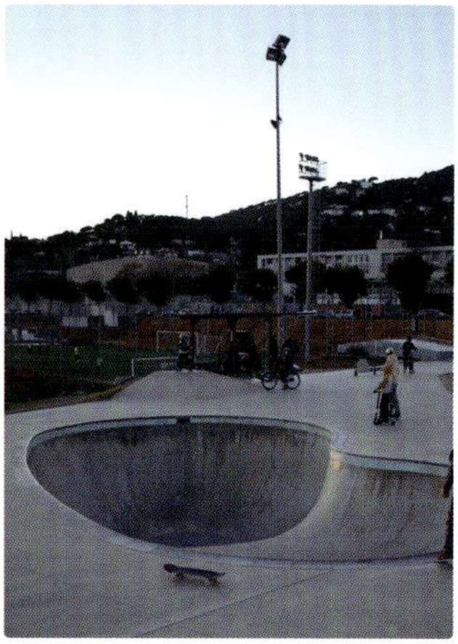

Besonders bei Pools kann meist nur ein Nutzer zu einer Zeit fahren, da der Spaß ja darin besteht, im Pool durch Pushen und hohe Airs viel Schwung zu bekommen und dann alle Elemente kreuz und quer miteinander zu verbinden.

Andere Sportler „verstehen“

Wenn du die anderen Sportler gut beobachtest, kannst du besser vorhersagen, ob und wo du fahren kannst oder wo auch nicht. Schau, welche Personen oder Gruppen welchen Bereich des Skateparks nutzen und wie oft sie fahren. Manchmal lohnt es sich, erst mal etwas anderes zu üben oder einen anderen Bereich des Skateparks zu nutzen, wenn in einem bestimmten Bereich besonders viel los ist.

Achte darauf, dass andere Sportgeräte sich anders fahren. Skateboarder können meist nicht so starke Kurven fahren und müssen mehr darauf achten, keinen Schwung zu verlieren. Scooter und ihre Fahrer sind sehr wendig und können schnell an einer unerwarteten Stelle auftauchen. Fahrradfahrer können durch Treten und hohe Airs ein hohes Tempo erreichen.

Oft kannst du erkennen, ob andere bald losfahren wollen:

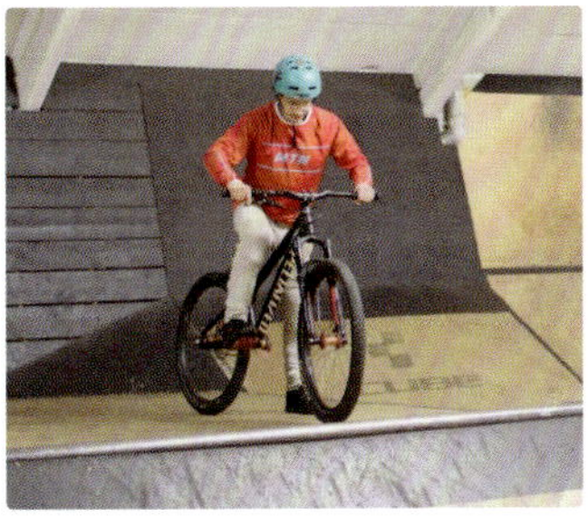

Fahrradfahrer nehmen ihren Lenker mit beiden Händen in die Hand, stehen auf und setzen den vorderen Fuß auf ein Pedal.

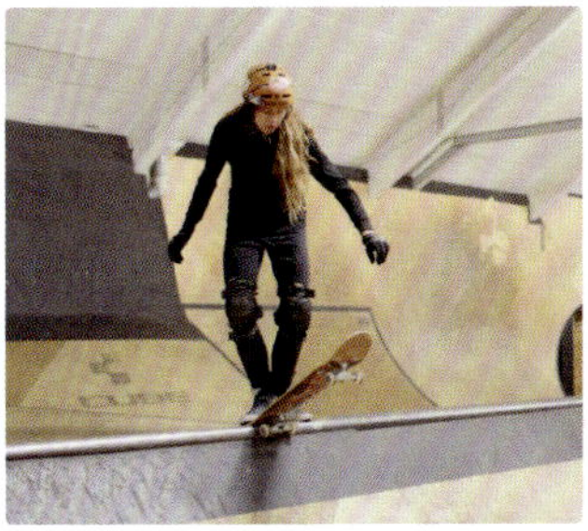

Skateboarder setzen ihren vorderen Fuß längs auf das Board oder kippen ihr Board und klinken es am Coping ein.

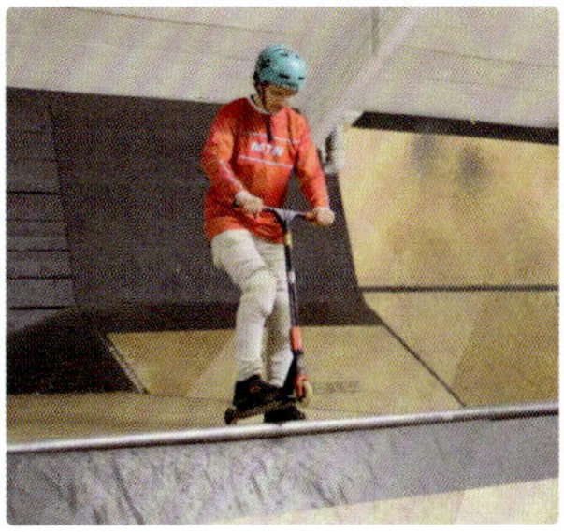

Scooterfahrer nehmen beide Hände und einen Fuß auf den Scooter. Oft setzen sie dabei den Scooter aufs Coping.

Freundlicher und selbstbewusster Umgang miteinander

Wenn du nicht gerade in einem leeren Skatepark fährst, dann wirst du früher oder später jemand anderem in den Weg fahren und dir wird auch irgendwann mal jemand in den Weg fahren. Da es unterschiedliche Hindernisse und keine klare Fahrtrichtung gibt, liegt das in der Natur des Skateparkfahrens. Und außerdem konzentriert sich natürlich jeder auf seine Tricks: Da können Fehler passieren. Wenn du jemandem in den Weg fährst, solltest du dich daher freundlich entschuldigen. Um dem anderen deinen Respekt zu zeigen, genügt manchmal schon ein Handzeichen.

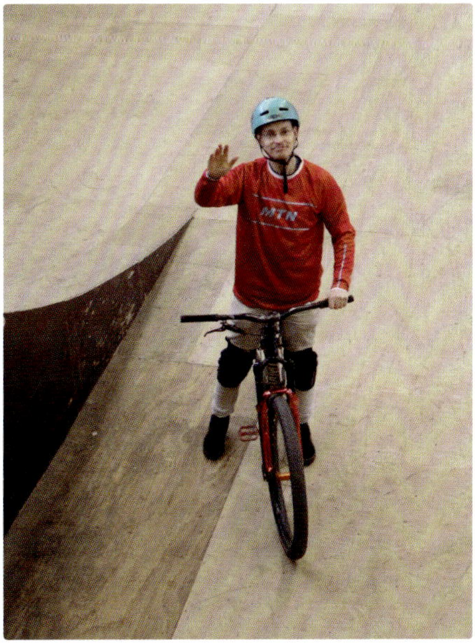

Andererseits ist es dein gutes Recht, im Skatepark zu fahren, egal wie gut du bist. Er ist für alle da. Und jeder, der im Skatepark fährt, hat mal angefangen – selbst der beste Profi.

Tricklevel

Basics

Die Skatepark Basics

Um mit Schwung und Flow in Skateparks fahren zu können, brauchst du ein paar Basics. Mit ihnen kannst du die verschiedenen Arten von Sprüngen und Hindernissen springen und an engen Stellen wenden. Es braucht etwas Zeit und Übung, um die Basics zu erlernen, dafür wirst du dann aber mit fast unendlichen Kombinationsmöglichkeiten belohnt und kannst in jedem Skatepark Spaß haben.

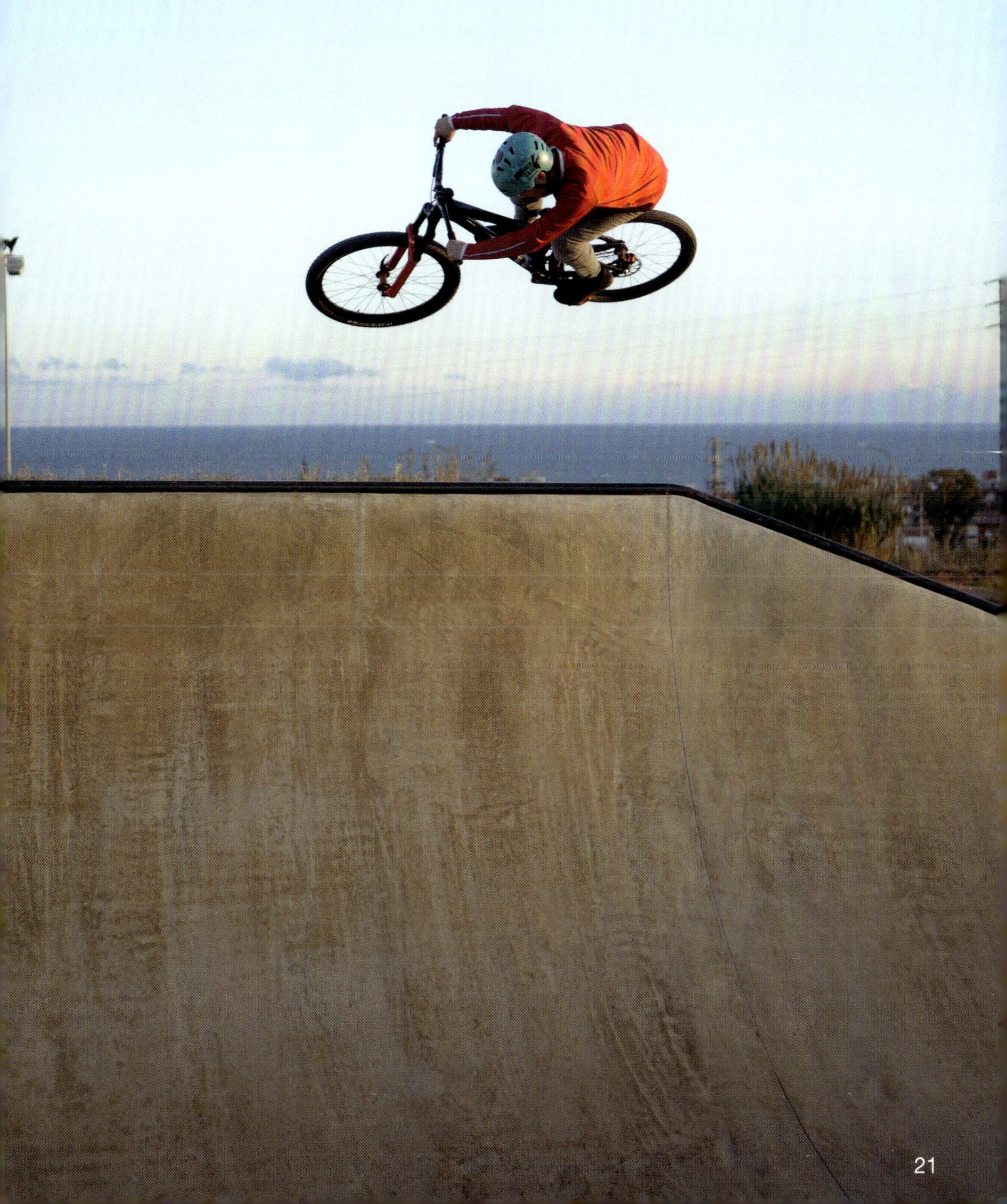

B Pushen in Quarter und Halfpipe Teil 1

Vorübung I

Pushen mag einfach klingen und aussehen, aber die Technik sauber auszuführen und den vollen Schwung zu erzeugen, braucht Übung.

1 Streck deine Arme und Beine fast ganz aus. Halte deine Ellenbogen nach außen.

2 Beuge deine Arme stark, sodass dein Oberkörper nah zum Lenker kommt (im Bild zum Erkennen übertrieben niedrig dargestellt). Achte dabei darauf, dass du deinen Oberkörper um die Hüfte nach unten drehst und deine Schulter hinter dem Lenker bleibt.

3 Streck deine Arme wieder fast ganz aus. Übe diesen Bewegungsablauf immer wieder und geh nah zum Lenker, damit du den vollen Bewegungsspielraum nutzt.

4-5 Dreh deinen Oberkörper nach unten um deine Hüfte, während du deine Arme beugst und nach oben, während du sie streckst. Bleib mittig über dem Fahrrad und nicht nach vorne und hinten, sonst kannst weniger Geschwindigkeit erzeugen und fährst instabil.

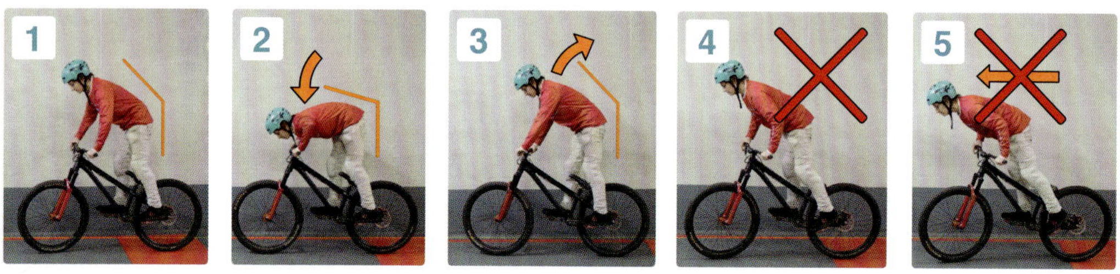

Vorübung II

Pushen kannst du gut auf einem Pumptrack oder einzelnen Wellen üben.

1 Streck deine Arme und Beine nahezu ganz aus, wenn du nicht auf einer Welle bist. So hast du für das Pushen die meiste Kraft.

2 Wenn dein Vorderrad die Welle hochfährt, ziehst du deine Arme in einer großen Bewegung immer weiter zu dir. Dreh dabei deinen Oberkörper um deine Hüfte nach unten und bleib mit der Schulter hinter dem Lenker (wie in Vorübung I).

3 Beuge die Arme immer weiter an dich ran, bis dein Vorderrad oben an der Welle angekommen ist.

4 Streck deine Arme wieder, bis du sie am Ende der Welle wieder fast ganz ausgestreckt hast. Wiederhole diese Übung immer wieder, bis du ohne nachdenken pushen kannst.

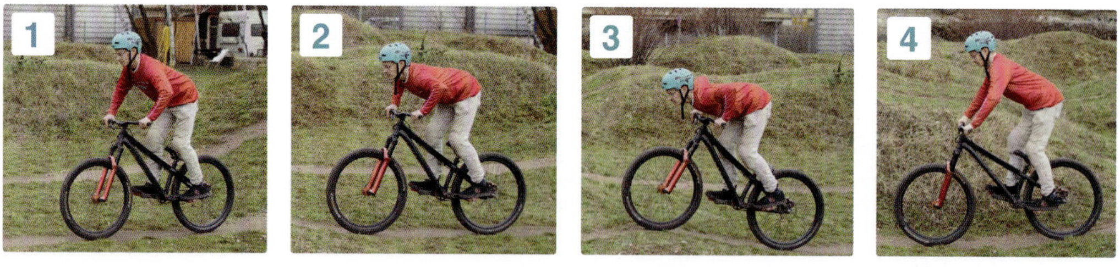

Vorübung III

1-6 Wenn der Bewegungsablauf der Arme routiniert funktioniert, kannst du deine Beine ebenfalls mit nutzen. Beuge deine Beine, wenn dein Hinterrad die Welle hoch fährt, und streck sie, wenn dein Hinterrad die Welle herunterfährt. Dadurch, dass dein Hinterrad später über die Welle fährt, führst du diese Bewegung bestenfalls nicht gleichzeitig zur Bewegung deiner Arme aus, sondern etwas später.

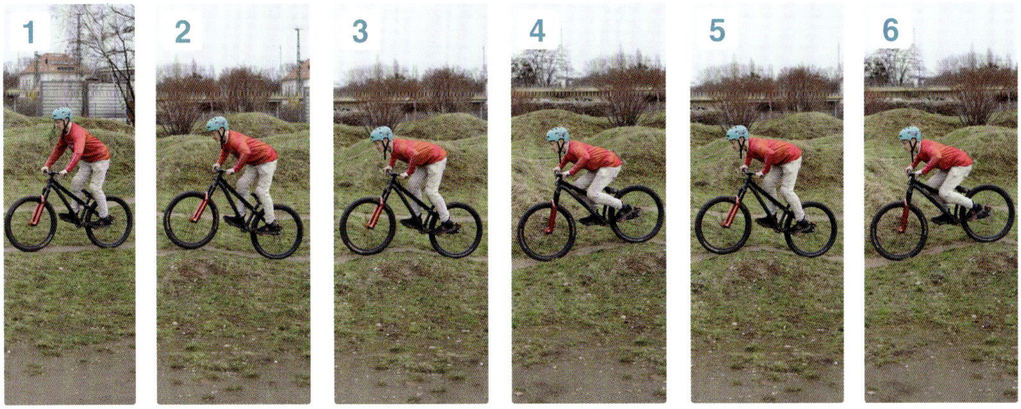

Bonusübung

Um noch effektiver zu pushen, kannst du den Bewegungsablauf deiner Beine einzeln üben.

1 Streck deine Arme und Beine fast ganz aus.

2 Beuge deine Beine, sodass du fast auf der Hinterkante des Sattels sitzt. Dreh dabei wieder deinen Oberkörper um die Hüfte, sodass dein Rücken weiter nach oben steht und deine Schultern direkt hinter dem Lenker bleiben. Dafür musst du auch deine Arme leicht nach hinten zur Hüfte drehen.

3 Streck deine Beine wieder aus. Übe diesen Bewegungsablauf, bis du ihn perfektioniert hast.

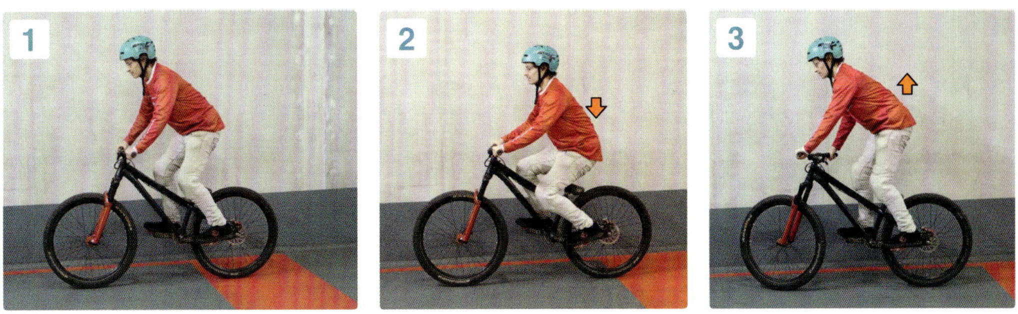

4-5 Wenn du den Winkel deines Oberkörper zu deinen Armen und Beinen nicht anpasst, dann bewegst du dich vor und zurück und verlierst Kraft und Schwung.

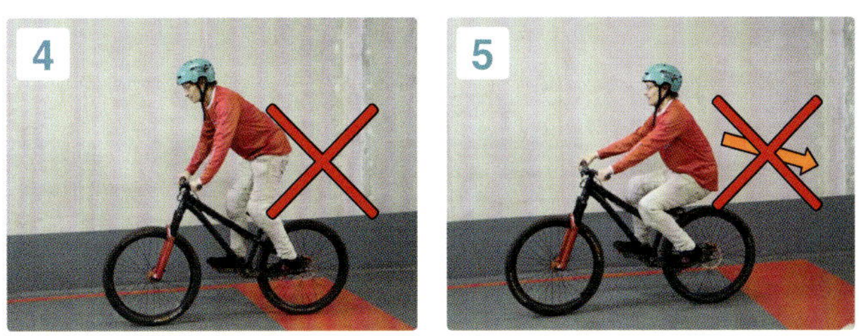

B Pushen in Quarter und Halfpipe Teil 2

Pushen in der Quarter und in der Halfpipe

Fahr so schnell zwischen zwei gegenüberliegenden Quartern größere ovale Runden, wie du dich wohlfühlst. Tritt auf den Geraden, um Schwung zu halten, und fahr große Kurven. Lenk an der Quarter dafür stärker ein und fahr dort einen großen Teil der Kurve.

1 Hör auf zu treten, positioniere dich mittig auf dem Fahrrad und streck auf der Zwischenfläche deine Arme und Beine fast ganz aus.

2 Beuge deine Arme und Beine, bevor du die Quarter erreichst (im Bild zum Erkennen übertrieben dargestellt).

3-4 Streck deine Arme, während du unten auf die Quarter fährst.

5 Beuge am höchsten Punkt wieder deine Arme und Beine und fahre an der Quarter eine Kurve. Lehn dich dabei von der Quarter weg in die Kurve.

6-7 Streck deine Arme und Beine wieder, während du die Quarter herunterfährst, sodass sie fast ganz gestreckt sind, wenn du am Ende der Quarter ankommst. Übe das Pushen, bis du schneller wirst und zwischendurch nicht mehr treten brauchst.

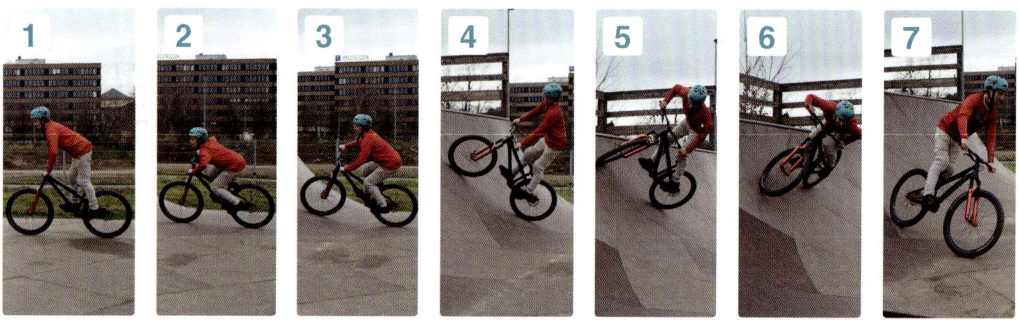

Bonustipp

1-5 Egal ob in der Quarter, auf Wellen oder beim Pushen von Landungen und Absprüngen: Umso weiter du deine Arme und Beine beugst und wieder streckst (ohne abzuheben), umso mehr Schwung kannst du erzeugen. Dabei musst du dich nicht so schnell wie möglich bewegen, sondern die Bewegung langziehen: Das Beugen auf die ganzen Fahrt nach oben und das Strecken auf die ganze Fahrt nach unten.

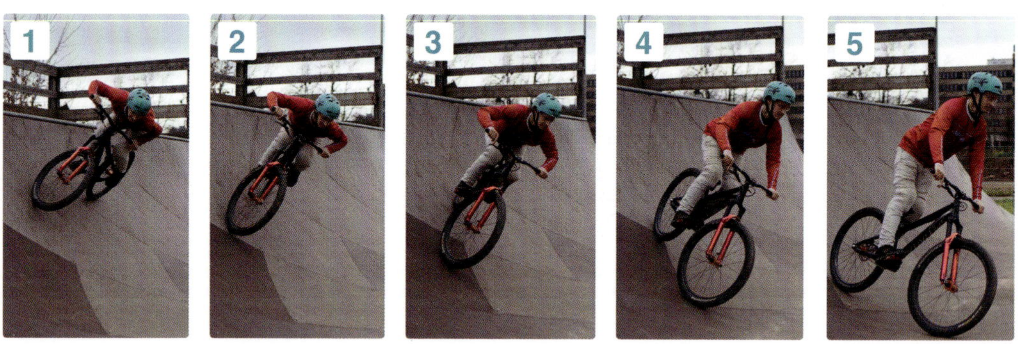

Manual auf einer Fläche

Bremsen Nimm auf dem Rad eine neutrale und mittige Haltung ein und halte den Finger an der Hinterbremse die ganze Zeit bremsbereit, wenn du eine Bremse hast.

1 Beuge deine Arme und Beine. Geh dabei sehr nah an das Fahrrad heran. Mach anfangs lieber eine zu große als eine zu kleine Bewegung.

2 Streck nun deine Beine und Arme schnell nach vorne und leicht unten und beweg damit deinen Körper hauptsächlich nach hinten und etwas nach oben. Deine Oberschenkel und Oberkörper sollten sich dabei näher kommen. Durch die Bewegung nach hinten und dein nach hinten verlagertes Gewicht hebst du dein Vorderrad vom Boden ab.

3 Beug danach deine Beine und spann sie in dieser Position an. Deine Arme müssen aber weiter ausgestreckt sein, sodass dein Po weit nach hinten gestreckt bleibt.

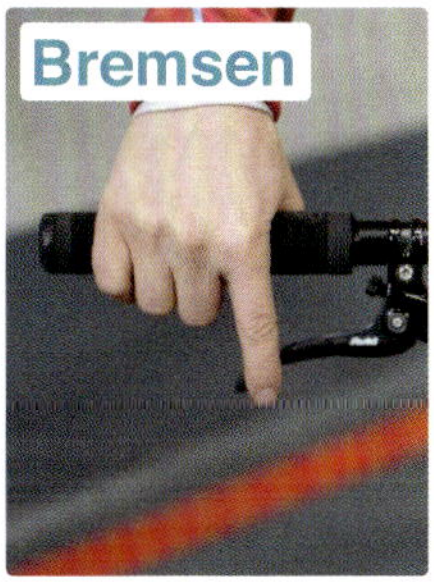

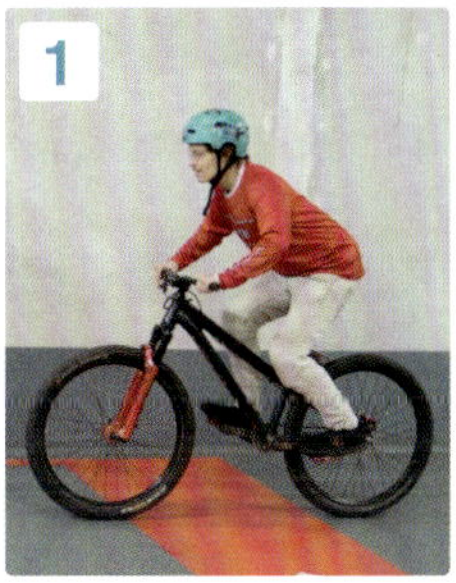

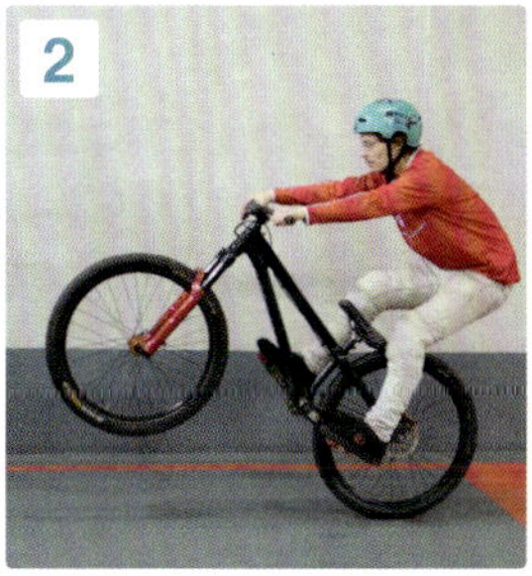

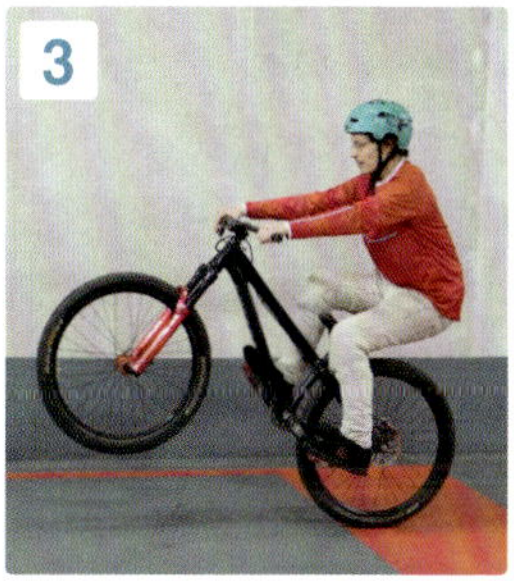

4-5 Indem du deine Beine beugst oder streckst, kannst du deinen Po vor- und hinterschieben und so die Balance halten. Du kannst auch mit fein dosiertem Bremsen der Hinterradbremse balancieren, wenn du eine Bremse hast. Allerdings verlierst du dabei Schwung und es sieht nicht so gut aus.

6 Indem du mit dem Lenker in die Richtung lenkst und deine Knie zur gleichen Richtung nach außen hältst, kannst du seitliche Kippbewegungen ausgleichen. Mit viel Übung kannst du auf dem Hinterrad eine Kurve fahren, indem du dein Fahrrad in die Wunschrichtung neigst und dich mit deinem Körpergewicht in die gleiche Richtung lehnst.

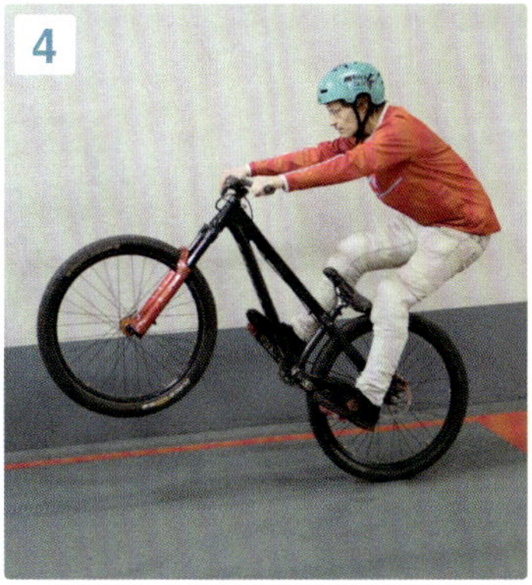

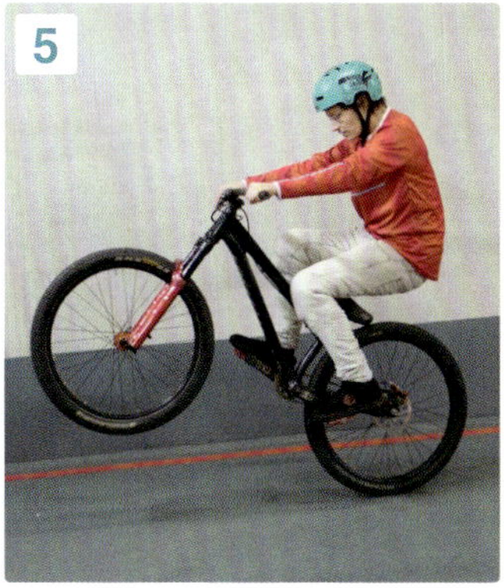

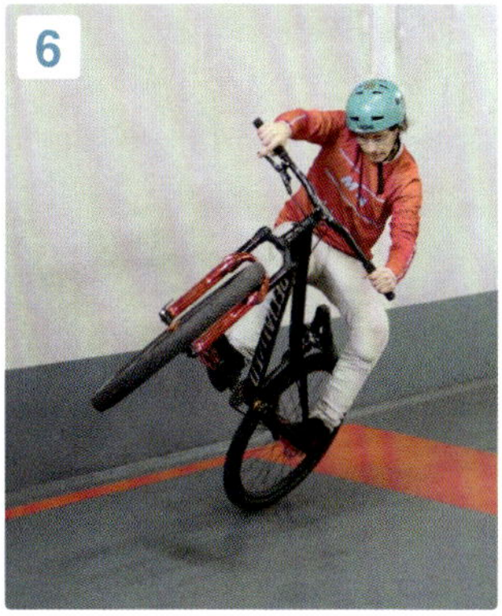

B Manual Teil 2

Bonusübung I – Abspringen

1 Um dich sicherer zu fühlen, solltest du das Abspringen nach hinten üben. Zieh dafür das Vorderrad weit hoch.

2 Streck deine Beine und spring nach hinten vom Fahrrad ab.

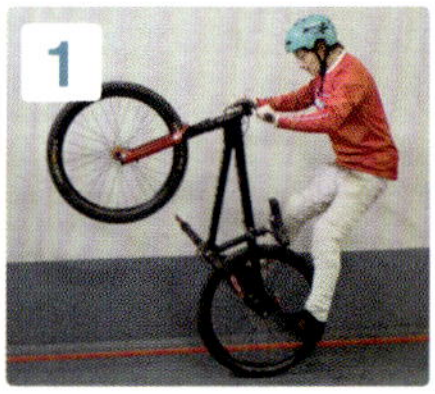

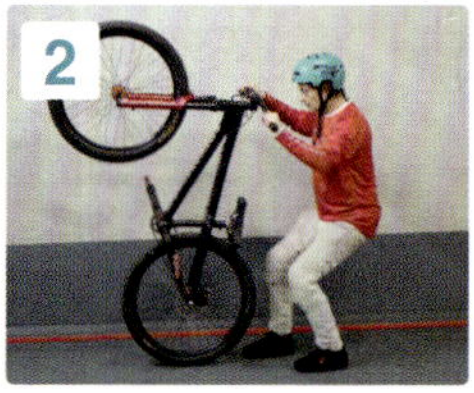

Bonusübung II – Wenn du deine Hinterradbremse hast

Um den Respekt vor dem Manual zu senken, kannst du deinem Unterbewusstsein zeigen, wie gut dich die Hinterbremse vor dem Kippen nach hinten retten kann.

1 Halte deinen Finger bremsbereit an der Hinterradbremse.

2 Zieh dein Vorderrad hoch.

3-4 Zieh direkt nach dem Hochziehen die Hinterradbremse, sodass dein Vorderrad wieder aufsetzt. Probiere das mehrmals und zieh dein Vorderrad dabei immer weiter nach oben.

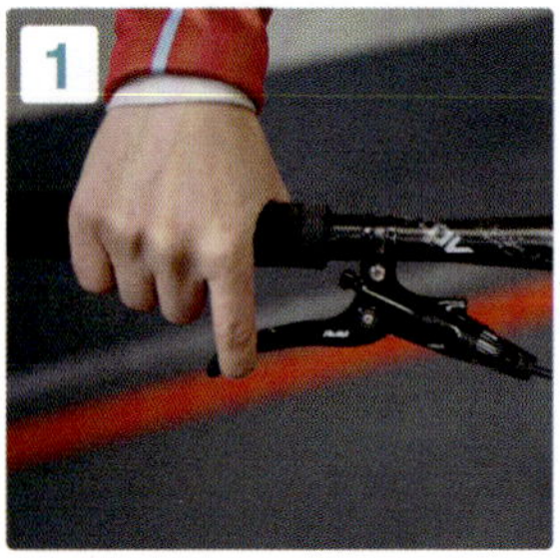

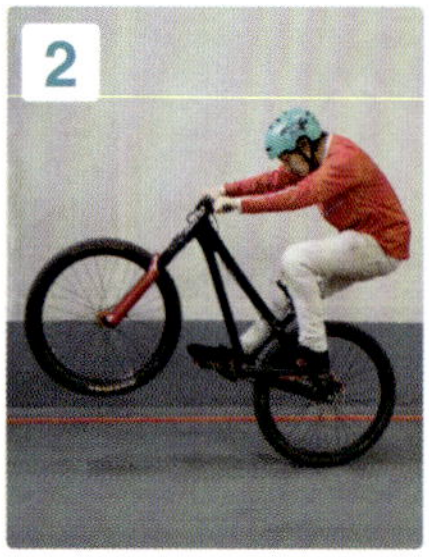

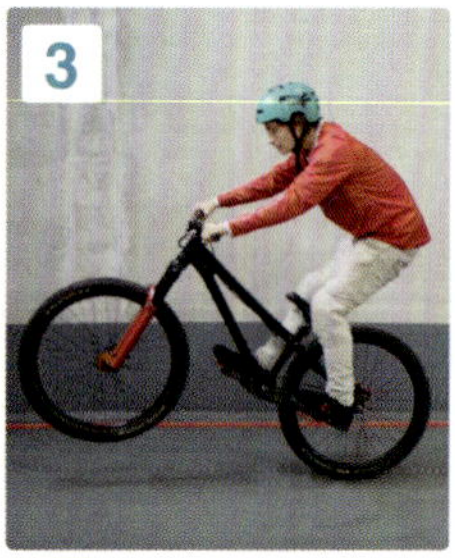

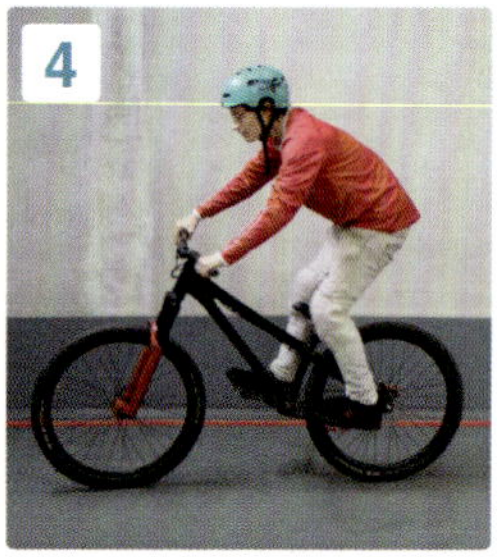

Manual auf eine Ledge

1 Bereite dich auf den Bunnyhop vor, indem du deine Arme und Beine beugst.

2-3 Zieh das Vorderrad weiter nach oben als sonst, indem du mit deinem Po weiter hinter über das Hinterrad gehst als beim Bunnyhop üblich. Bleib auch während des Fluges weiter hinten, um dein Vorderrad deutlich höher als das Hinterrad schweben zu lassen.

4 Fang die Landung mit den Beinen ab und bleib mit deinem Po hinter dem Hinterrad.

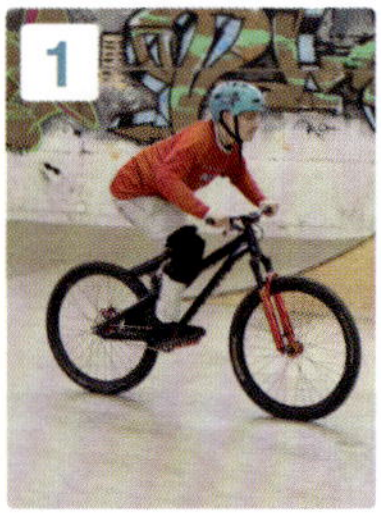

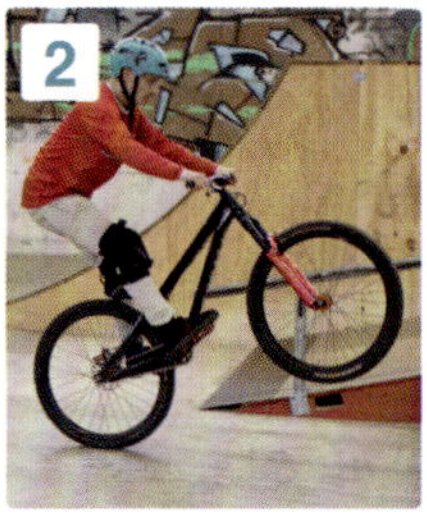

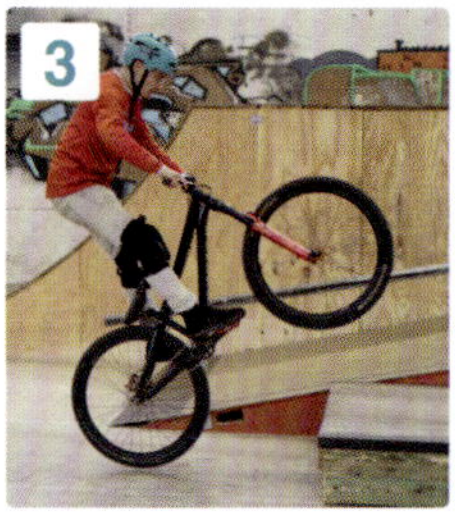

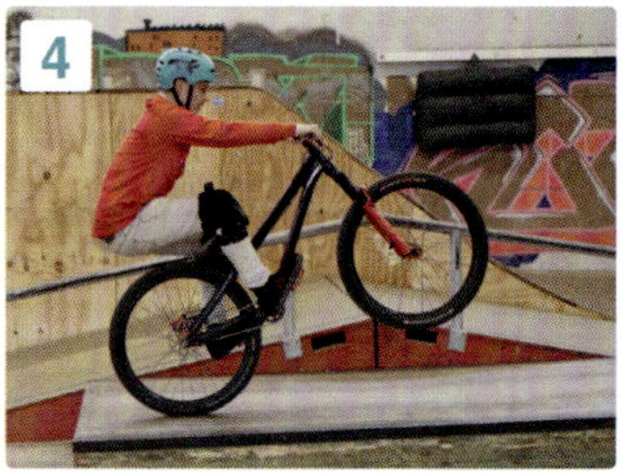

Manual auf eine Quarter

1 Fahr mit mittlerer Geschwindigkeit auf die Quarter zu. Beuge deine Arme und Beine leicht.

2 Zieh dein Vorderrad beim Verlassen der Quarter nach oben. Wenn dein Hinterrad der Oberkante näher kommt, beugst du deine Beine sehr weit, damit dein Hinterrad nicht zu hoch abspringt. Bei steileren Absprüngen musst du sogar mit dem Hinterrad vor der Absprungkante abheben.

3-4 Streck deine Beine nach vorne, sobald du die Quarter verlassen hast, und schieb damit deinen Po und dein Gewicht nach hinten. Im Idealfall hebt dein Hinterrad dabei nicht oder nur wenig vom Boden ab.

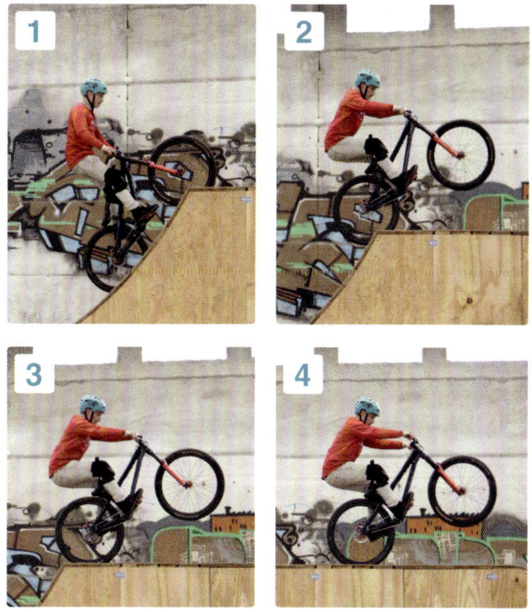

Manual von Quarter zu Quarter

Deutlich anspruchsvoller ist der Trick, von der Quarter wieder zur Quarter zu manualen.

1 Übe den Quarter-to-Quarter-Manual als Erstes an einer kleinen, flacheren Quarter. Um direkt nach dem Abspringen eine Kurve zu fahren, lehnst du dich vor und während des Abspringens in die gewünschte Richtung und lenkst beim Hochfahren der Quarter auch dahin.

2 Um weiterhin eine Kurve zu fahren, lehnst du dein Fahrrad auf der Fläche weiterhin in Richtung der Quarter, indem du deinen Oberkörper zur Quarter hinüberneigst. Nur dadurch kannst du wieder in die Quarter eindroppen.

3-4 Taste dich dabei Stück für Stück an die Quarter ran, bis du dein Vorderrad irgendwann direkt in der Quarter absetzen kannst. Bei steileren Quartern musst du aus dem Manual in die Quarter springen.

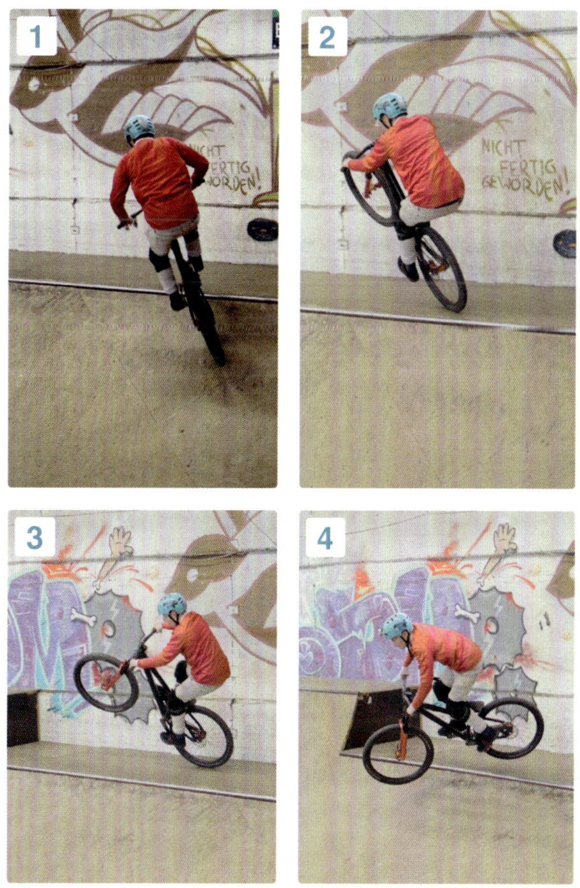

Vorübung

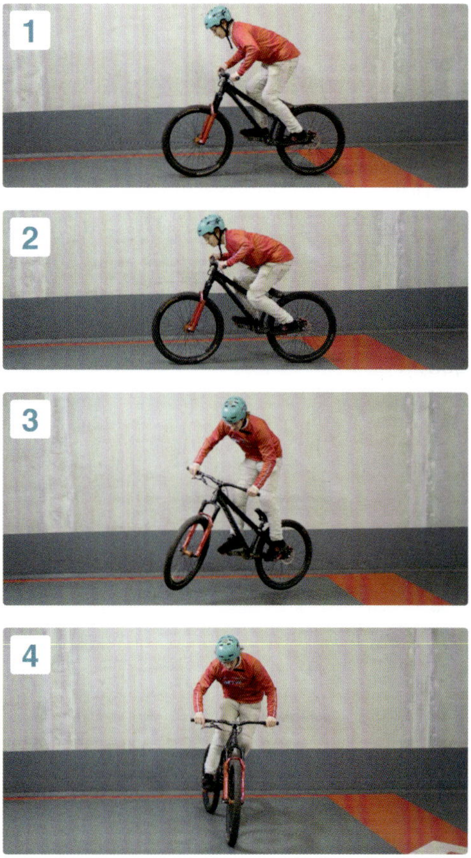

Deine normale Drehrichtung für den Air ist zum hinteren Pedal hin. Um einen Air zu machen, hilft es, wenn du einen 90 oder gar 180 im Schweinehop beherrschst.

1 Fahr langsam auf einer geraden Fläche. Geh mit deinem Körper nach unten, indem du deine Beine und Arme beugst. Dein Rücken sollte flach sein und nicht aufrecht stehen, um die volle Kraft ins Drehen bringen zu können. Dreh deinen Oberkörper ca. 20° entgegen deiner Drehrichtung um den Bauchnabel, um Schwung zu holen. Neige deinen hinteren Fuß nach vorne und drück ihn nach hinten gegen das Pedal.

2 Dreh deinen Oberkörper in die Drehrichtung und streck gleichzeitig zum Abspringen deine Arme und Beine.

3 Zieh dein Fahrrad nach oben, stopp deinen Oberkörper und schau in die Drehrichtung.

4 Falls dein Fahrrad zu wenig dreht, kannst du deinen Oberkörper entgegen der Drehrichtung rotieren, um dein Fahrrad noch ein Stück weiter in die Drehrichtung zu halten.

Bonusübung I

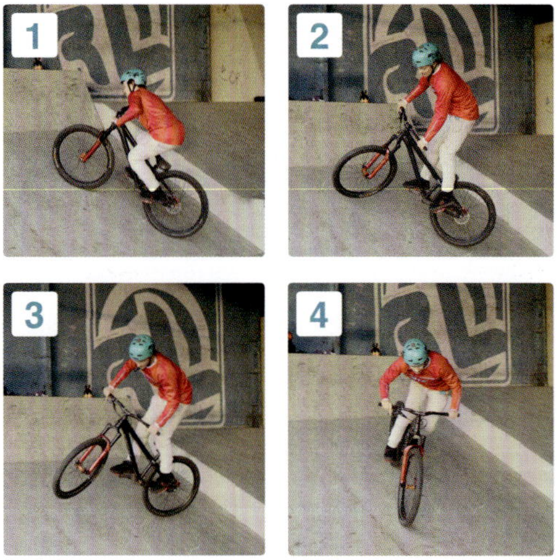

1 Such dir eine flache Schräge, eine sogenannte „Bank“. Fahr langsam in einem ca. 45°-Winkel auf die Bank zu, sodass du auf der Schräge stehen bleiben würdest. Beuge deine Arme und Beine und dreh deinen Oberkörper leicht in die Gegenrichtung der Drehung.

2-3 Fahr eine leichte Kurve in die Drehrichtung, streck deine Arme und Beine, um einen Schweinehop zu machen, und dreh deinen Oberkörper in die Drehrichtung.

4 Stopp deinen Oberkörper und dreh dein Fahrrad, bis du im 45°-Winkel nach unten gleichzeitig mit beiden Rädern landest.

Niedrige Airs

An Airs solltest du dich schrittweise und unterhalb des Copings herantasten.

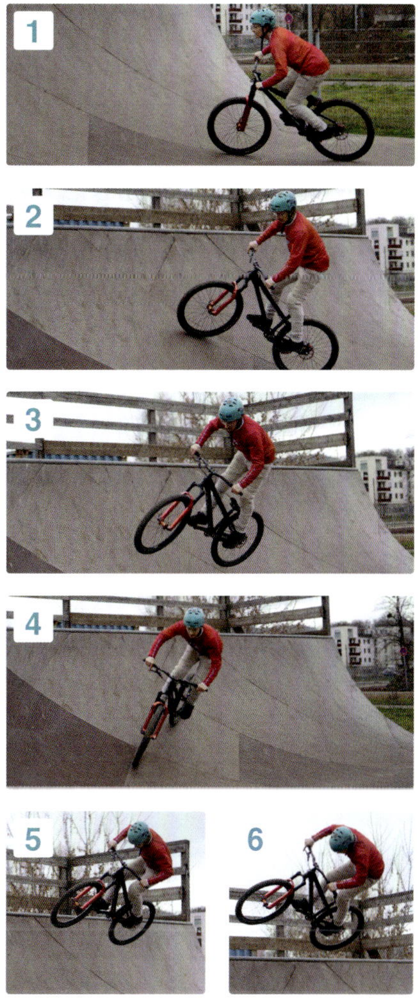

1 Fahr ca. im 45°-Winkel auf die Quarter zu. Beuge deine Arme und Beine und dreh deinen Oberkörper ganz leicht entgegen der Drehrichtung.

2 Fahr in der Quarter in Drehrichtung eine Kurve. Kurz bevor du oben bleibst, streckst du deine Arme und Beine und drehst deinen Oberkörper.

3 Spring mit beiden Rädern gleichzeitig ab und stopp die Drehung deines Oberkörpers. Bleib mittig über dem Rad und schau nach unten in die Quarter.

4 Dreh dein Rad so weit, dass es im gleichen aber gespiegelten Winkel, in dem du abgesprungen bist, nach unten zeigend in der Quarter landet. Den richtigen Landewinkel kannst du daran erkennen, dass du in der Landung keinen Schwung verlierst und dein Hinterrad sanft landet. Ansonsten wird dein Hinterrad durch die seitliche Belastung mit einem Knall landen.

5-6 Wenn du dich an Airs mit einer bestimmten Geschwindigkeit gewöhnt hast, kannst du in kleinen Schritten immer schneller auf die Quarter zufahren. Fahr nicht plötzlich deutlich schneller an als sonst, denn ein hoher Air braucht viel Übung und hat weniger mit Mut zu tun.

Bonusübung II

Um noch mehr Gefühl für den Air zu bekommen, kannst du unterschiedliche Anfahrtswinkel probieren.

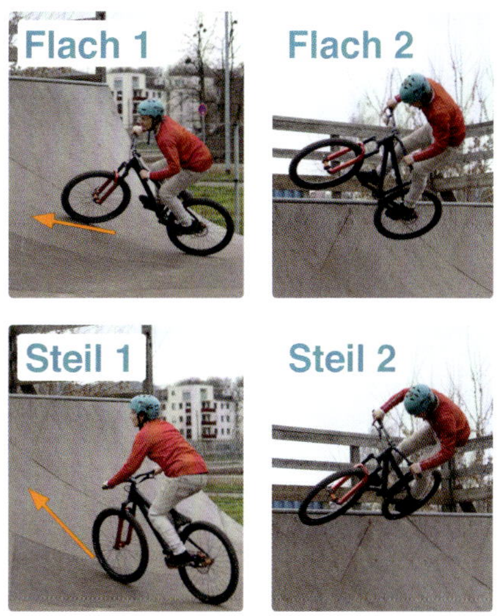

Flach 1-2 Mit einem flach angefahrenen Air kannst du weiter seitlich springen und so anfangs mehr Schwung mitnehmen. Das brauchst du beispielsweise, wenn du danach auf der anderen Seite aus einer Quarter rausspringen willst.

Steil 1-2 Wenn du steil anfährst, ist es anfangs schwerer, den Schwung zu halten, da du wenig Platz zum Landen hast und dein Vorderrad näher am unteren Ende der Quarter landet. Damit schulst du aber deine Fähigkeiten und kannst in schmalen Quartern einen Air machen und wenden.

Voraussetzungen: Bunnyhop & Schweinehop

Hohe Airs

Wenn sich Airs unter dem Coping gut anfühlen, kannst du etwas schneller fahren und dich über das Coping vortasten. Dafür musst du allerdings auch deine Technik anpassen.

1 Fahr ca. in einem 70°-Winkel auf die Quarter zu. Wähle deine Geschwindigkeit so, dass du das Coping erreichst. Beuge deine Arme und Beine und dreh deinen Körper leicht entgegen der Drehrichtung. Neige deinen hinteren Fuß vor und drück nach hinten in das Pedal.

2 Dreh deinen Oberkörper in die Drehrichtung. Streck gleichzeitig zuerst deine Arme und dann deine Beine, um wie beim Bunnyhop zuerst mit dem Vorderrad abzuspringen. Fahr dabei so nah an das Coping heran, wie du dir zutraust. Mit Übung kannst du dich von dem Coping sogar noch weiter nach oben kicken lassen.

Um Gegensatz zu kleinen Airs, bei denen beide Räder gleichzeitig abheben können, muss du bei hohen Airs zuerst mit deinen Vorderrad abspringen. Um hoch zu fliegen, sollte auch dein Hinterrad erst abspringen, wenn es an oder nahe dem Coping ist.

3 Stopp deinen Oberkörper und versetze damit dein Fahrrad in Rotation. Positioniere dich mittig über dem Fahrrad und visiere mit deinem Blick die Stelle an, an der du landen willst.

4 Drück dein Vorderrad nach unten, sodass es zuerst landet. Taste dich allerdings stückweise vor, sodass du ein Gefühl für den hohen Air bekommst. Mit Übung setzt du dein Vorderrad idealerweise direkt unter das Coping, um den meisten Schwung mitzunehmen.

5 Lande auch mit deinem Hinterrad möglichst nah am Coping. Taste dich aber auch hier in kleinen Schritten näher, sodass du nicht am Coping hängen bleibst.

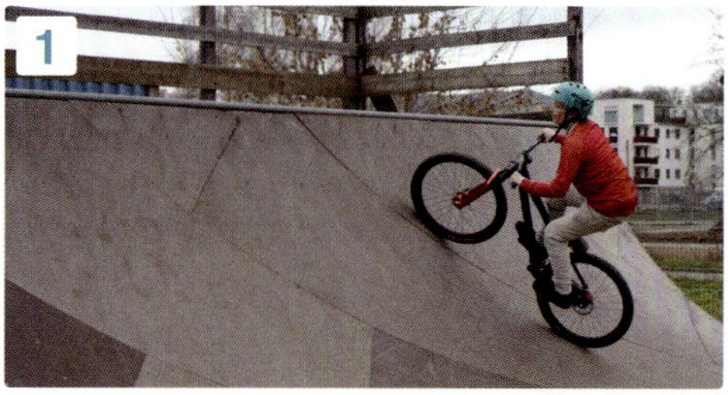
1

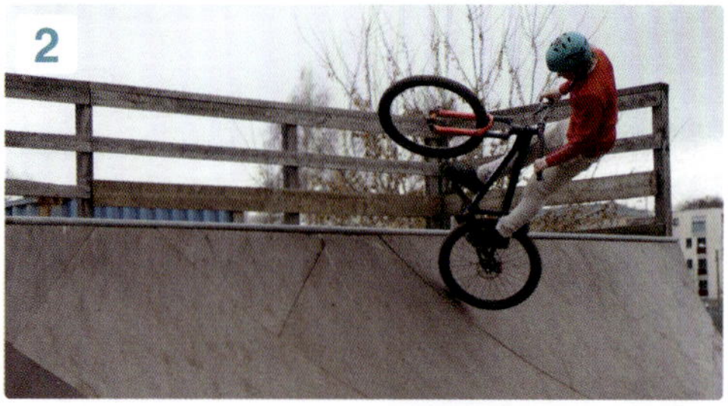
2

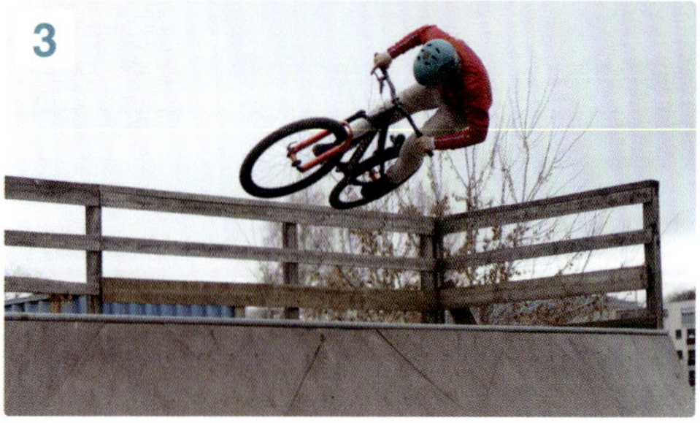
3

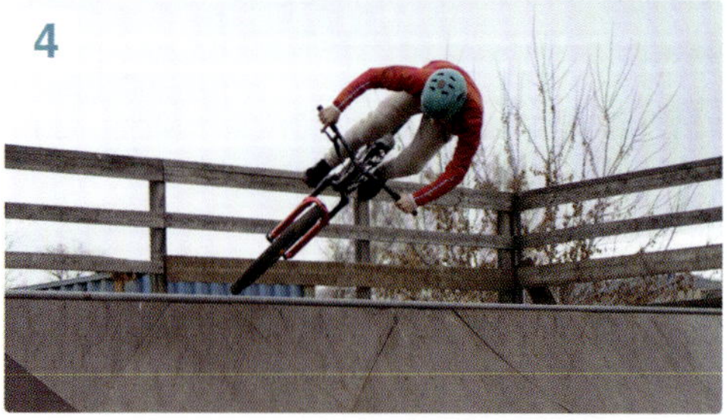
4

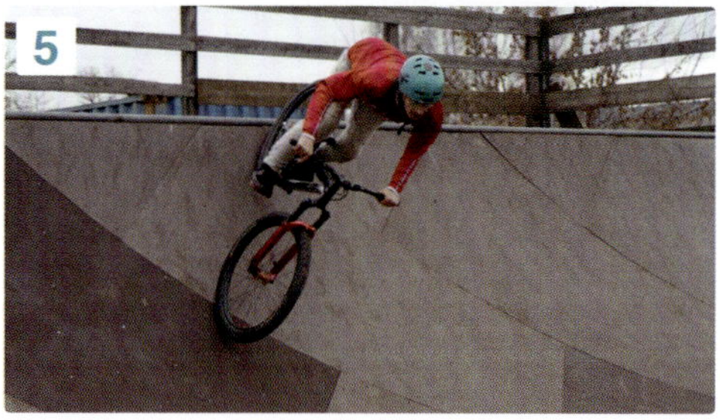
5

6-8 Umso schneller du fährst und umso höher du springst, desto spitzer kannst du auch auf die Quarter zufahren. Allerdings solltest du für hohe Airs nicht schnurgerade anfahren, weil sonst die Landung zu kurz wird und du zu viel Schwung verlierst. Du kannst das steile Anfahren trotzdem üben, denn manchmal brauchst du es, wenn die Quarter nur schmal ist oder du an einer bestimmten Stelle landen willst.

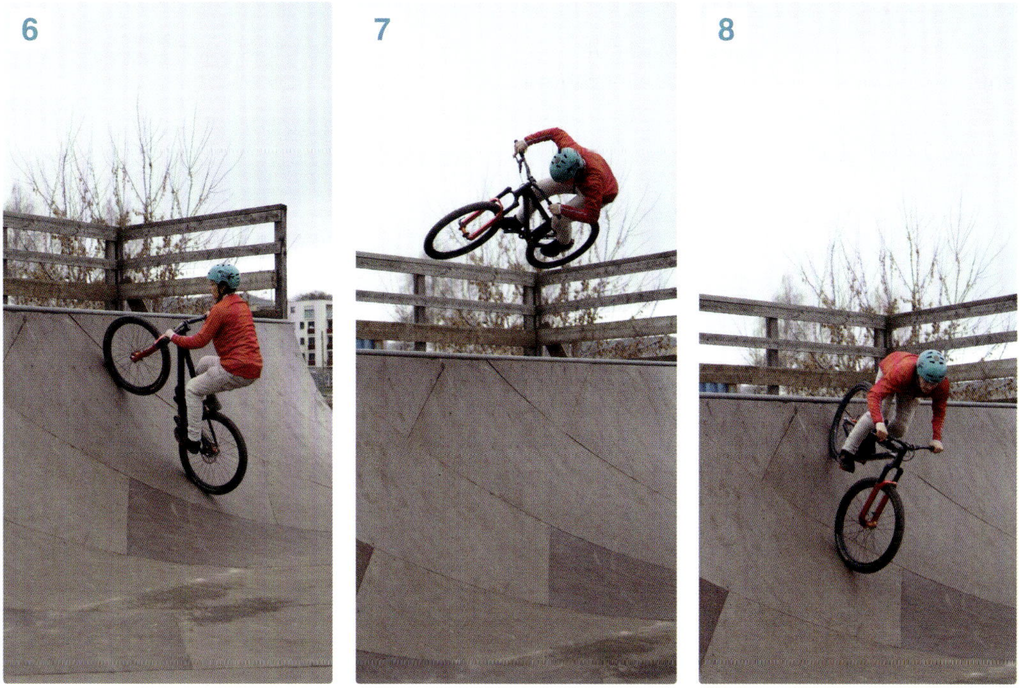

Bonustrick

Bei manchen Skateparks stehen die Elemente so, dass du bestimmte Linien nur schnell fahren kannst, wenn du vorher einen Opposite Air an der gegenüberliegenden Quarter machst. Daher ist es sinnvoll, den Air auch in die andere Richtung zu üben und zu lernen.

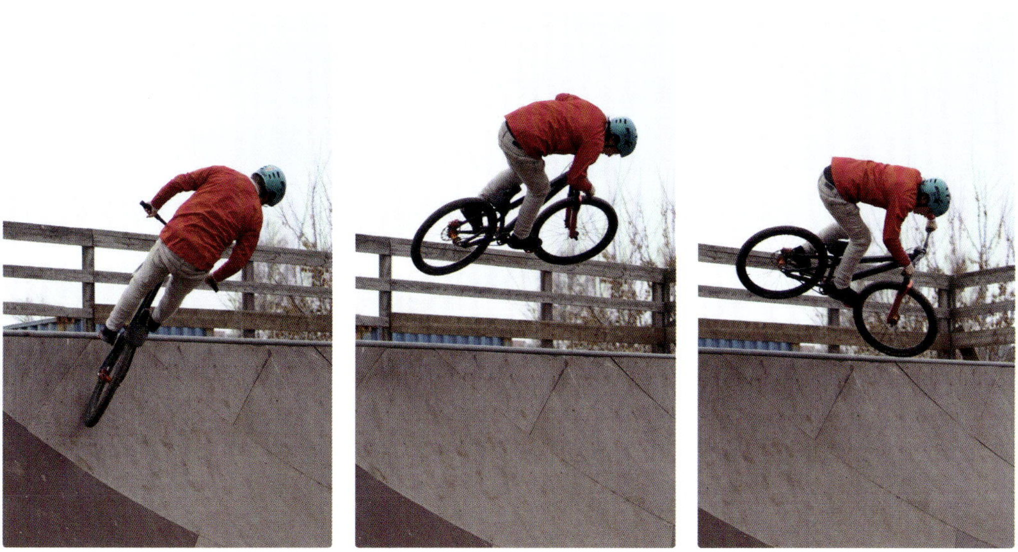

B Drop-in Teil 1

Voraussetzung: Bunnyhop

Vorübung

Bevor du den Drop-in an einer Quarter probierst, solltest du sicher in kurze, steile Schrägen reinfahren können.

1 Nimm auf dem Fahrrad eine neutrale Haltung ein und fahr langsam auf die Schräge zu. Halte deine Arme und Beine leicht gebeugt.

2 Streck deine Arme leicht und beuge deine Beine etwas mehr, wenn dein Vorderrad die Schräge runterrollt. So ist dein Fahrrad stärker nach unten geneigt als dein Oberkörper.

3 Wenn dein Hinterrad an der Kante ist, sollten deine Beine am meisten gebeugt sein. Das verhindert, dass dein Hinterrad an der Kante abhebt und du frontlastig kommst.

4 Streck deine Arme leicht, kurz bevor und während dein Vorderrad auf die untere Gerade fährt. Lass deine Beine leicht gebeugt und halt die Körperspannung, wenn dein Hinterrad dort ankommt. Dadurch ist dein Oberkörper fast mittig über dem Fahrrad und du kommst nicht zu hecklastig auf der unteren Gerade an. Dadurch, dass du dein Fahrrad in die Schräge und den Übergang drückst, pushst du auch und kannst Schwung erzeugen.

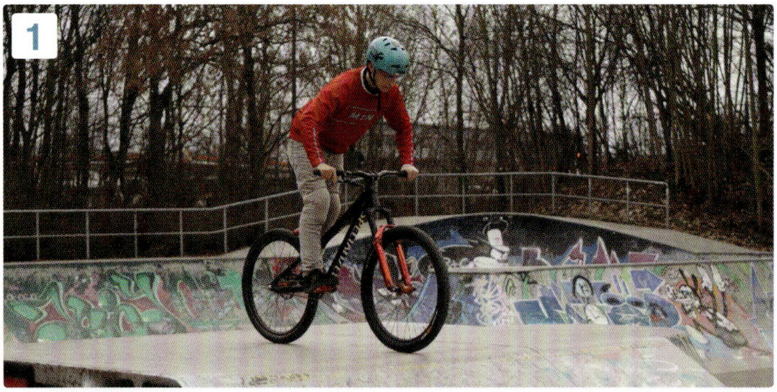

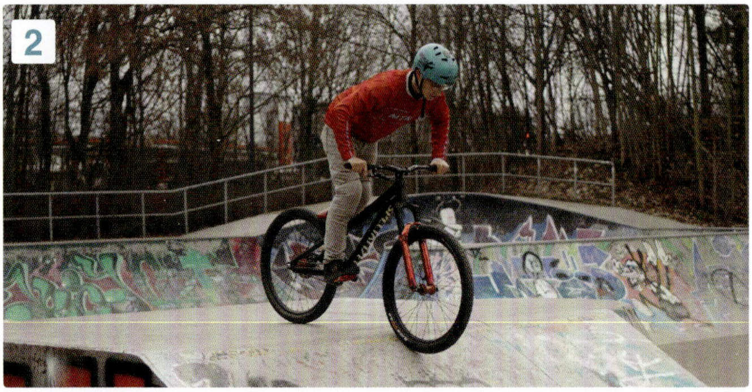

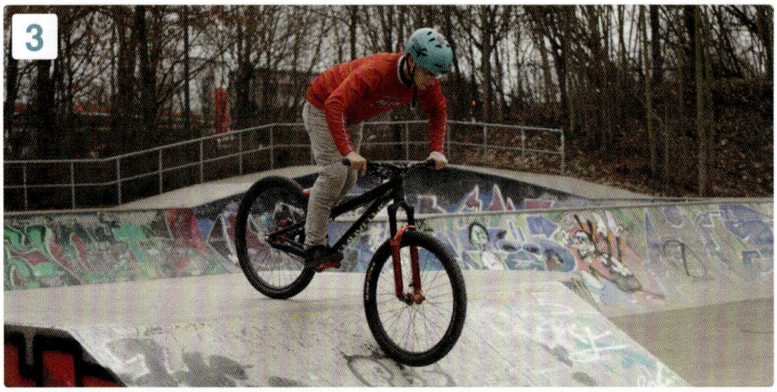

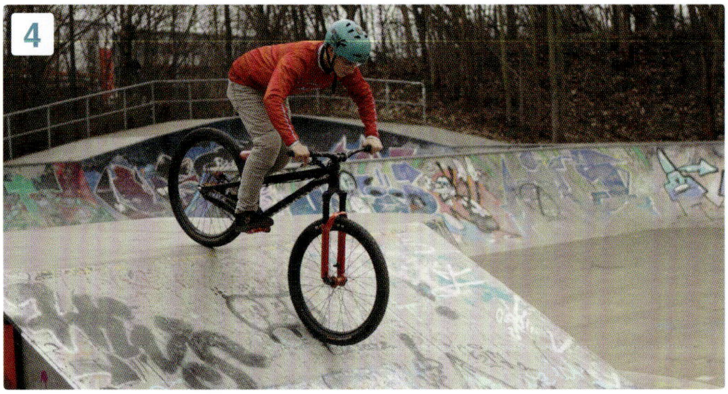

Reinrollen in eine flache Quarter

Taste dich beim Erlernen des Drop-ins schrittweise vor, indem du ihn als Erstes an kleinen Quartern probierst.

1 Roll mit etwas weniger als Schrittgeschwindigkeit auf die Quarter zu und beuge deine Arme etwas mehr und Beine leicht.

2 Streck deine Arme, sobald dein Vorderrad die Quarter herunterrollt. Streck sie so langsam, sodass sie erst ausgestreckt sind, wenn das Vorderrad am Ende der Quarter angekommen ist.

3 Beuge deine Beine immer stärker, bis dein Hinterrad über das Coping gefahren ist und in die Quarter rollt. Dadurch hältst dein Gleichgewicht und verhinderst, dass du dich mit deinem Körper zu sehr nach vorne lehnst.

4 Deine Arme sollten nahezu voll ausstreckt sein, wenn dein Vorderrad im flachen angekommen ist. Genauso sollten auch deine Beine fast ganz ausgestreckt sein, wenn dein Hinterrad von der Quarter runterrollt. Halte besonders am Ende die Körperspannung, um nicht von der Schwerkraft an den Hinterreifen gedrückt zu werden.

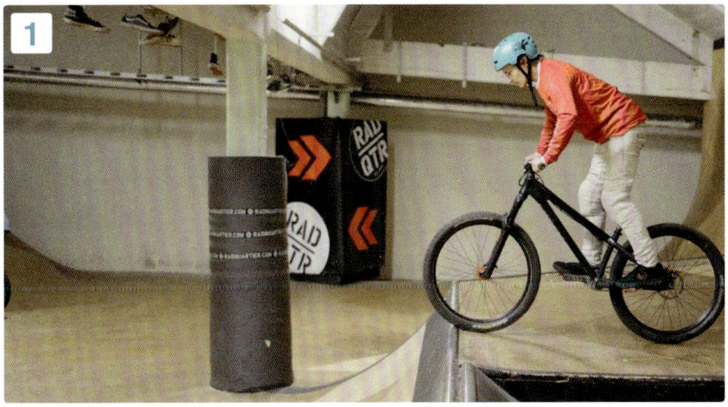

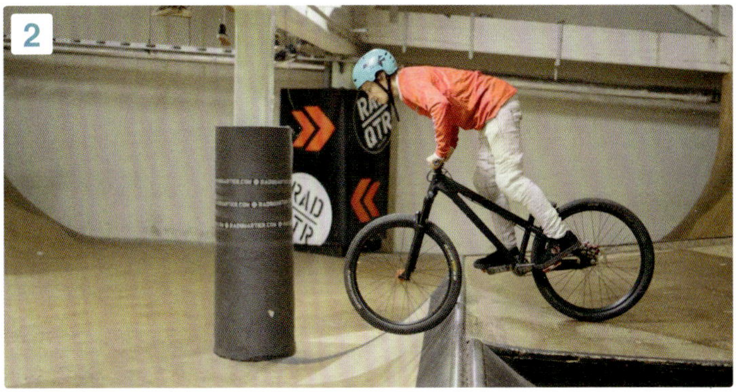

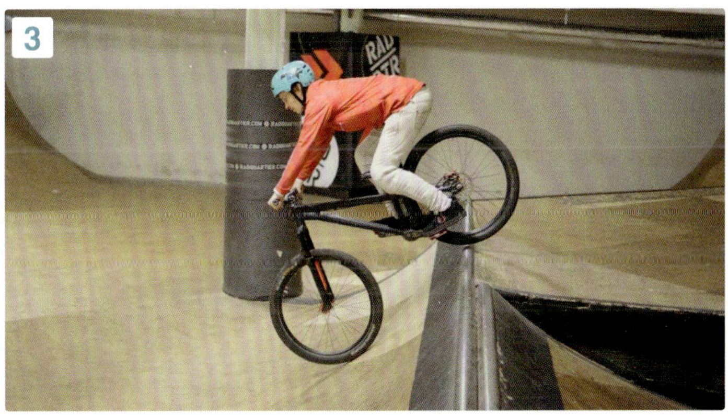

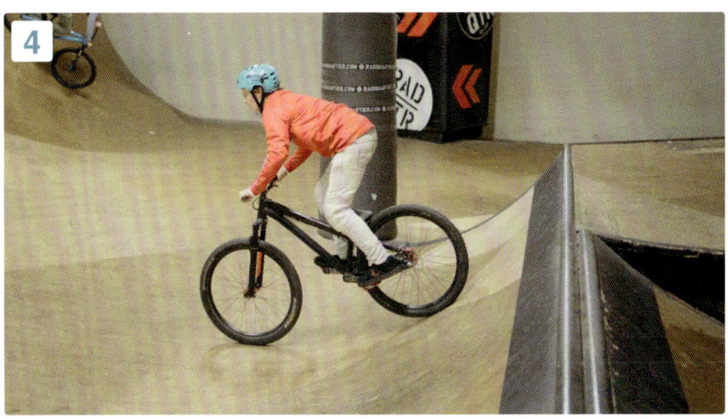

B Drop-in Teil 2

Voraussetzung: Bunnyhop

In eine steile Quarter reinrollen

Damit du nicht mit dem Kettenblatt am Coping hängen bleibst, musst du bei größeren Quartern schräg reinfahren.

1 Bevor du das schräge Reinrollen an einer größeren Quarter probierst, solltest du zunächst an einer kleinen Quarter üben. Fahr im Schritttempo ca. im 70°-Winkel an. Beuge deine Arme etwas mehr und deine Beine nur ein wenig.

2 Lehn dich leicht mit deinem Oberkörper zur Quarter hin und lenk ebenfalls in die Quarter, während dein Vorderrad über das Coping fährt. Fang an, deine Arme langsam zu strecken.

3 Halte die Körperspannung und lehn dich in die Quarter, sodass du im Gleichgewicht bist. Beuge deine Beine, bis dein Hinterrad über die Coping gefahren ist, und streck sie danach wieder langsam.

4 Erhöhe schrittweise den Winkel, bis du ca. in einem 45°-Winkel in die Quarter fahren kannst.

Überprüfen: Halte dein Fahrrad seitlich und mit dem Kettenblatt am Coping, um zu überprüfen, in welchem Winkel du anfahren musst, um nicht hängen zu bleiben.

5 Wenn du dich bei der kleinen Quarter sicher fühlst, kannst du in die große Quarter schräg reinfahren. Achte darauf, deine Beine weit zu beugen, wenn dein Hinterrad über das Coping fährt. Halte dabei aber mit deinem Po Abstand zum Hinterrad und streck danach deine Beine langsam aus, bis dein Hinterrad auf der Ebene fährt. Halte besonders kurz vor dem Ende der Quarter deine Körperspannung, um nicht nach unten gedrückt zu werden.

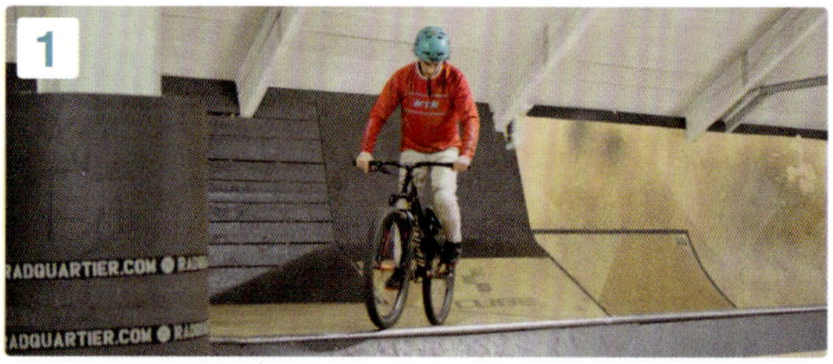
1

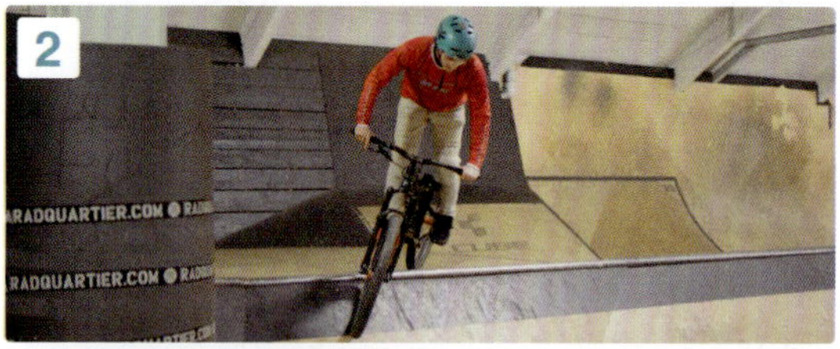
2

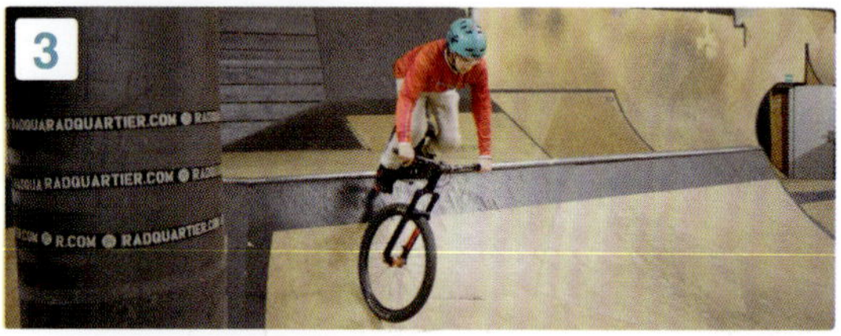
3

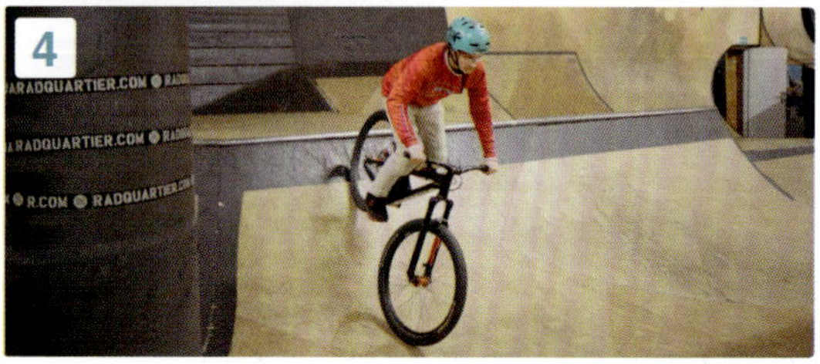
4

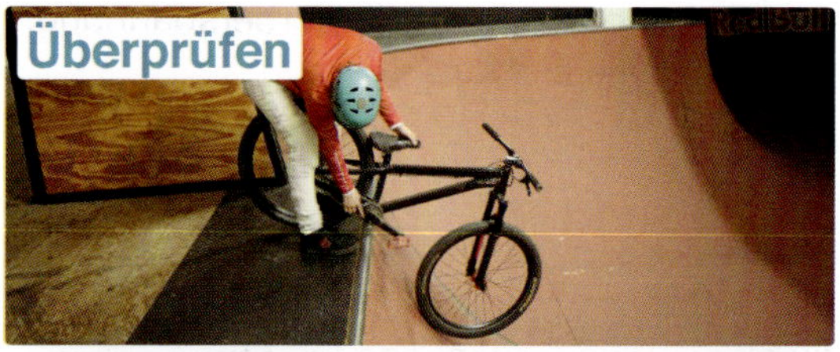
Überprüfen

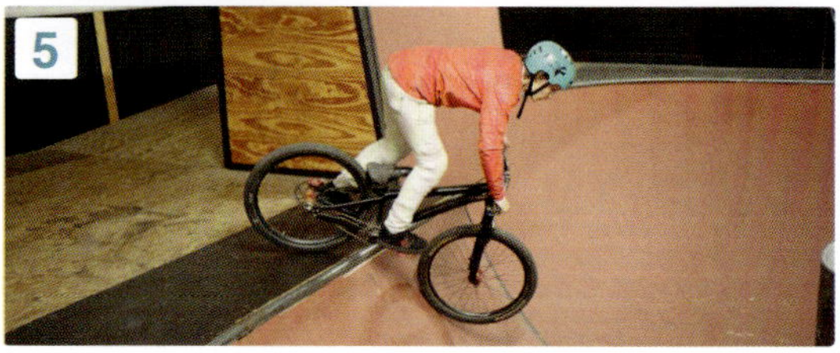
5

Vorübung zum Reinspringen

Um das Timing fürs Reinspringen zu üben, kannst du dein Hinterrad an einer kleinen Quarter oder Bank nach dem Reinfahren deines Vorderrades anheben und in der Quarter landen.

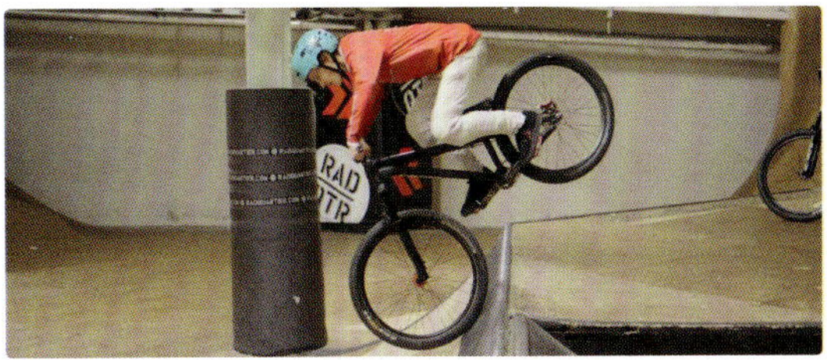

Reinspringen

Auch das Reinspringen solltest du erst an einer Schräge und dann an einer kleinen Quarter üben. Erst dann solltest du es an einer großen Quarter probieren.

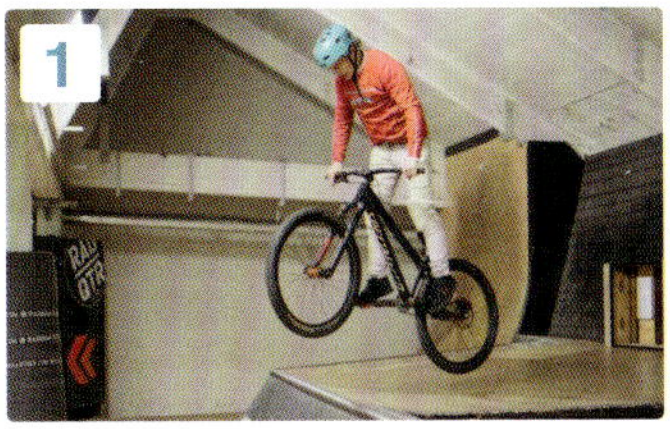

1 Fahr in Schrittgewindigkeit ca. im 45°-Winkel auf die Quarter zu. Lehn dich kurz vorm Erreichen der Quarter etwas zur Quarter hin. Spring vor dem Coping mit einem Bunnyhop ab.

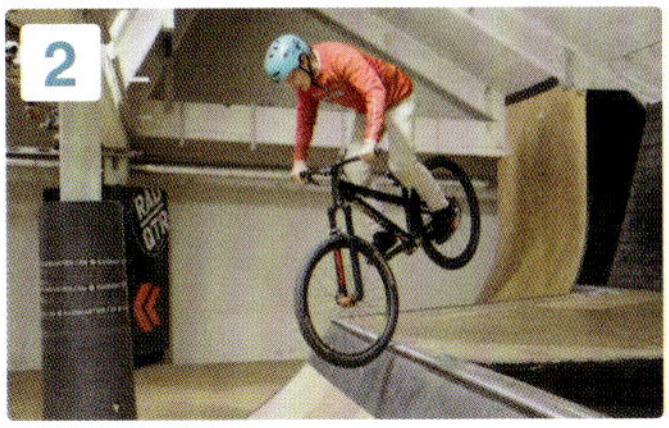

2 Ziele mit deinem Vorderrad an den oberen Anfang der Quarter, indem du deine Arme im richtigen Moment streckst, und versuche das Vorderrad so nah wie möglich am Coping landen zu lassen. Am Anfang ist es normal, dass du deutlich weiter unten landest. Deswegen empfiehlt sich die Übung wie erwähnt auch an der kleinen Quarter.

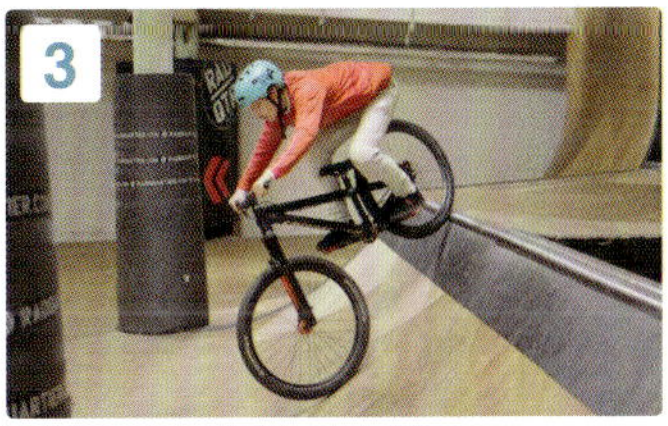

3 Zieh deine Beine an, um das Hinterrad hochzuziehen, und streck sie wieder, sodass dein Hinterrad bestenfalls auch direkt nach der Coping landet. Halte dich bereit, die Beine eventuell schnell an dich ranzuziehen, falls du zu früh mit dem Hinterrad aufsetzt, um zu verhindern, dass sich dein Körpergewicht zu sehr nach vorne verlagert.

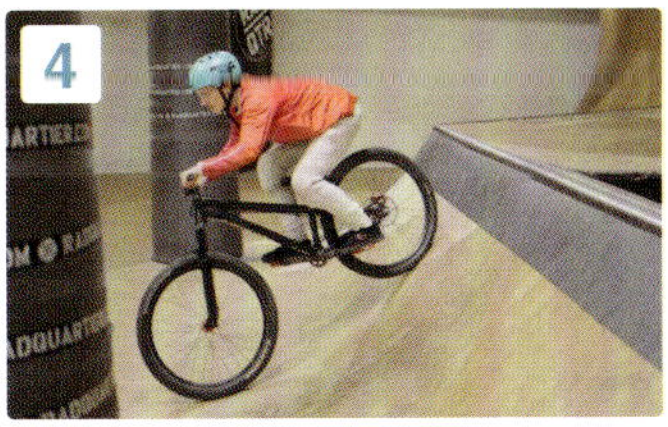

4 Streck deine Arme, während das Vorderrad die Quarter herunterfährt, und danach deine Beine, während dein Hinterrad die Quarter herunterfährt. Bleib mittig über dem Fahrrad und halte die Körperspannung, um nicht nach unten gedrückt zu werden.

Styletipp

Für mehr Schwung und Style kannst du einen hohen Bunnyhop für den Drop-in machen und direkt nach dem Coping mit beiden Rädern landen.

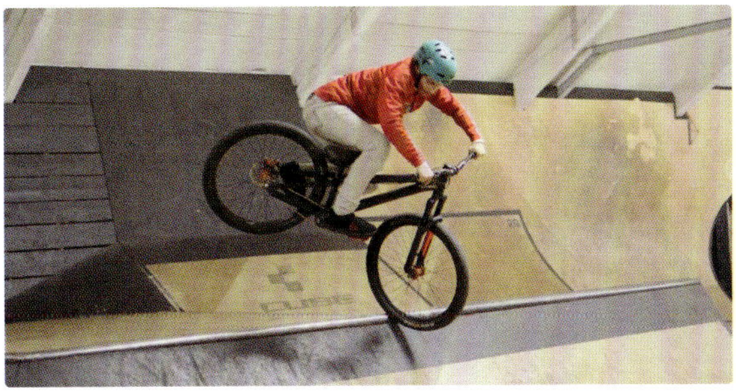

B Fakie

Vorübung an der Wand

Den Fakie muss man öfter üben, bis man das Körpergefühl dafür entwickelt hat. Du kannst ihn probieren, indem du dich mit dem Vorderrad von einer Wand abschiebst, manchen fällt er aber in einer Rampe leichter.

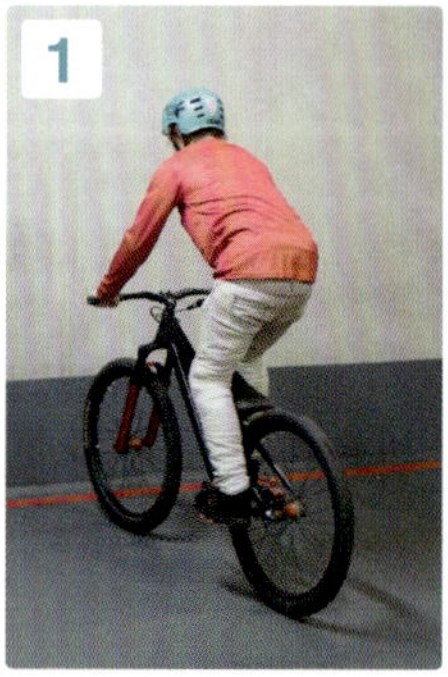

1 Fahr sehr langsam auf eine Wand oder ein festes Hindernis zu, das schmutzig werden darf.

Je nachdem, was dir besser liegt, kannst du dein Hinterrad auf dem Boden lassen (einfacher) oder es anheben, wenn dein Vorderrad die Wand berührt (erzeugt mehr Schwung).

2 Ohne Anheben Streck deine Arme und Beine und schieb dein Fahrrad leicht nach vorne.

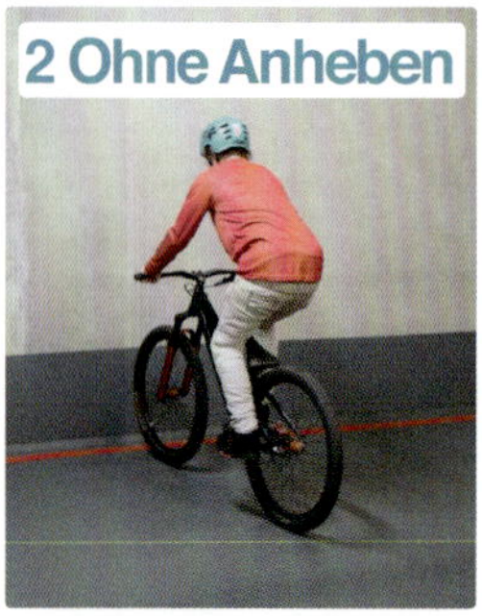

3 Ohne Anheben Sobald dein Vorderrad das Hindernis berührt, beugst du deine Arme und Beine und gehst mit deinem Körper nah zur Wand.

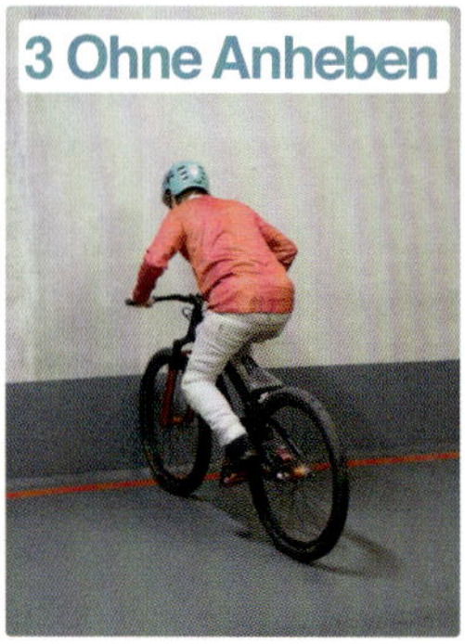

4 Ohne Anheben Wenn du mit dem Kopf nah an der Wand oder über dem Hindernis bist, schiebst du deine Arme und Beine mit viel Kraft nach vorne und stößt dich von der Wand ab. Weiter geht es bei 5.

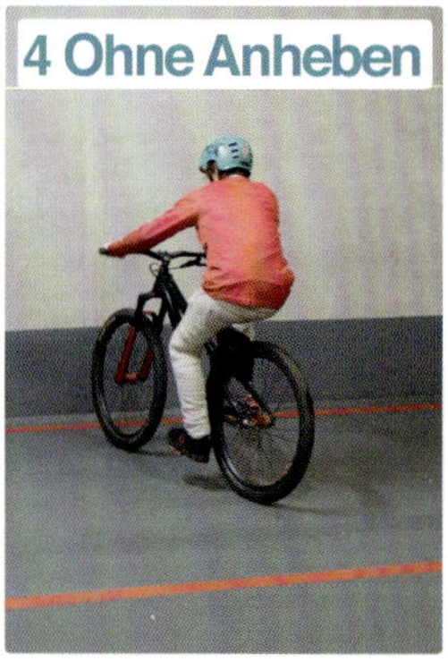

2 Mit Anheben Beuge deine Arme und Beine, neige deinen hinteren Fuß nach vorne und drück ihn hinter, gegen das Pedal.

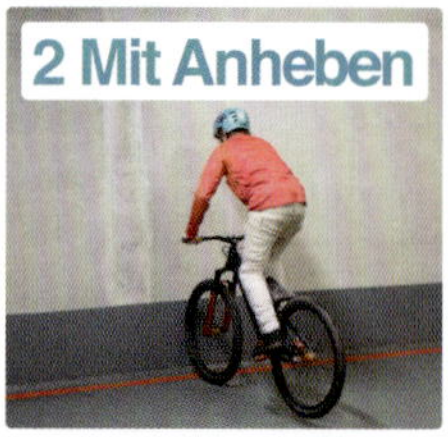

3 Mit Anheben Streck deine Beine nach oben, sodass sie ganz ausgestreckt sind, wenn dein Vorderrad das Hindernis berührt.

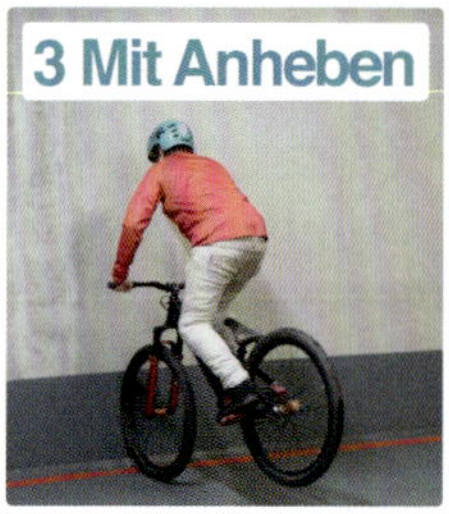

4.1 Mit Anheben Zieh direkt danach das Hinterrad nach oben, indem du deine Beine beugst. Du kannst noch mehr Schwung holen, wenn du dich dabei über das Vorderrad lehnst.

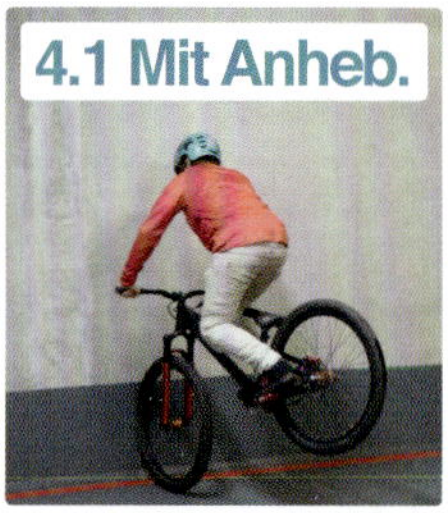

4.2 Mit Anheben Wenn dein Hinterrad wieder nach unten sackt, streckst du deine Beine und Arme nach vorne aus und schiebst deinen Körper damit von der Wand weg. So holst du viel Schwung fürs Rückwärtsfahren.

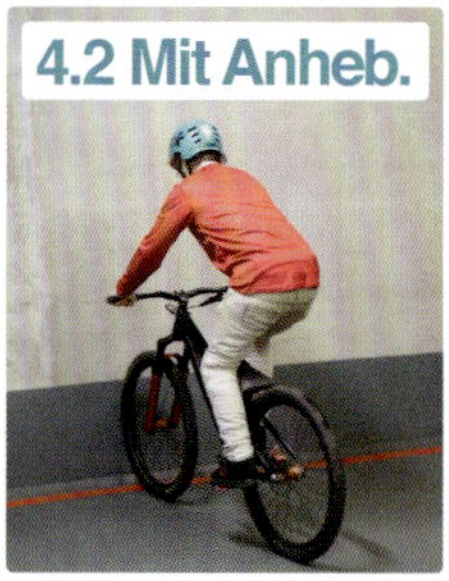

5 Tritt gleichmäßig rückwärts, aber nicht schneller als nötig, denn das macht deinen Körper unruhig und das Balancieren schwieriger. (Wähle bei einer Schaltung einen mittelschweren Gang.) Positioniere deinen Körper mittig über dem Rad und widersteh damit dem Drang, dich über das Vorderrad zu beugen, denn dadurch würdest du nicht stabil auf dem Fahrrad stehen. Zusätzlich dazu bewegt sich dein Vorderrad seitlich deutlich mehr als dein Hinterrad. Deshalb kannst du dein Gleichgewicht besser halten, wenn du deinen Körper eher über dem Hinterrad hältst.

6-8 Nicht schön, aber praktisch kann ein kleiner Schweinehop zur Seite sein, mit dem du deine Position korrigieren kannst, falls du kippst.

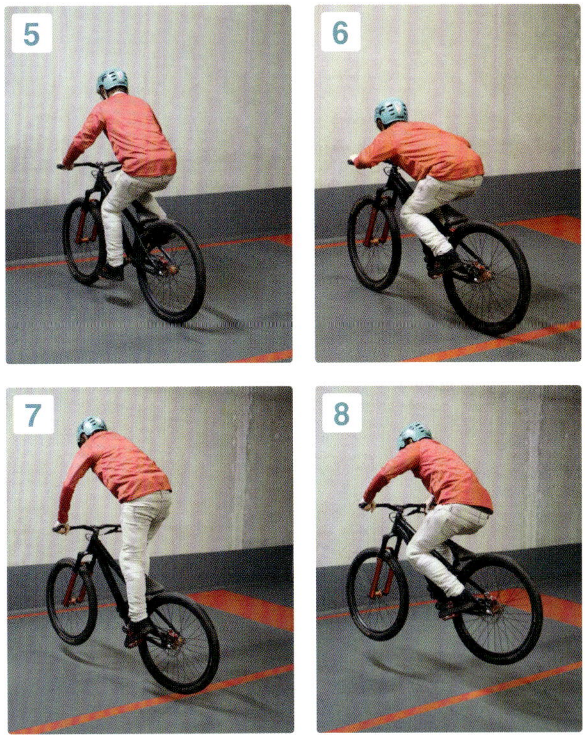

In der Rampe

1 Fahr langsam und gerade auf die Rampe zu.

2 Positioniere dich mittig und beuge deine Arme und Beine.

Je nachdem, was dir besser liegt, kannst du Schwung holen, indem du am obersten Punkt nur stehenbleibst oder mit einem kleinen Schweinehop leicht abspringst, und jeweils danach rückwärt zu fahren.

3 Rollen Roll bis zum Stillstand und streck dann deine Arme und Beine langsam nach vorne, um Schwung zu holen, sobald du nach hinten rollst. Positioniere deinen Körper dabei mittig oder über dem Hinterrad, nicht nach vorne gelehnt.

3 Hop Streck am obersten Punkt deine Arme und Beine und mach einen kleinen Schweinehop.

4-5 Tritt so langsam es geht gleichmäßig rückwärts und bleib mit deinem Körper über dem Hinterrad.

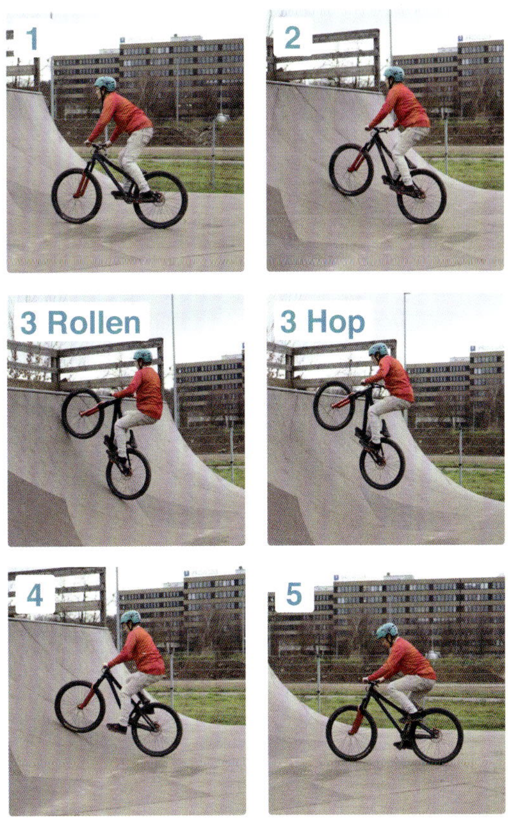

B Umdrehen vom Fakie-Fahren

Voraussetzung: Fakie

Umdrehen über das Hinterrad

Sobald du die erste Kurbelumdrehung Fakie fahren kannst, kannst du auch Umdrehen üben. Umdrehen solltest du in Richtung deines hinteren Pedals oder in deine gewohnte Drehrichtung. Bei den meisten Fahrern ist das die gleiche Richtung.

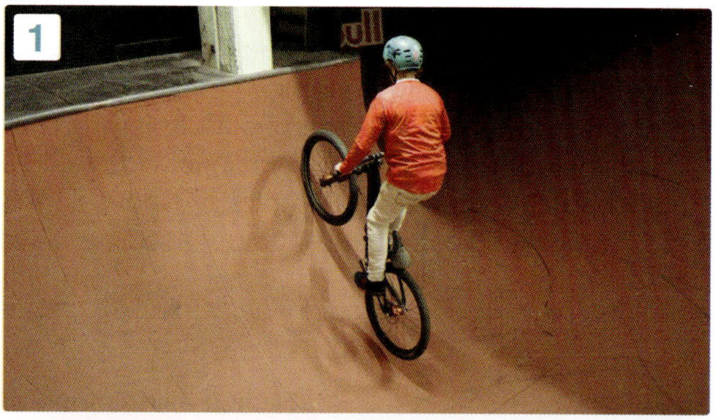

1 Fahr nicht zu schnell rückwärts, positioniere deinen Körper mittig über dem Rad (nicht über dem Vorderrad) und beuge deine Arme.

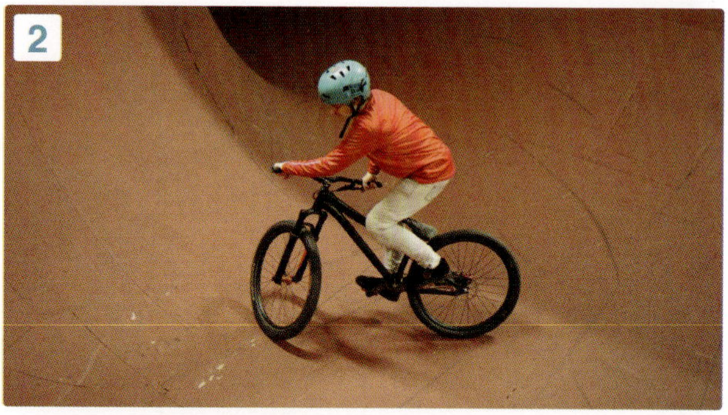

2 Kurz bevor deine Kurbel wieder „in Fahrposition" steht, lehnst du dein Körpergewicht leicht zu der Seite, zu der du umdrehen willst. Streck gleichzeitig deine Arme und lenk sehr schnell ca. 45° in die Gegenrichtung zu deiner Drehrichtung ein (weil du rückwärts fährst, wird sich dein Fahrrad in die richtige Richtung bewegen).

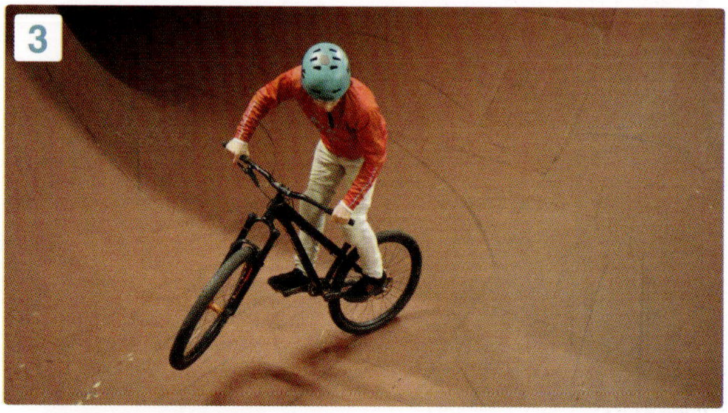

3 Drück im nächsten Augenblick, wenn du dich ca. um 30° gedreht hast, die Hinterradbremse oder drück mit deinem vorderen Fuß gegen die Pedale, sodass deine Kurbel stehen bleibt, und zieh dein Vorderrad mit den Armen nach oben. Schau nun auch in die Drehrichtung.

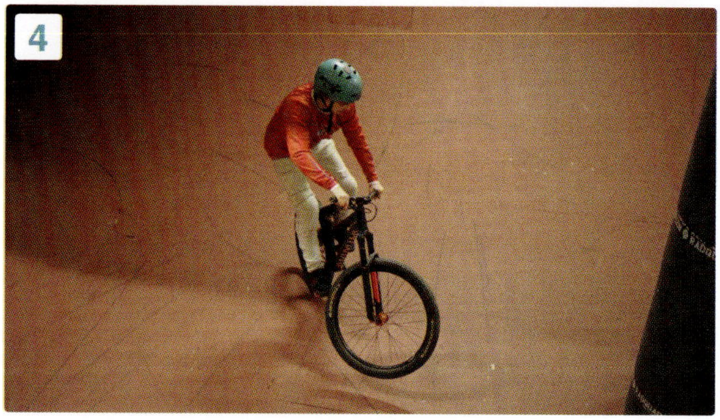

4 Schieb deinen Po nun mehr hinter über das Hinterrad, um das Vorderrad in der Luft zu halten und weiter zu rotieren. Lenk gerade in die Fahrtrichtung, um weiterfahren zu können, auch wenn du die 180° nicht ganz schaffst.

Umdrehen mit Hop - Halfcab

Wenn du den Schweinehop sicher beherrschst, dann kannst du dich am Umdrehen mit Hop probieren. Er macht es dir bei höheren Geschwindigkeiten einfacher umzudrehen. Dennoch solltest du ihn zuerst bei niedrigen Geschwindigkeiten üben.

1 Fahr rückwärts und beuge deine Arme und Beine. Dreh deinen Oberkörper entgegen der Drehrichtung.

2 Kurz bevor deine Kurbel in der „normalen Fahrposition“ steht, lenkst du abrupt in die Gegenrichtung ein und drehst gleichzeitig deinen Körper in Drehrichtung. Streck dazu auch deine Arme und Beine.

3 Zieh dein Fahrrad nach ca. 30° Drehung hoch, stopp die Rotation deines Oberkörpers, um das Fahrrad zu rotieren, und schau in die Drehrichtung.

4-5 Halte die Körperspannung, schau weiter in Fahrtrichtung und lenk ebenfalls dahin. Dreh deinen Oberkörper entgegen der Drehrichtung, um dein Fahrrad noch weiter zu rotieren und wieder möglichst geradeaus zu landen.

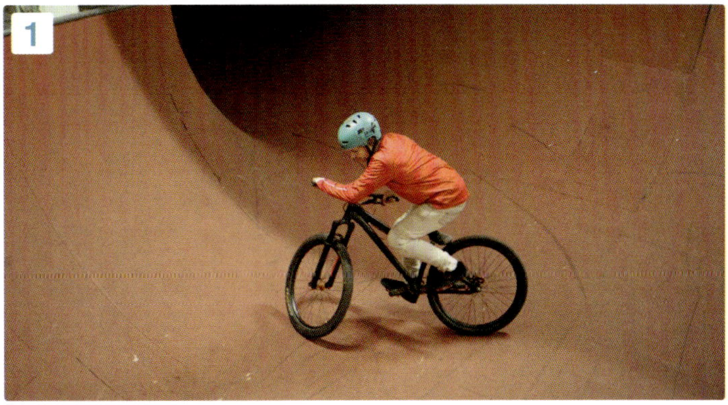

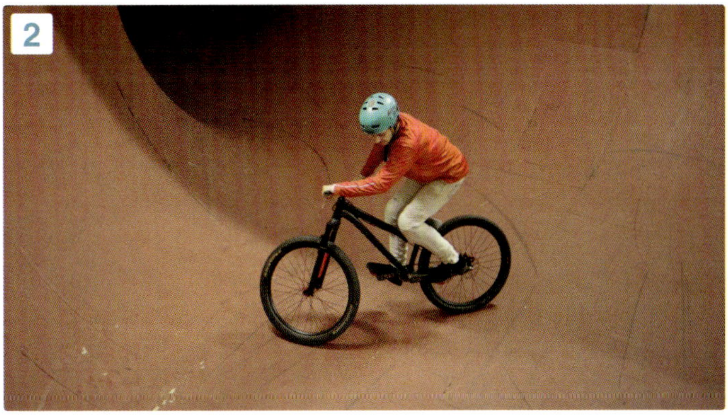

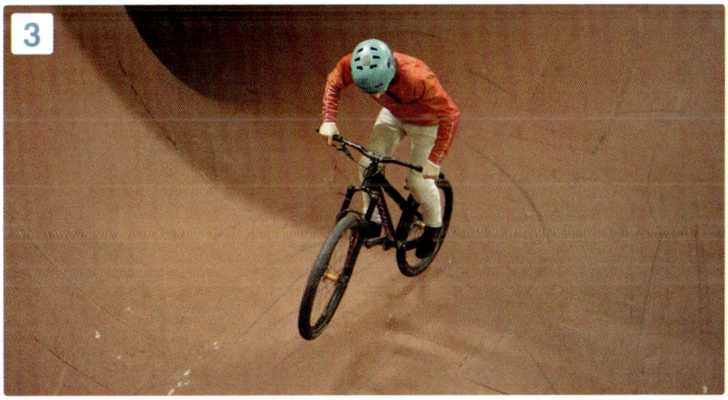

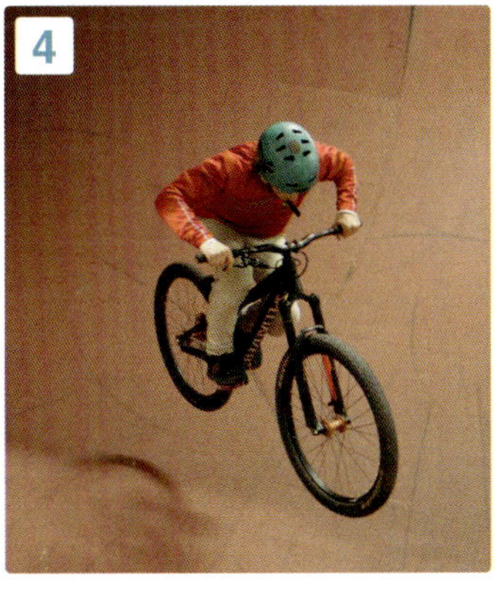

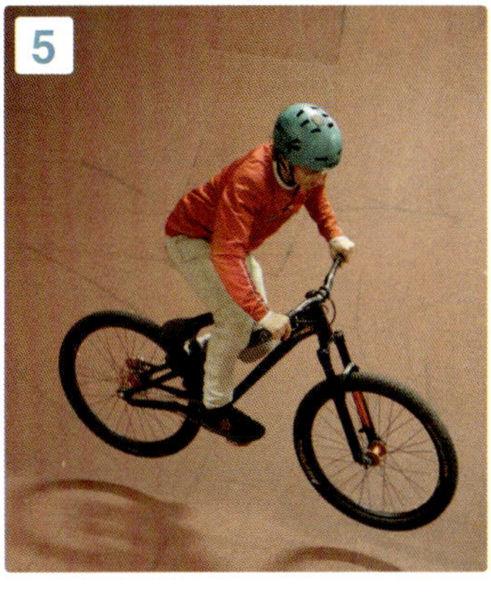

B Tailtap Teil 1

Voraussetzung: 180

Vorübung I

Um den Tailtap üben zu können, solltest du kontrolliert einen etwas überdrehten 90 beherrschen.

1 Fahr in einem Winkel von ca. 10° aus der Richtung deines hinteren Fußes auf eine Quarter an. Wenn du wie hier entgegen deiner Drehrichtung anfährst, nennt sich das Alley-oop.

2 Dreh deinen Körper leicht in die Gegenrichtung der Drehung, also die Schultern in Richtung des vorderen Pedals und den Po in Richtung des hinteren Pedals. Beug deine Arme und Beine leicht.

3 Lenk am Anfang der Rampe leicht in die Drehrichtung ein.

4 Dreh deinen Oberkörper in die Drehrichtung und streck deine Beine und Arme leicht.

5 Lehn dich mit deinem Körper leicht zur Quarter hin, spring mit beiden Rädern gleichzeitig ab und stopp die Drehung deines Körpers. Nur mit diesem Stopp fängt dein Rad richtig an, mit dir mitzudrehen.

6 Visiere die Landungsfläche an und rotiere so weit, dass dein Vorderrad ein wenig in Richtung Quarter zeigt. Lehne dich in Richtung Quarter, um bei der Landung die seitlichen Landungskräfte aufzufangen, und lande mit beiden Rädern gleichzeitig. Versuch danach möglichst an diesem Punkt stehen zu bleiben, ohne umzukippen. Drück die Hinterradbremse (oder gegen das vordere Pedal, wenn du keine Bremse hast), um stehen zu bleiben.

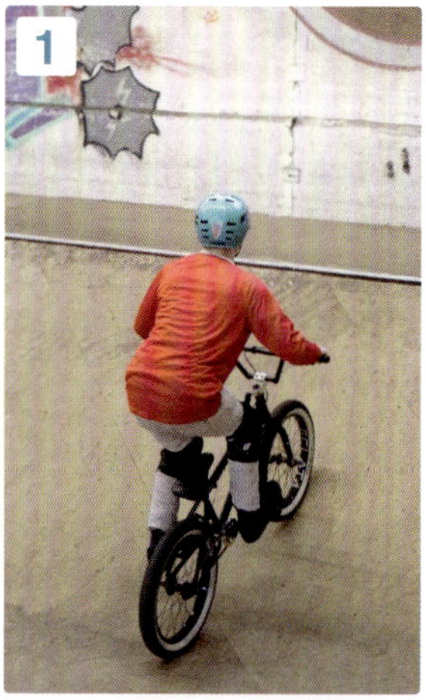

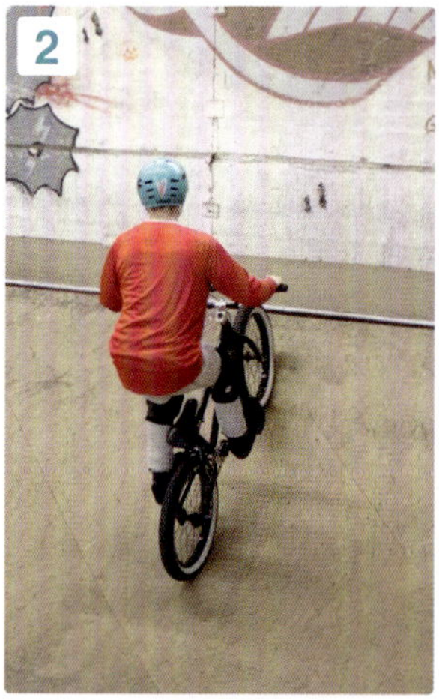

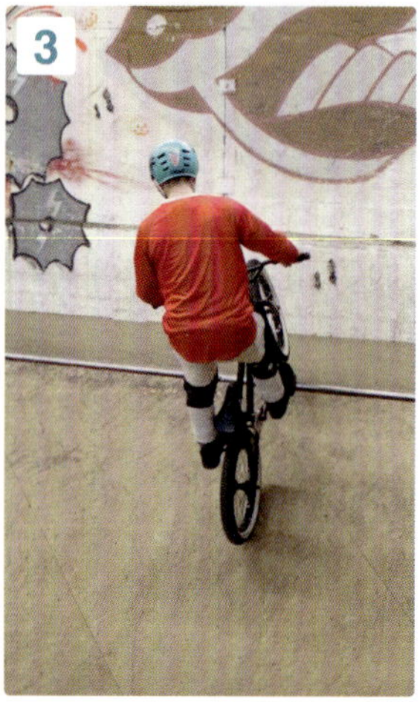

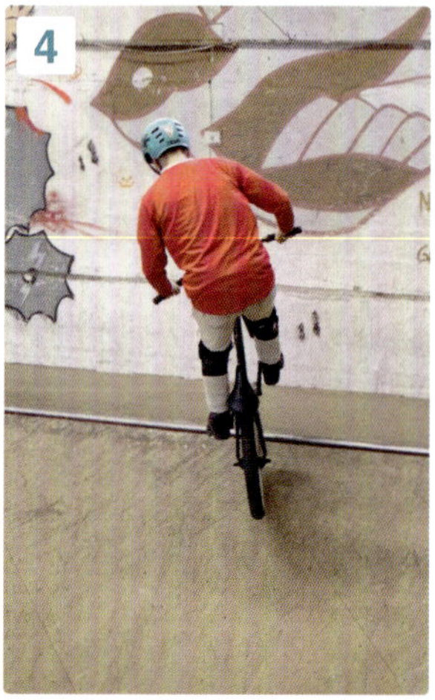

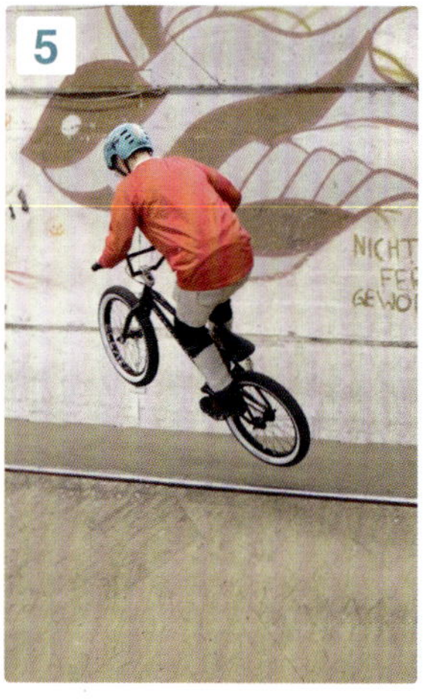

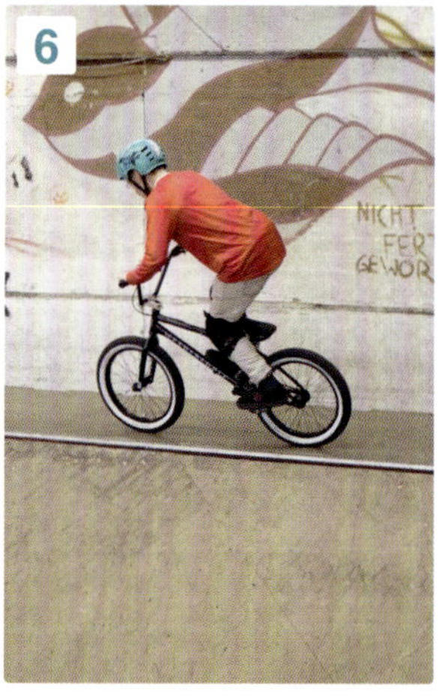

Vorübung II

Such dir eine flache Bank, die maximal 45° geneigt ist.

1 Fahr ca. im 10°-Winkel Alley-oop so auf die Bank zu, das du an ihrem oberen Ende stehen bleiben wirst.

2 Beuge deine Arme und Beine und dreh deinen Oberkörper leicht in die Gegenrichtung deiner Drehung.

3 Dreh deinen Oberkörper in Drehrichtung und halte die Bewegung dann ruckartig an. Zieh gleichzeitig dein Vorderrad so hoch, dass du fast nach hinten kippst, indem du deine Arme erst streckst und sie dann wieder beugst. Wenn dein Vorderrad seinen höchsten Punkt erreicht hat, ziehst du dein Hinterrad nach oben, indem du deine Beine streckst und danach wieder beugst.

4 Dreh deinen Oberkörper in der Luft wieder entgegen der Drehrichtung und lehn dich mit deinem Körper von der Bank weg.

5 Drück die Hinterbremse (oder stemm dich ohne Bremse gegen das vordere Pedal) und lande auf deinem Hinterrad. Schau zur Landung und beuge deine Arme und Beine. Lehn dich weiter mit deinem Körper von der Bank weg, sodass du langsam nach unten kippst.

6 Dreh deinen Oberkörper in die Drehrichtung und schau in die Landung. Streck gleichzeitig deine Arme und Beine und mach einen Bunnyhop. Zieh dabei dein Hinterrad weiter nach oben als dein Vorderrad, um gleichzeitig zu landen.

7 Halte die Drehung deines Oberkörpers an. Zieh dein Hinterrad weiter nach oben und lande gleichzeitig mit beiden Rädern.

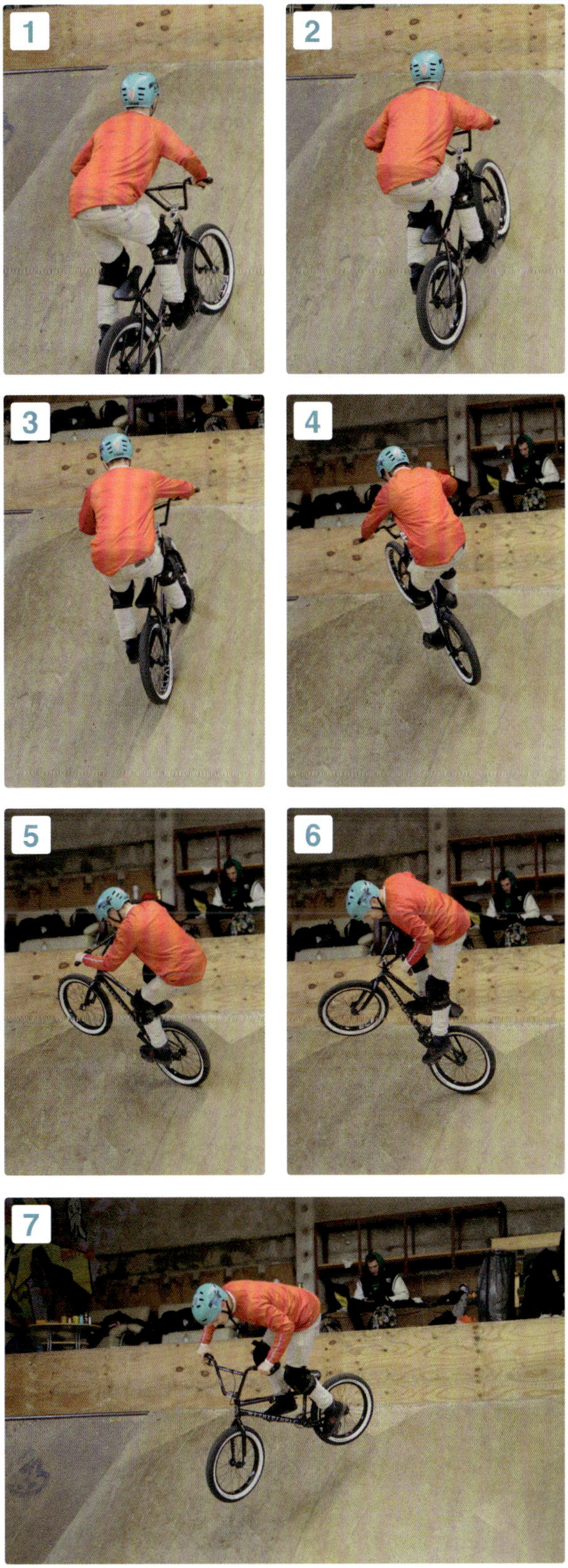

B Tailtap Teil 2

Voraussetzung: 180

Im Sprung

Such dir eine Quarter, die nicht zu groß ist, sodass du gut wieder in sie reinspringen kannst.

1 Steuere ca. im 10°-Winkel Alley-oop auf die Quarter zu. Fahr mit einer Geschwindigkeit, dass du ca. 30 cm hochspringst. Beug deine Arme und Beine und dreh deinen Oberkörper gegen die Drehrichtung.

2 Fahr auf der Quarter eine leichte Kurve. Dreh deinen Oberkörper in die Drehrichtung und streck deine Arme und Beine.

3 Spring mit dem Hinterrad kurz vor dem Coping ab. Zieh dein Vorderrad höher als dein Hinterrad und flieg hecklastig. Stopp gleichzeitig die Drehung deines Oberkörpers und schau auf die Stelle, an der dein Hinterrad landen soll.

4-5 Dreh über 90° und drück deine Hinterradbremse (oder stemm dich gegen dein vorderes Pedal, wenn du keine Bremse hast). Dein Hinterrad sollte ca. 30 cm von der Quarter entfernt landen. Das wird dir am Anfang wahrscheinlich nicht leicht fallen und braucht etwas Übung.

6 Bewege deine Hüfte mit Beugen und Strecken deiner Beine vor oder zurück, um auf dem Hinterrad zu balancieren. Beuge deine Arme und Beine und dreh deinen Körper entgegen der Drehrichtung. Lehn dich dabei mit deinem Körper leicht zur Quarter, um langsam zu ihr zu kippen.

7 Während du leicht zur Quarter kippst, streckst du deine Arme und Beine und drehst deinen Oberkörper in die Drehrichtung.

8 Zieh dein Hinterrad deutlich stärker nach oben und schau zur Quarter, wo du landen willst. Konzentriere dich bei deinen ersten Versuchen darauf, dein Hinterrad über das Coping zu heben und in der Quarter zu landen. Mit etwas Übung kannst du dann daran arbeiten, zuerst mit dem Vorderrad zu landen.

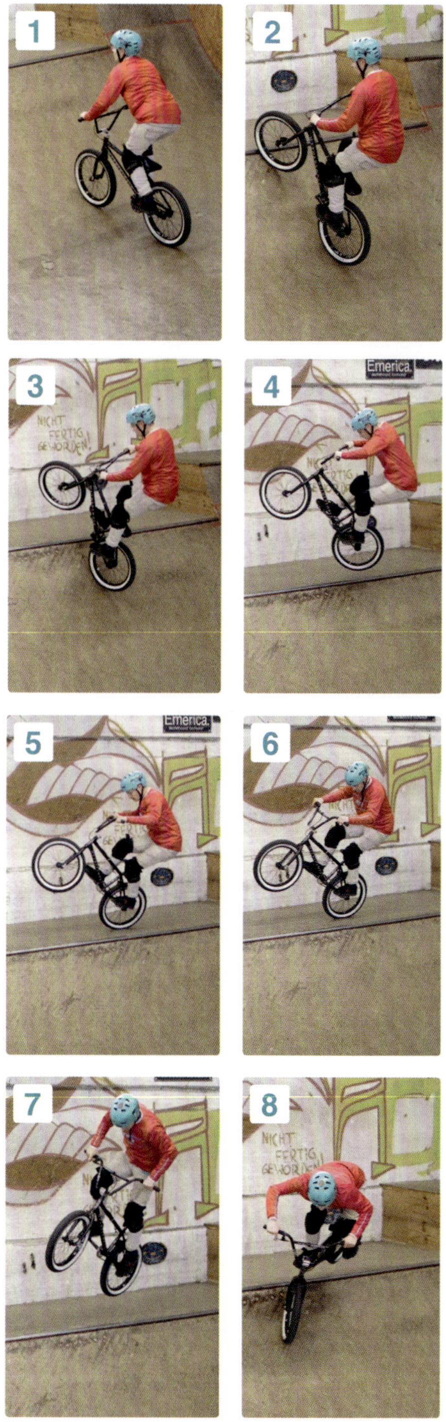

Probleme und Lösungen

Vorderrad kippt ab Du kippst bei der Landung nach vorne. -> Fahr in einem stärkeren Alley-oop-Winkel (gegen deine Drehrichtung) an und dreh mehr als 90° vor dem Tailtap.

Zu weit weg Du kommst nicht zurück in die Quarter. -> Lehn dich beim Abspringen mit der Schulter mehr zur Quarter hin und lande schräg zur Quarter hin geneigt. Versuche mit etwas geringerer Geschwindigkeit zu fahren, um den Abstand zur Quarter gering zu halten.

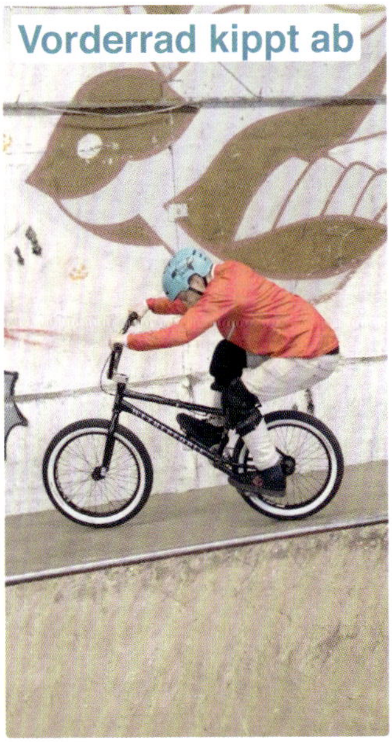
Vorderrad kippt ab

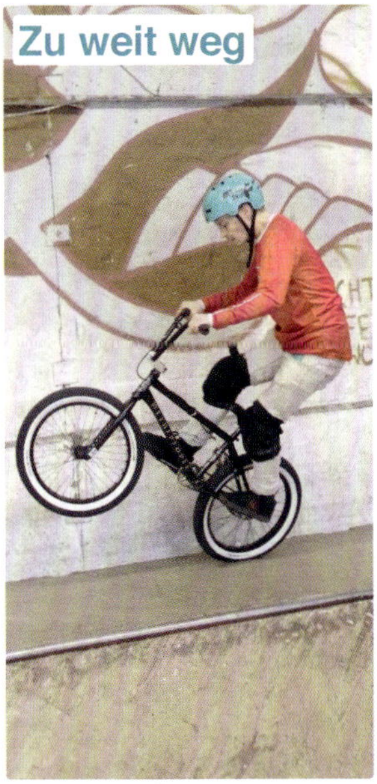
Zu weit weg

Ohne Bremse

Ohne Hinterradbremse musst du deutlich präziser landen und du darfst nicht zu hecklastig landen, da du sonst nach hinten kippst. Taste dich schrittweise vor, immer hecklastiger zu landen. Ohne Hinterradbremse ist es besonders wichtig, deutlich über 90° zu drehen, damit du leicht rückwärts landest und dadurch Druck auf dein vorderes Pedal aufbauen kannst, um dein Vorderrad oben zu halten.

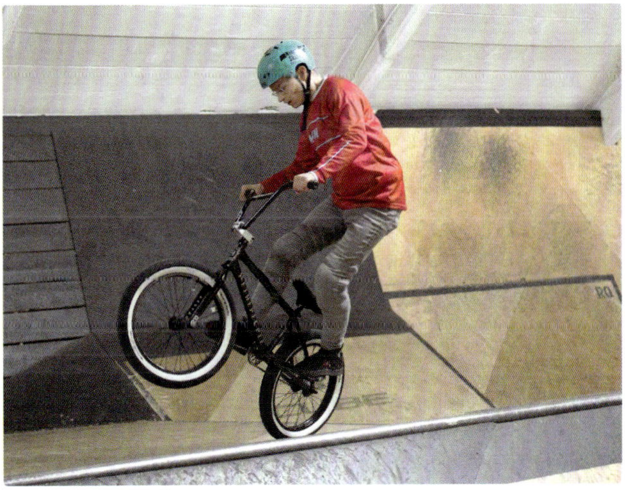

Styletipp

1-2 Besonders stylish und lässig sieht der Tailtap aus, wenn du deinen Lenker etwas von der Quarter weglenkst und in einem Winkel über 90° zur Rampe stehst. Es braucht allerdings Übung, um aus dieser Position wieder in die Quarter zu kommen.

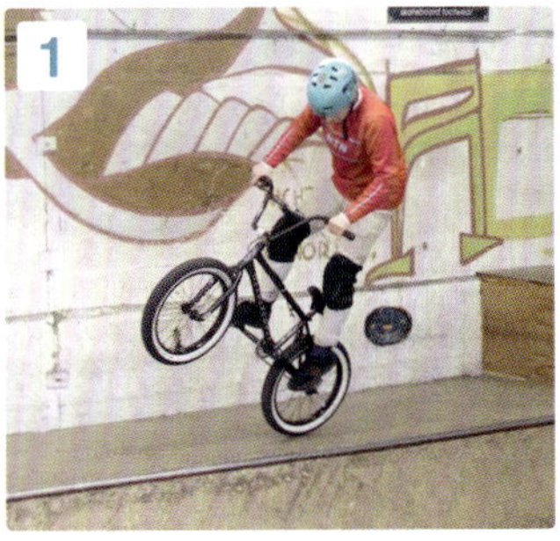
1

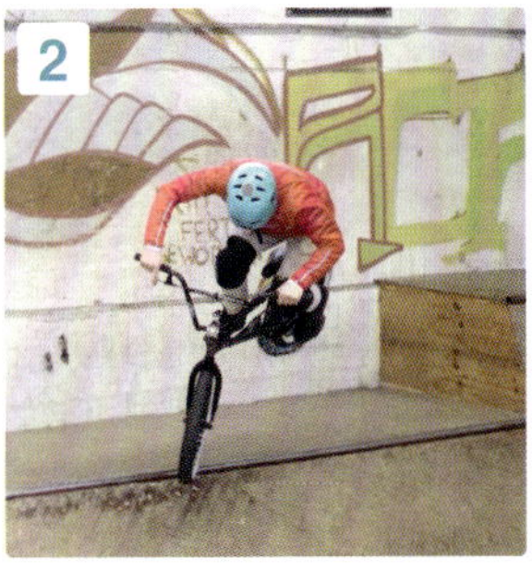
2

B Spine springen Teil 1

Voraussetzungen: Bunnyhop & Whip

Vorübung I

1 Such dir eine Quarter, die gleich oder ähnlich zu deiner Spine ist, und fahr so schnell auf sie zu, das du ca. 20–30 cm hoch springst.

2 Kurz vor dem Ende der Quarter ziehst du deinen Lenker und damit dein Vorderrad mit deinen Armen etwas stärker zu dir als üblich, damit du leicht frontlastig fliegst.

3 Drück dein Hinterrad etwas stärker und früher von der Quarter ab als normal, um die Frontlastigkeit zu verstärken und nah am Coping landen zu können.

4 Lehn dich mit deinem Oberkörper leicht nach vorne und schau auf das Coping.

5 Schau weiter auf das Coping und lass dein Vorderrad kurz hinter dem Coping landen – Bestenfalls so nah, dass es der Länge der Spine entspricht.

6 Lass dein Hinterrad ebenfalls an diesem Punkt landen.

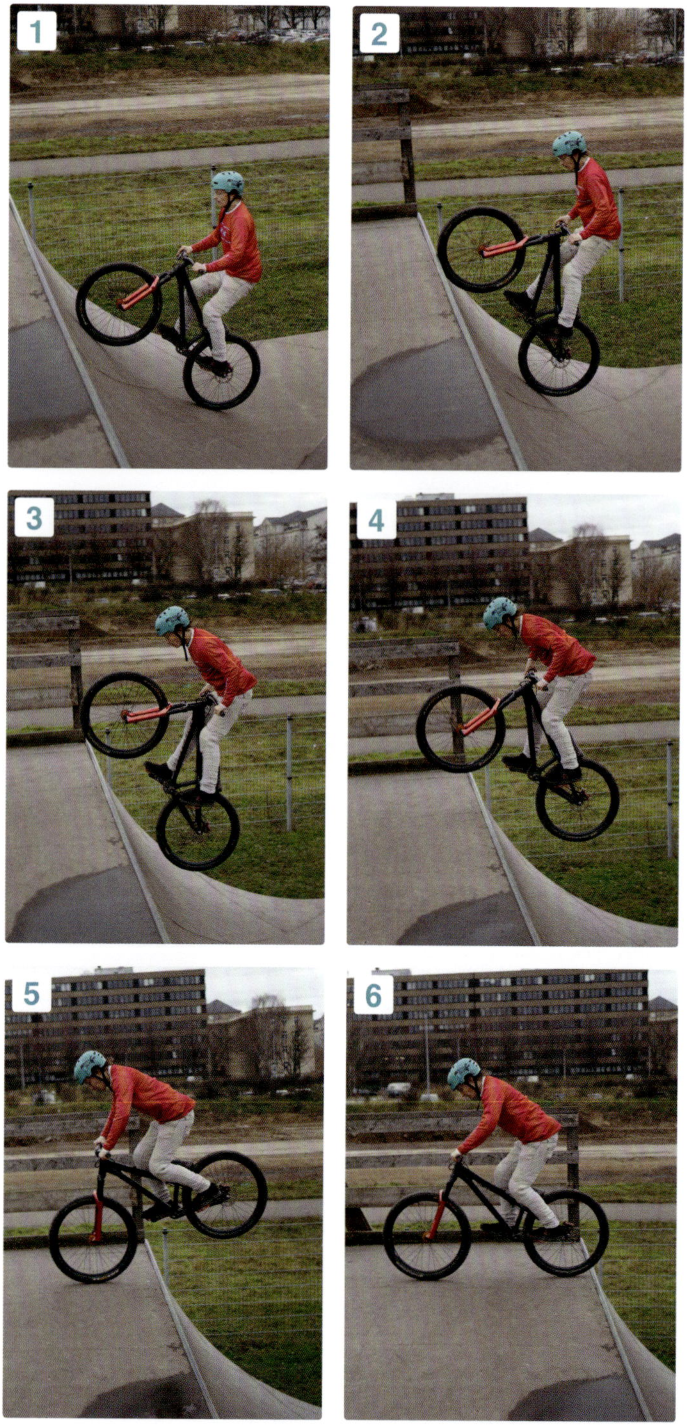

Vorübung II

1 Fahr wie bei Vorübung I auf die Quarter zu, lenk allerdings am Anfang der Quarter zum hinteren Pedal ein (für den Whip) und dreh deinen Oberkörper leicht in die Gegenrichtung ein.

2 Zieh dein Vorderrad wieder etwas eher von der Quarter weg und drück dich mit deinem Hinterrad stärker von der Quarter ab. Dabei lenkst du noch etwas stärker in die Whiprichtung und drehst deinen Oberkörper ebenfalls in diese Richtung.

3-4 Stell dein Rad in der Luft quer, lenk weiter in die Whiprichtung und visiere die Landungsfläche direkt hinter dem Coping an. Das Querstellen deines Fahrrads dient dazu, dein Vorderrad danach besser nach unten drücken zu können.

5 Lenk wieder gerade. Lande quer und mit dem Vorderrad zuerst. Durch das Querlanden kannst du später die Landungsquarter der Spine besser nutzen. Denn wenn du geradeaus landest, ist die Landefläche recht kurz. Wenn du quer landest, wird sie effektiv länger.

6 Setz dein Hinterrad nah am Coping auf und fahr nach vorne, sodass sich dein Fahrrad wieder gerade ausrichtet.

1

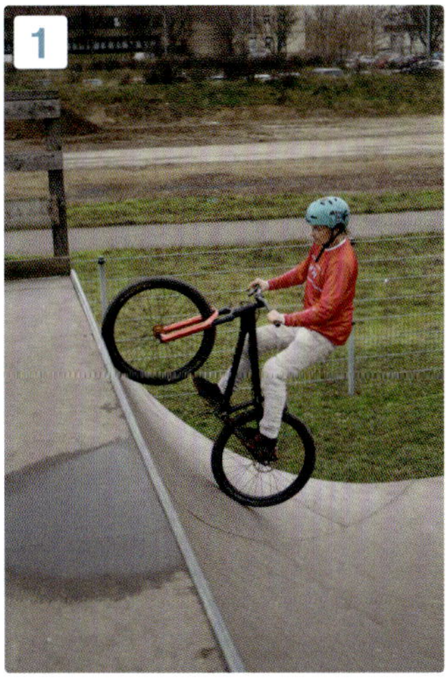

2

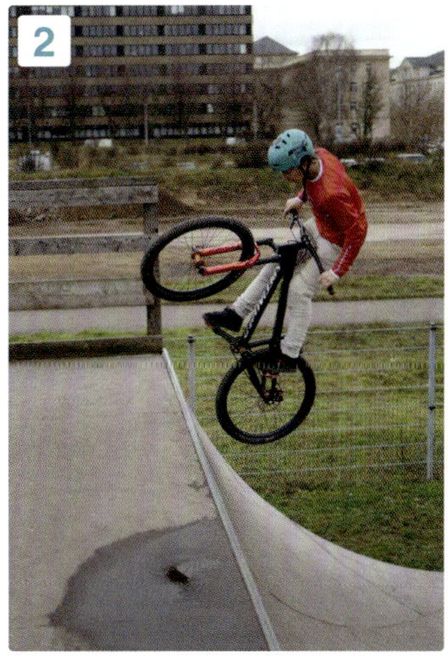

3

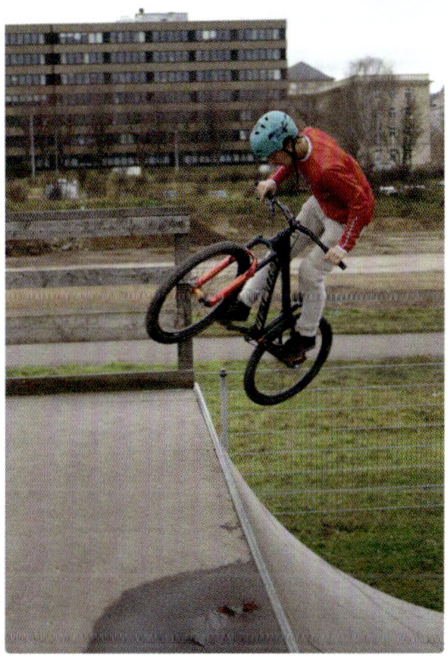

4

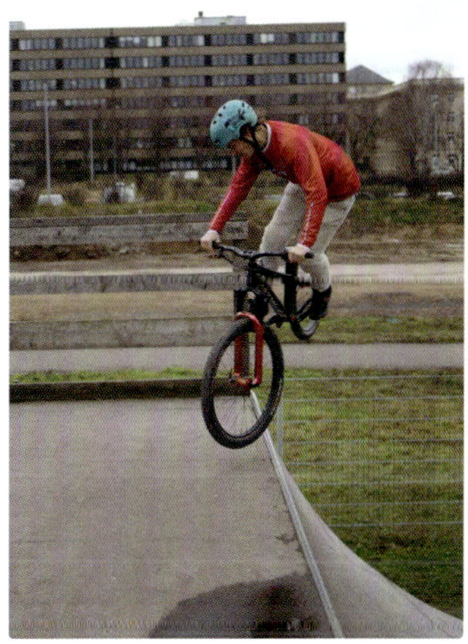

5

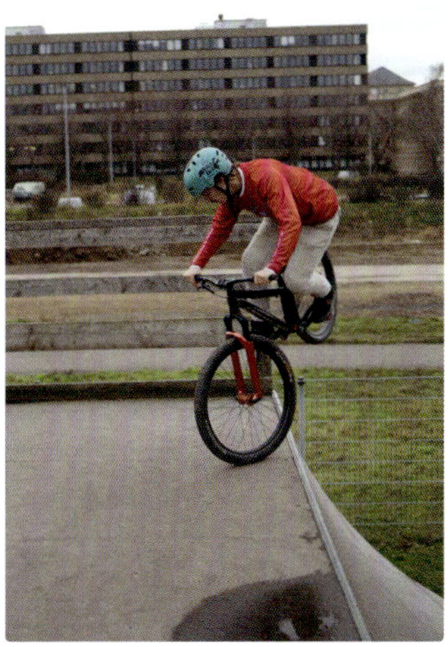

6

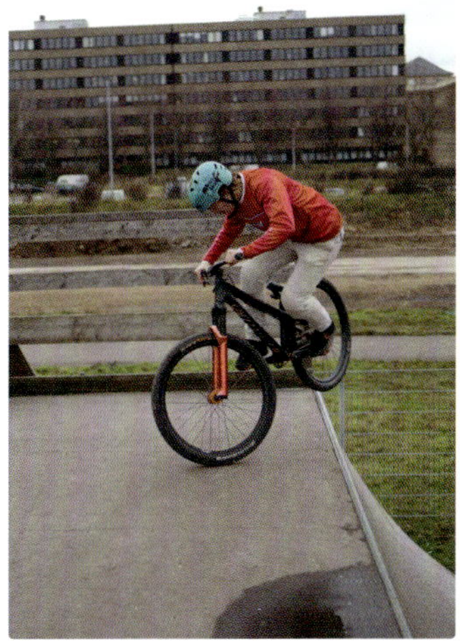

B Spine springen Teil 2

Voraussetzungen: Bunnyhop & Whip

Gerade über eine kleine Spine

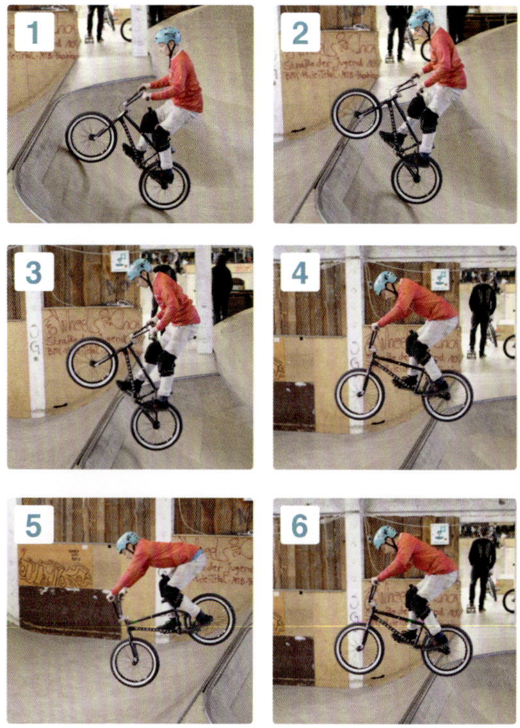

1 Bestenfalls kannst du das Springen von Spines über eine kleine Spine üben, bevor du es an einer großen probierst. Fahr mit einer Geschwindigkeit an, dass du ca. 20–30 cm hoch springst.

2 Zieh bei einer kleinen Quarter dein Vorderrad möglichst weit nach oben, um hoch, aber kurz zu fliegen.

3 Drück dich mit dem Hinterrad früher und etwas stärker ab und lehn dich mit deinem Oberkörper leicht nach vorne.

4 Schau auf das Coping und die Landefläche.

5 Beim Geradespringen kannst du mit dem Vorderrad nur schwer nah am Coping landen. Versuch aber mit dem Vorderrad möglichst noch vor dem Ende der Landung aufzusetzen.

6 Lass dein Hinterrad möglichst nah hinter dem Coping aufsetzen.

Mit Whip über eine kleine Spine

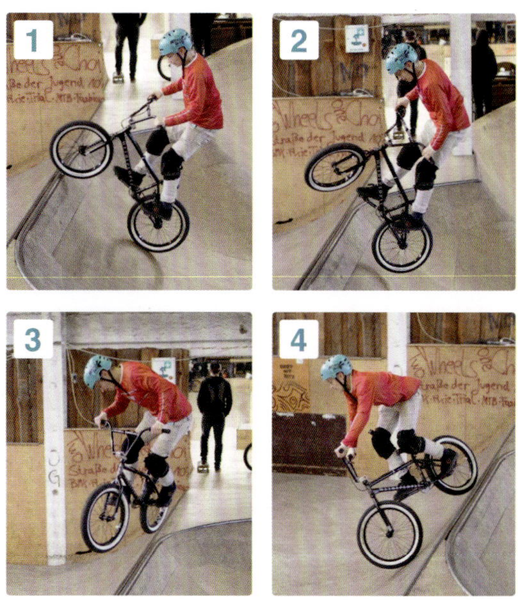

Mit einem Whip über die Spine kannst du das Vorderrad leichter nach unten drücken und durch das Schräglanden wird die Landung etwas länger.

1 Mach alles wie beim Geradespringen, aber fahr auf der Spine zusätzlich eine leichte Kurve in deine Whiprichtung. Lass dabei den Oberkörper gerade zur Spine.

2-3 Drück dein Fahrrad quer zur Seite, indem du in Whiprichtung lenkst, deine Arme zur Seite schiebst und die Beine mit der Hüfte in die andere Richtung drückst.

4 Dreh deinen Lenker wieder gerade, setz mit deinem Vorderrad auf. Lass dein Fahrrad leicht schräg landen und sich danach in Fahrtrichtung ausrichten.

Über eine große Spine

1 Bestenfalls bist du schon eine kleine Spine gesprungen und hast du die Vorübung II viel geübt und beherrschst beides gut. Fahr mit einer Geschwindigkeit auf die Spine an, mit der du ca. 20–30 cm hochspringen wirst. Fahr eine leichte Kurve in Richtung deines Whips und dreh deinen Oberkörper entgegen der Richtung.

2-3 Zieh dein Vorderrad wie in Vorübung II etwas früher und stärker von der Quarter weg als bei einem Fly-out-Sprung und dreh dabei deinen Oberkörper in die Whiprichtung. Drück dein Hinterrad wie in Vorübung II früher und stärker von der Quarter ab, sodass du in erster Linie nach oben und nicht so weit springst.

4 Schiebe in der Luft deine Arme zur Seite des hinteren Pedals, lenk ebenfalls 90° seitlich dorthin und dreh deine Hüfte in die andere Richtung, um damit dein Fahrrad mit einem Whip in der Luft quer zu stellen (eine genauere Erklärung des Whips findest du im Buch „*How to Stunt it*"). Lehn dich mit deinem Oberkörper leicht nach vorn, um dein Vorderrad nach unten zu drücken, und visiere die Landung an.

5 Lenk fast wieder ganz gerade und lande mit deinem Vorderrad möglichst nah an der Quarter.

6 Platziere dein Hinterrad nah am Coping.

7 Achte bei der Landung darauf, dass du dein Fahrrad steil genug nach unten gedrückt hast und dein Hinterrad nicht am Coping hängen bleibt. Wenn dein Fahrrad nicht frontlastig genug fliegt, dann lass dein Vorderrad lieber später und weiter unten in der Quarter landen, sodass dein Hinterrad auf jeden Fall nach dem Coping aufsetzt.

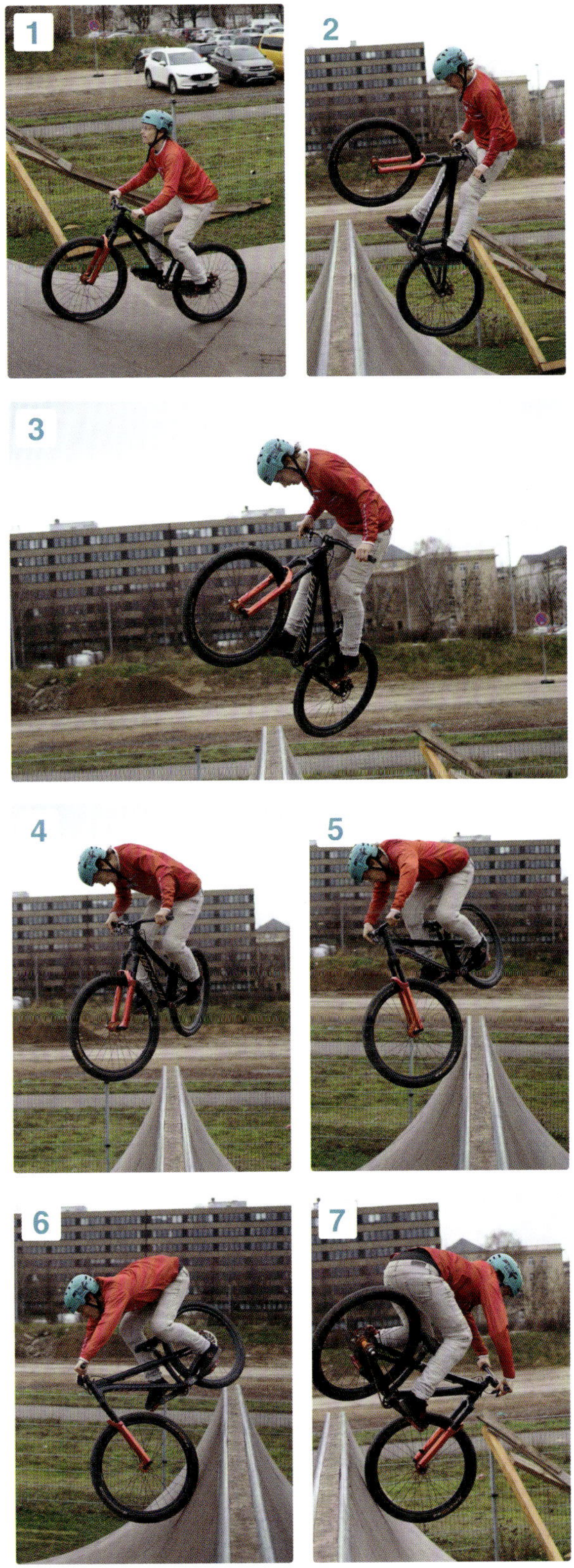

Tricklevel 1

Die ersten Tricks im Skatepark

Du hast schon viele Runden im Skatepark gedreht und willst die ersten Tricks machen? Dann ist Level 1 genau das Richtige für dich. Mit diesen Tricks wird das Skateparkfahren nicht nur spannender, sondern du verbesserst auch deine Bikekontrolle.

Hinweis zu den Leveln: Manche Tricks auf höheren Leveln können dir leichterfallen als manche auf einfacheren Leveln, da dir manche Bewegungsabläufe wahrscheinlich mehr liegen. Wenn du das Buch *„How to Stunt it“* besitzt, wirst du feststellen, dass der 180 und 360 in *„Skatepark-Tricks für Mountainbike und BMX“* niedriger bewertet werden. Das liegt daran, dass der Anspruch an deine Fahrtechnik im Skatepark insgesamt höher liegt.

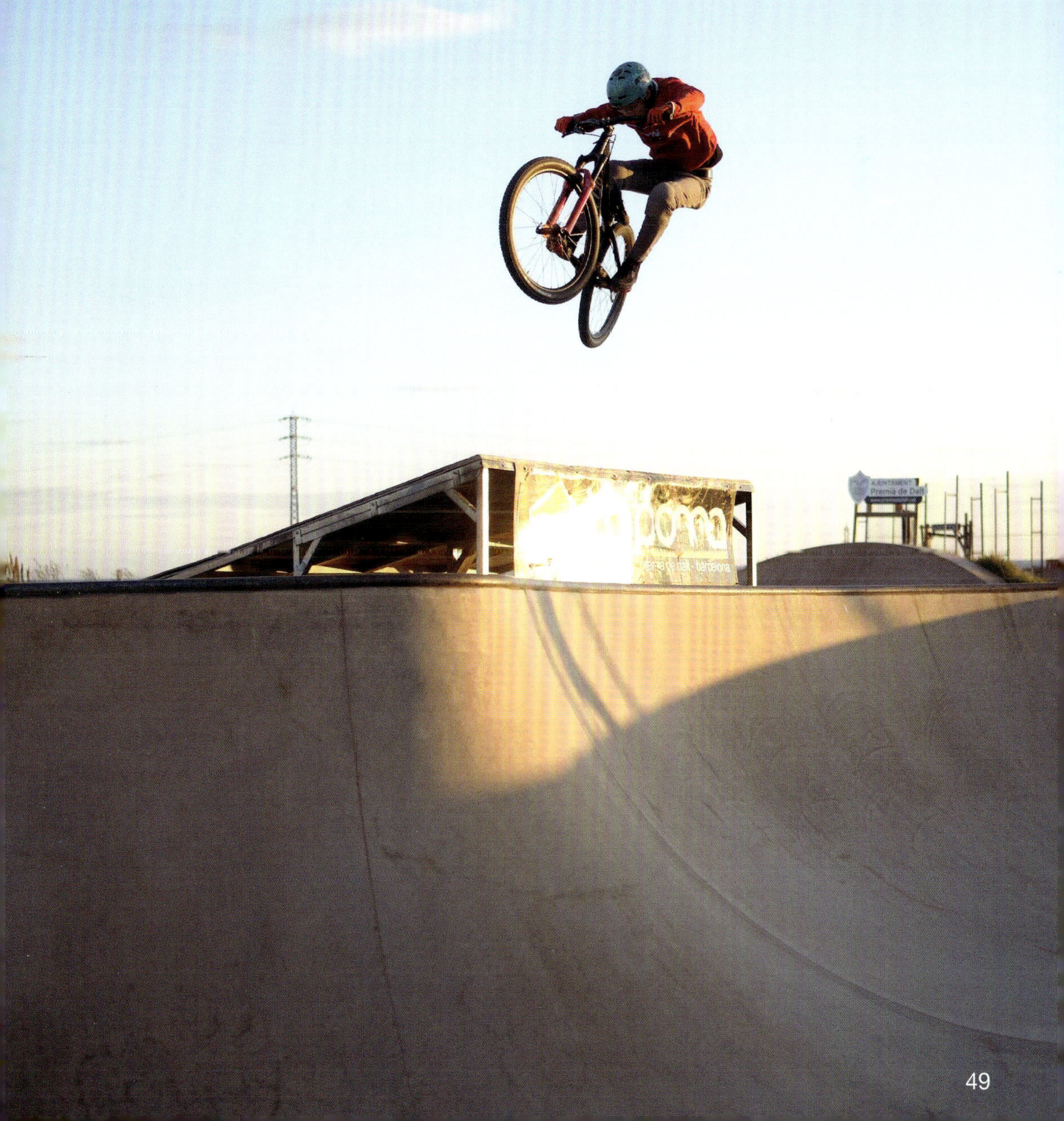

Air Tricks

Voraussetzungen: Air & Box-Trick

Übe die Tricks erst über eine Box

1-3 Da du dich im Air zusätzlich drehst und genauer in die Landung zielen musst, solltest du den Trick vorher über einen Box-Sprung können, bevor du ihn im Air probierst.

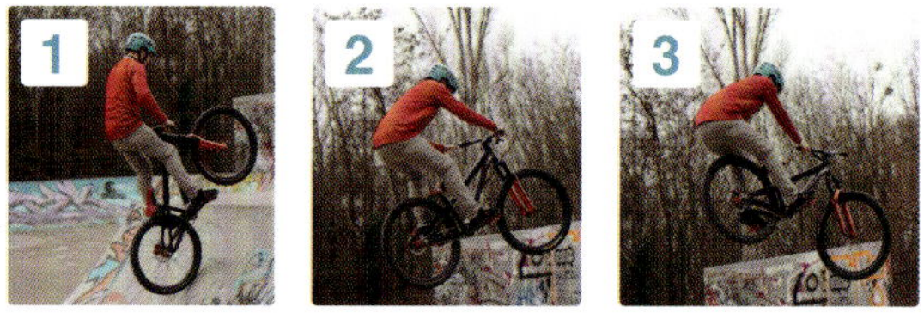

X-Up-Air

1 Spring wie beim normalen Air ab und schieb dein Fahrrad nach vorne, um eine mittige Haltung einzunehmen.

2 Erst wenn du dich mittig auf dem Rad positioniert hast, solltest du anfangen, den Lenker zu drehen.

3 Beuge deine Arme, um den Lenker besser drehen zu können. Dadurch kommst du mit deinem Oberkörper näher zum Lenker.

4-5 Für einen weit gedrehten X-Up musst du die kleinen Finger öffnen, um gelenkig zu werden.

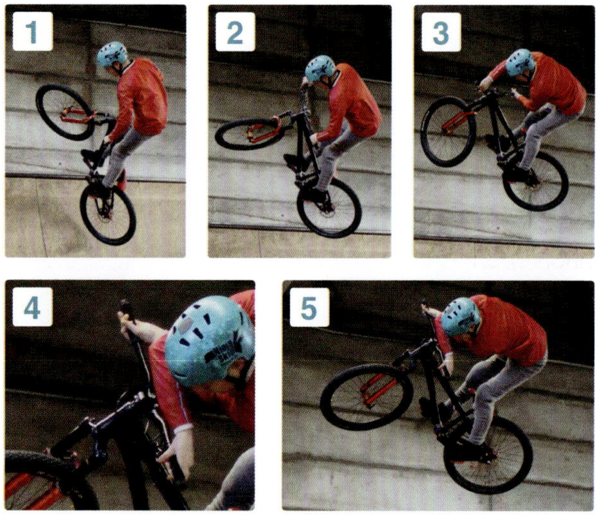

Toboggan-Air

1 Warte, bis du dein Rad in der Luft stabilisiert hast und du mittig über dem Fahrrad bist. Nimm beim Toboggan die untere Hand vom Lenker, denn sonst wird dein Fahrrad im Air instabil.

2 Löse deine Hand vom Lenker. Taste dich an den Toboggan heran, indem du dich erst mal an den Onehand gewöhnst.

3 Greif an deinen Sattel und fang an, den Lenker zu drehen.

4 Drück dein Fahrrad so weit es geht nach vorne, aber lass dir genug Zeit, um zurückzukommen.

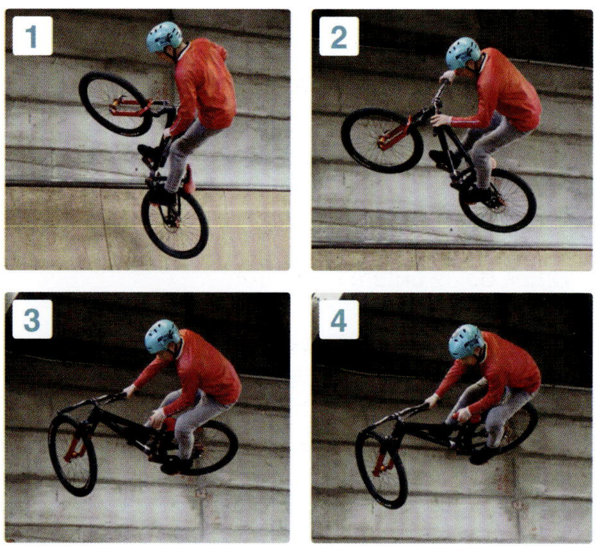

Tabletop-Air

1 Lehn dich beim Abspringen mit der Schulter ein klein wenig mehr Richtung Boden als beim normalen Air.

2 Dreh den Lenker um 45° nach oben und schwenk deine obere Hand mit dem Lenker in Richtung Bauchnabel.

3 Drück deine Knie zusammen und klapp deine Unterschenkel nach oben. Führe deine Hand gleichzeitig an deinem Bauchnabel vorbei so weit wie möglich nach unten. Beim Tabletop solltest du dein Fahrrad ca. am höchsten Punkt deines Airs auch am weitesten nach oben geneigt haben.

4 Führ deine Hand wieder nach oben, dreh den Lenker gerade.

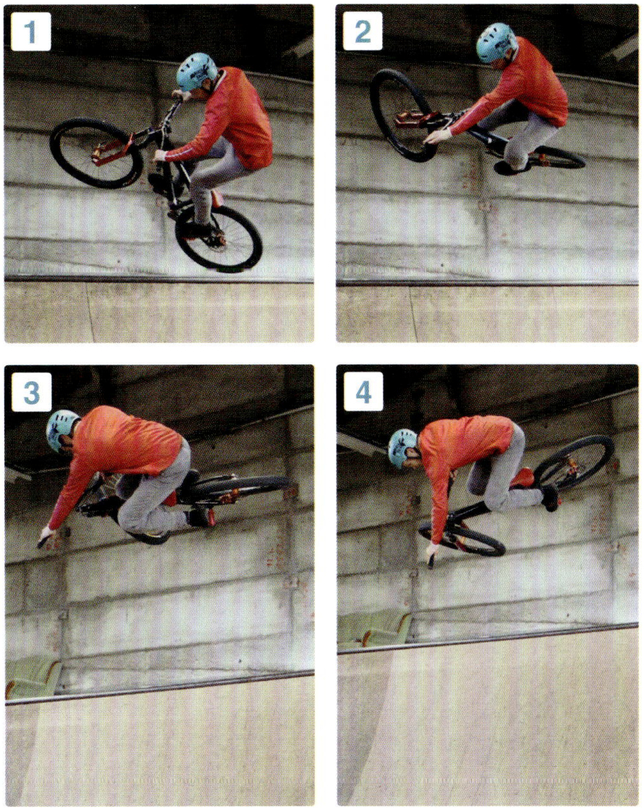

Unturndown-Air

1 Spring normal ab.

2 Positioniere dich mittig über dem Fahrrad und dreh den Lenker, je nach Geschmack etwas nach oben oder unten. Führe die untere Hand zur anderen Seite und nimm den vorderen Fuß vom Pedal.

3 Schieb deine Hand nun vollkommen zur anderen Seite und streck dein Bein nach vorne.

4 Drück deine untere Hand früh genug wieder in ihre normale Position und neige damit dein Fahrrad wieder zur Quarter hin. Drück mit einem Impuls nach hinten gegen das hintere Pedal, um das vordere Pedal runterzudrehen und setz deinen vorderen Fuß zurück aufs Pedal.

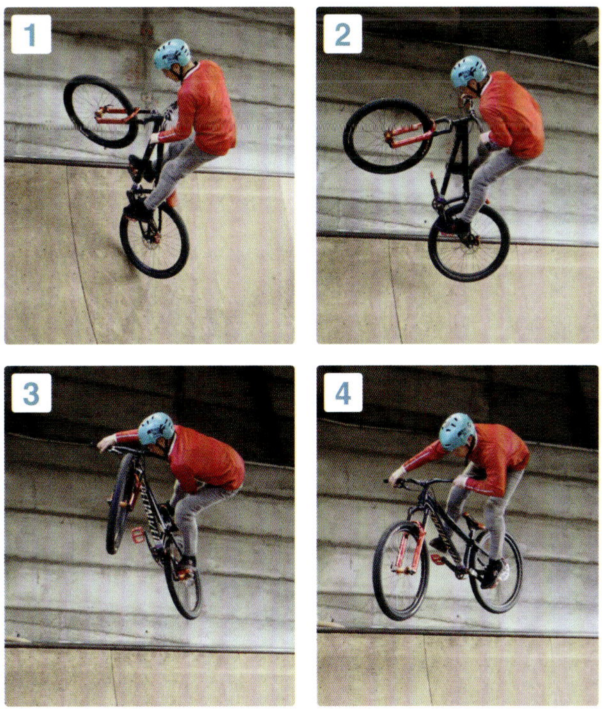

Downside-Footplant

Voraussetzungen: Air & Onefoot

Vorübung I

1 Fahr gerade auf eine hohe Quarter mit großem Radius zu und nimm den vorderen Fuß vom Pedal.

2 Lenk vom vorderen Fuß weg, wenn du auf die Rampe fährst. Streck den vorderen Fuß nach vorne und zur Rampe hin.

3 Fahr weiter die Kurve. Wenn du fast parallel zur Coping fährst, streckst du den Fuß besonders weit vor und setzt ihn auf die Rampe. Dabei kannst du die Räder auf der Rampe rollen lassen oder anheben.

4 Stoß dich leicht mit dem Fuß von der Rampe ab und fahr die Quarter wieder runter.

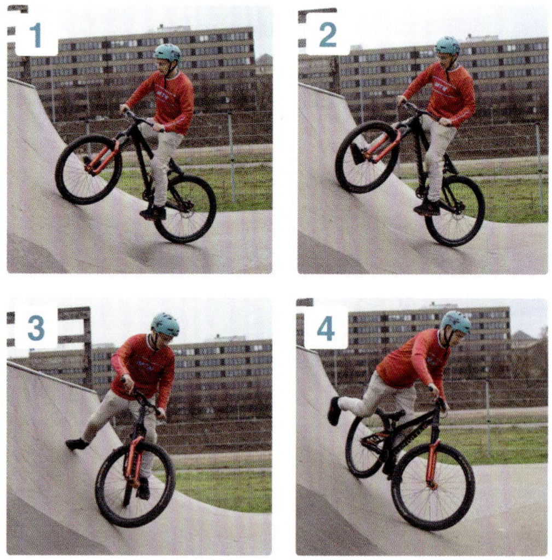

Vorübung II

1 Fahr wie in Vorübung I eine einfüßige Kurve zum Beginn der Rampe. Beuge allerdings zusätzlich deine Arme und das Bein, das noch auf dem Pedal steht. Neige den Fuß auf dem Pedal nach vorne und drück ihn nach hinten.

2 Dreh deinen Oberkörper in die Drehrichtung und lehn dich mit Schwung zur Rampe hin, sodass dein Oberkörper leicht zur Rampe kippt. Streck deine Arme und dein Bein auf dem Pedal, und beuge sie danach wieder und zieh so dein Fahrrad in die Luft. Halt den Druck des hinteren Fußes nach hinten aufrecht, damit du fest mit dem Pedal verbunden bist. Streck den freien Fuß Richtung Rampe.

3 Setz den Fuß möglichst weit in Fahrtrichtung nach vorne auf die Rampe und beuge das Bein.

4 Streck dein Bein nach unten und hinten zur Rampe. Damit stößt du dich nach oben von der Rampe ab und verstärkst gleichzeitig auch deine Drehung und die deines Rades.

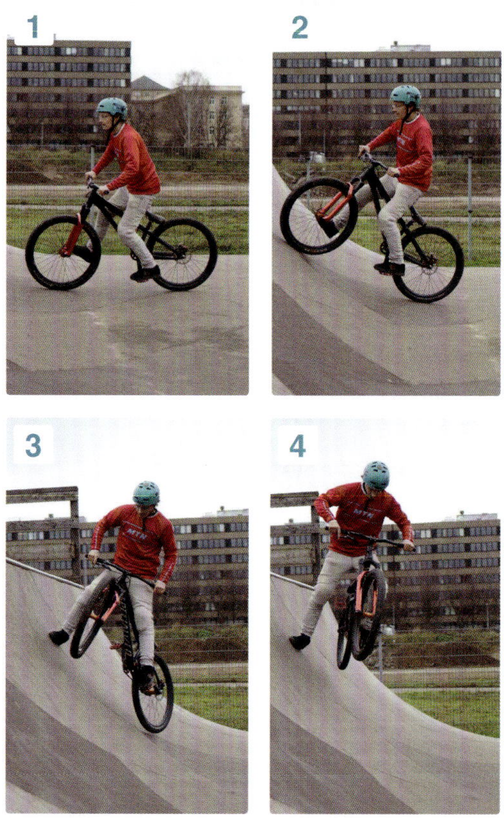

5 Fahr einfüßig die Rampe herunter.

6 Wenn das klappt, versuche den vorderen Fuß direkt nach dem Abspringen von der Rampe wieder auf das Pedal zu setzen. Dabei hilft es, deinen hinteren Fuß besonders stark nach hinten zu drücken, um das vordere Pedal etwas nach unten zu bewegen.

5

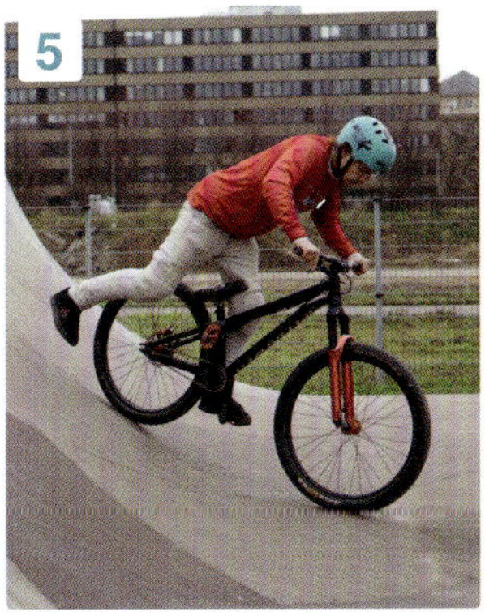

6

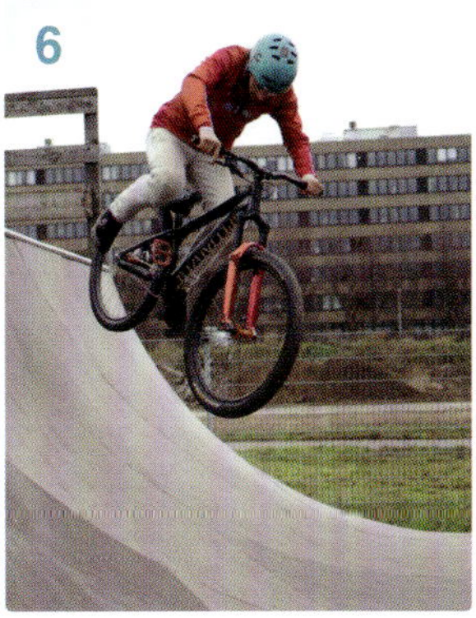

Im Sprung

1 Fahr gerade auf die Quarter zu, beuge deine Arme und Beine und dreh deinen Oberkörper leicht in die Gegenrichtung der Drehung ein.

2 Fahr eine Kurve auf der Rampe und dreh deinen Oberkörper in Drehrichtung. Streck deine Arme und Beine gleichzeitig, um abzuheben. Spring dabei so ab, dass dein Oberkörper zur Rampe hin geneigt ist.

3 Nimm direkt nach dem Abheben deinen vorderen Fuß vom Pedal und zieh dein Fahrrad mit den Armen und dem anderen Bein nach oben. Neige dabei den hinteren Fuß vor und drück ihn nach hinten gegen das Pedal.

4 Setz den vorderen Fuß möglichst weit in Fahrtrichtung vorne auf die Rampe und beuge das Bein.

5 Stoß dich mit dem Bein möglichst weit nach oben und vorne ab, sodass du hoch fliegst und dich schneller drehst.

6 Fahr den Trick als Erstes einfüßig aus. Wenn das klappt, kannst du den hinteren Fuß ruckartig stärker hinter in das Pedal drücken und den vorderen Fuß noch im Flug zurück auf das Pedal setzen.

1

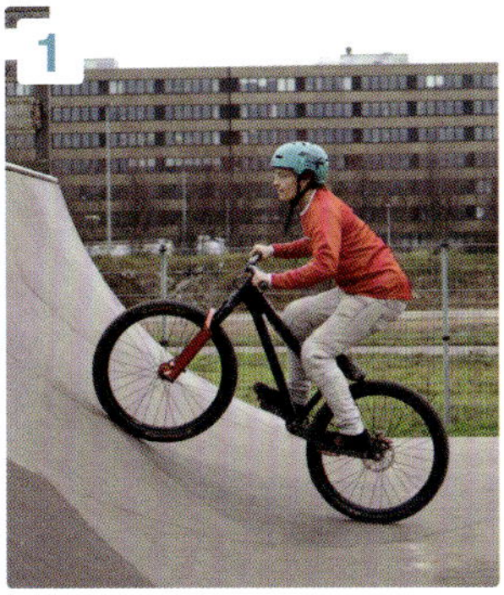

2

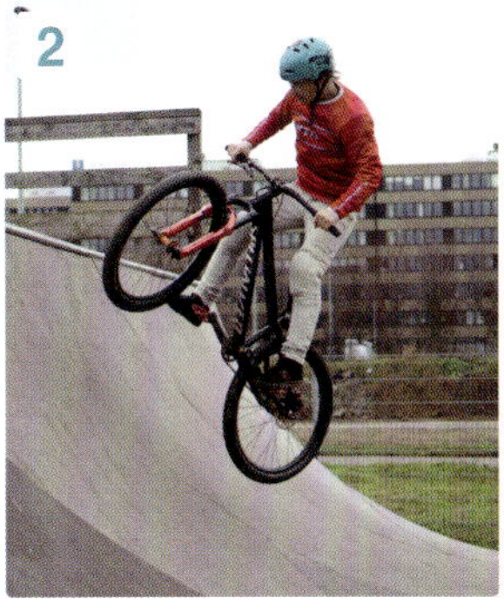

3

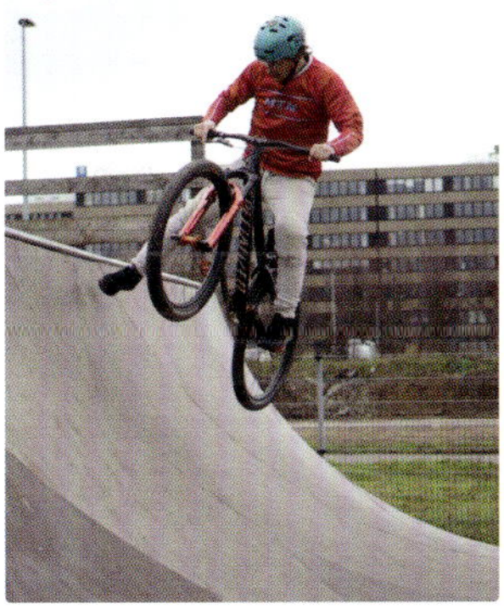

4

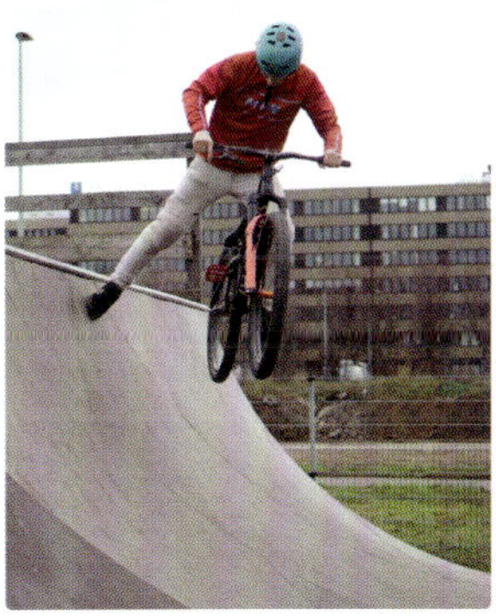

5

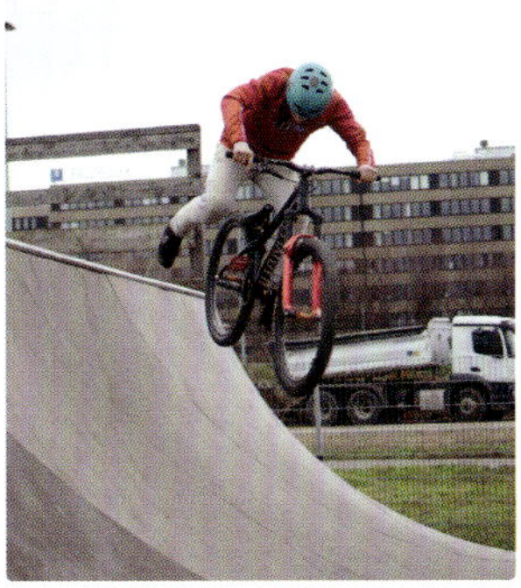

6

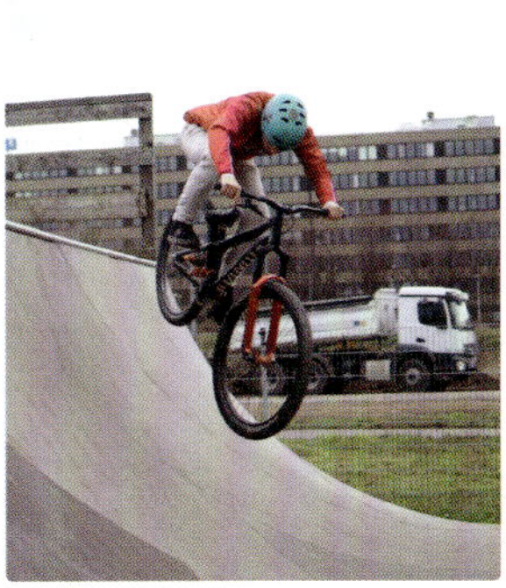

Alley-oop-Air

Voraussetzungen: Air & 180

Vorübung

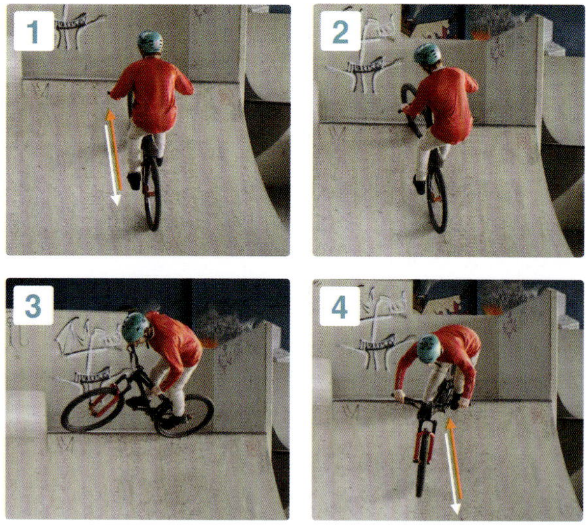

1 Fahr mit mittlerer Geschwindigkeit genau im 90°-Winkel auf die Quarter zu, beug deine Arme und Beine und dreh deinen Oberkörper entgegen der Drehrichtung.

2-3 Lenk leicht in die Drehrichtung, dreh deinen Oberkörper ebenfalls dorthin und streck deine Arme und Beine. Spring mit beiden Rädern gleichzeitig zum Air ab. Schau dabei nach unten in die Quarter.

4 Lande mit beiden Rändern gleichzeitig schnurgerade im 90°-Winkel zur Quarter.

Im Sprung

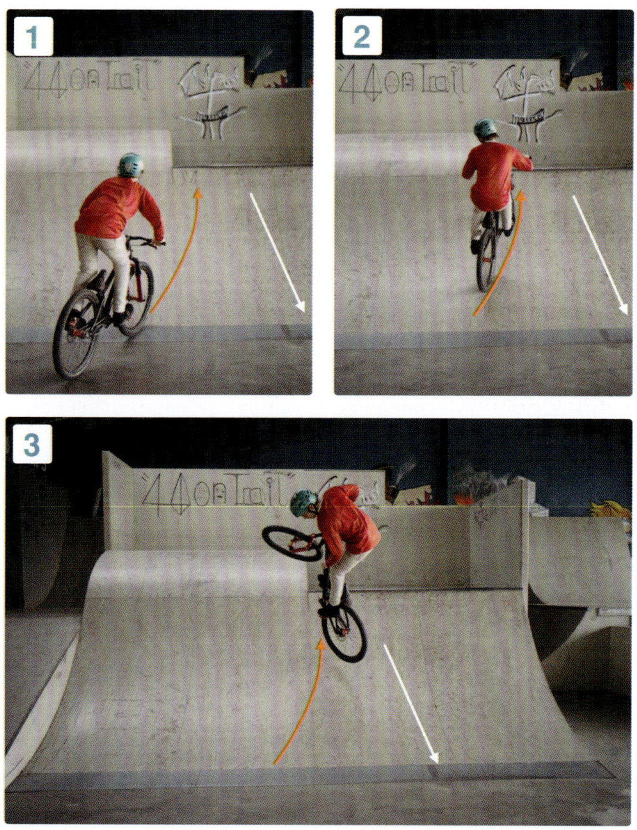

Such dir eine etwas größere und steilere Quarter, die aber nicht zu eng ist.

1 Fahr ein paar Grad aus Alley-oop-Richtung auf die Quarter an, sodass du den Air überdrehen musst. Fahr mit einer Geschwindigkeit an, mit der du einen Air unterhalb der Coping machen würdest. Beuge deine Arme und Beine und dreh deinen Oberkörper in die Gegenrichtung der Drehung.

2 Lenk auf der oberen Hälfte der Quarter leicht in deine Drehrichtung ein. Dreh deinen Oberkörper in die Drehrichtung und streck deine Arme und Beine zum Abspringen.

3 Spring mit beiden Rädern gleichzeitig ab und schau um mehr als 180° in die Drehrichtung.

4-6 Dreh dein Fahrrad so weit, dass du gespiegelt im gleichen Winkel in der Quarter landest, wie du abgesprungen bist. Falls du und dein Fahrrad unterdrehen, kannst du deinen Oberkörper entgegen der Drehrichtung rotieren und damit dein Fahrrad noch etwas weiter in die Drehrichtung halten. Balanciere dein Körpergewicht so nach hinten oder vorne, dass du gleichzeitig mit beiden Rädern landest.

7-9 Taste dich immer weiter vor, sodass du immer weiter aus der „falschen" Richtung anfährst.

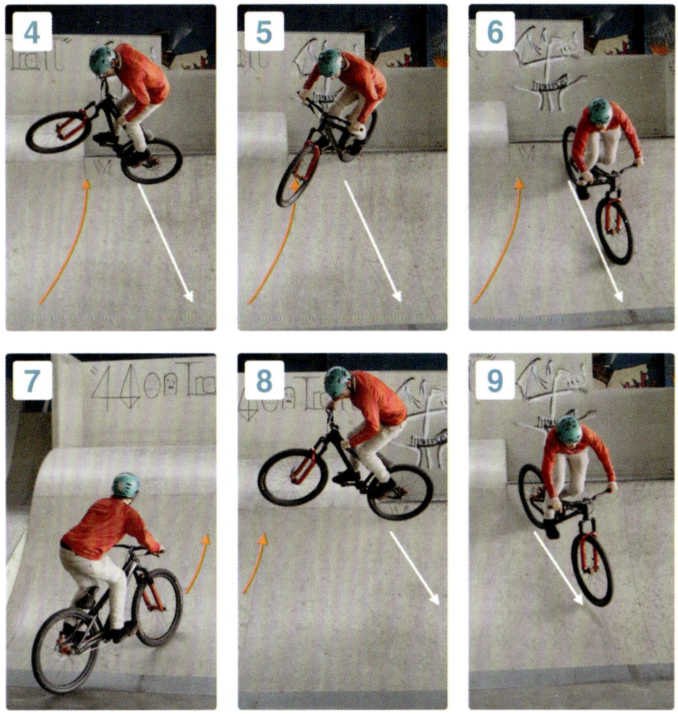

Bonustrick I

1-3 In einer sehr großen Quarter oder einer Halfpipe kannst du den Alley-oop-Air mit einem Footplant ergänzen. Beginne dabei mit einem leichten Alley-oop-Air und lehn dich beim Abspringen mit deinem Oberkörper zur Rampe hin. Setz am höchsten Punkt in der Luft den vorderen Fuß weit nach hinten an die Quarter. Stoß dich dann wieder ab und setz den Fuß zurück auf das Pedal. Wenn das funktioniert, kannst du den Alley-oop schrittweise schräger anfahren.

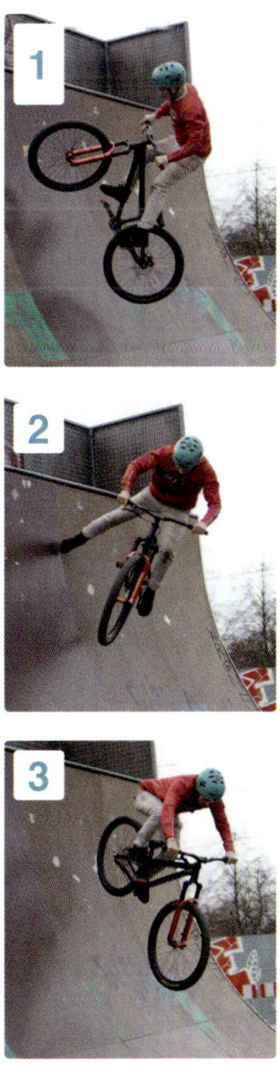

Bonustrick II

1-3 Noch technischer ist ein Alley-oop-Air-Nosebonk. Auch er funktioniert in einer großen Quarter oder einer Halfpipe besser. Spring einen hohen, aber nur wenig aus der „falschen" Richtung angefahrenen Alley-oop-Air leicht frontlastig ab. Streck in der Luft deine Arme und beuge deine Beine, um das Vorderrad kurz an die Rampe zu drücken. Lenk vor der Berührung nach oben. Danach ziehst du dein Vorderrad wieder weg und drehst weiter.

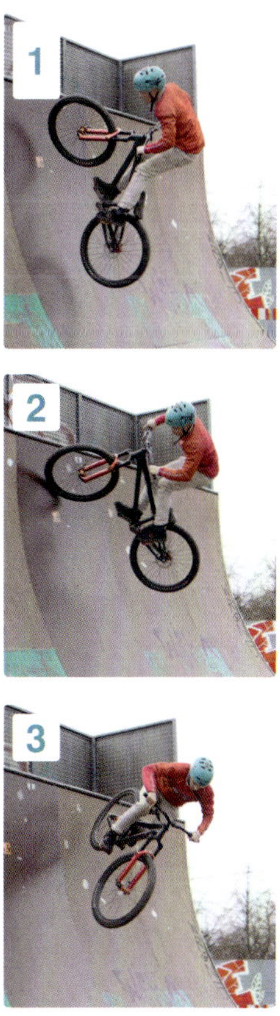

Russian Slider

Voraussetzungen: Fakie & Fakie-umdrehen

Russian Slider an der Quarter

1 Fahr im 80°-Winkel und sehr langsam auf eine größere Quarter zu, sodass dein Hinterrad kurz vor der Quarter stehen bleibt. Positioniere dich dabei mittig über dem Rad.

2 Fahr die Rampe im 80°-Winkel hoch und widerstehe dem Drang zu lenken. Dreh deine Kurbel um 90° rückwärts, sodass der vordere Fuß oben ist.

3 Lenk abrupt über 90° in die Drehrichtung ein (dein Vorderrad sollte leicht nach „unten“ zeigen), sobald dein Vorderrad stehen geblieben ist. Lehn dich mit deinem Po leicht nach hinten.

4 Spann deinen Körper und besonders deine Arme an und bleib mit deinem Körpergewicht über dem Hinterrad. Tritt rückwärts und brems nicht. Sollte dein Vorderrad nicht rutschen, musst du am höchsten Punkt schneller einlenken, weiter einlenken oder dich weiter nach hinten lehnen.

5 Indem du dein Vorderrad mehr oder weniger weg von der Rampe lenkst, kannst du den Slide steuern.

6 Um umzudrehen, lenkst du so weit, dass dein Vorderrad in Fahrtrichtung steht.

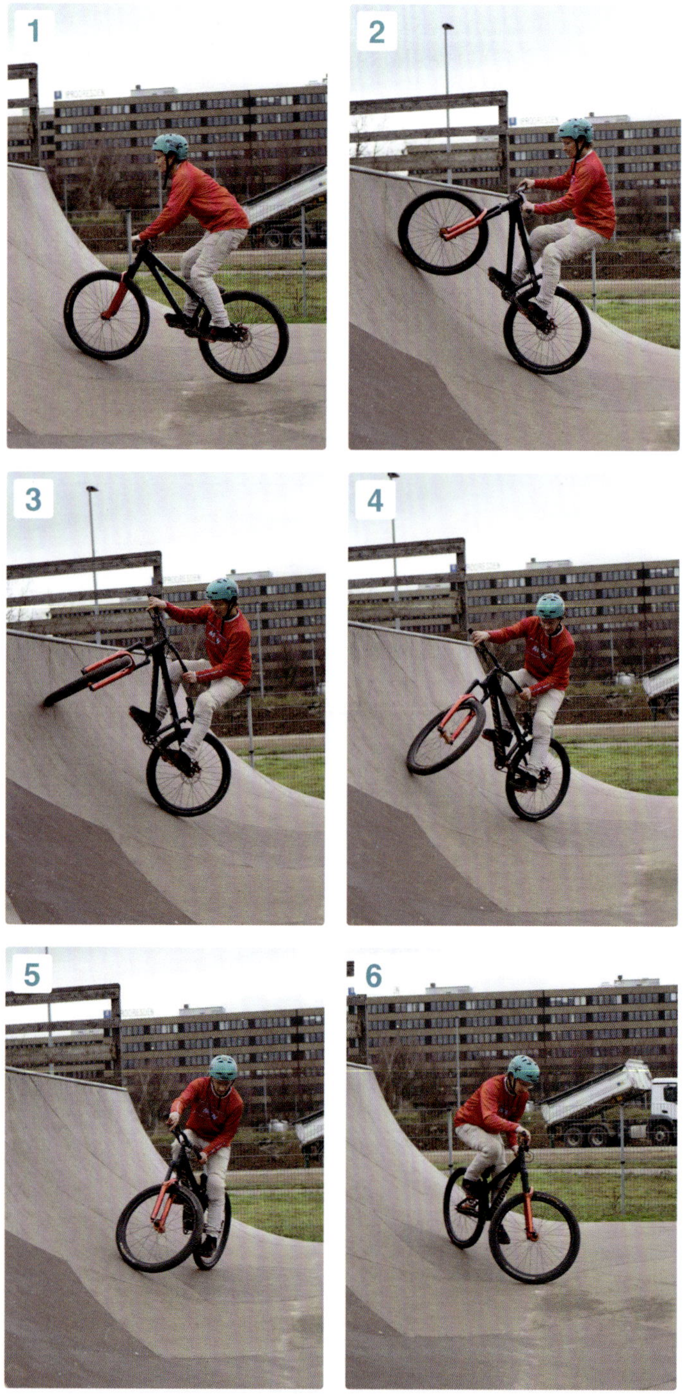

Russian Slider auf der Fläche

Wenn du beim Russian Slider in der Quarter ein Gefühl für das Rutschen auf dem Vorderrad bekommen hast, kannst du ihn auf der Fläche probieren.

1 Fahr Fakie und schiebe deinen Po leicht nach hinten. Aus einer Quarter kannst du am entspanntesten Schwung für den Fakie holen. Ein 180 funktioniert auch, macht allerdings das Üben schwierig, weil du unruhig landest.

2 Warte, bis du auf der Fläche fährst. Zum Einleiten muss es schnell gehen: Lenk ca. 20° in die Gegenrichtung, in die du dann umdrehen willst, sodass dein Vorderrad leicht in die „richtige" Richtung fährt.

3 Lenk direkt danach und ruckartig (so schnell wie möglich) über 90° in Drehrichtung ein. Behalte deinen Po weit hinten über dem Hinterrad, damit dein Vorderrad leichter rutschen kann und du mehr Platz zum Lenken hast.

4 Steuere den Slide über den Lenker. Indem du über oder unter 90° lenkst, kannst du dein Fahrrad in die eine oder andere Richtung steuern. Halte dein Gleichgewicht, indem du deinen Oberkörper seitlich balancierst und dich etwas gegen den Slide lehnst.

5 Um umzudrehen, lehnst du dich mit dem Oberkörper leicht zu der Seite, zu der du wenden willst. Lenk nun so lange über 90° ein, bis sich dein Fahrrad um 90° gedreht hat.

6 Lenk nun in Fahrtrichtung, sodass du immer mehr geradeaus lenkst.

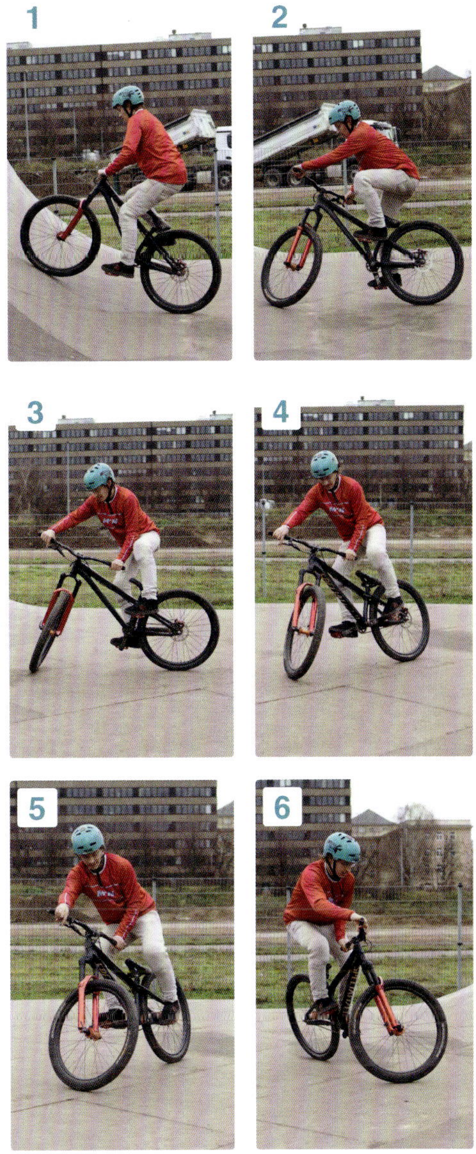

Bonustrick

Fahr langsam Alley-oop auf die Quarter zu, spring ab und dreh leicht, sodass du in Fahrtrichtung Fakie landest. Bevor du den Boden berührst, lenkst du 90° in Drehrichtung ein. Nach der Landung verlagerst du dein Körpergewicht nach hinten und gehst wie beim normalen Russian Slider in der Quarter vor.

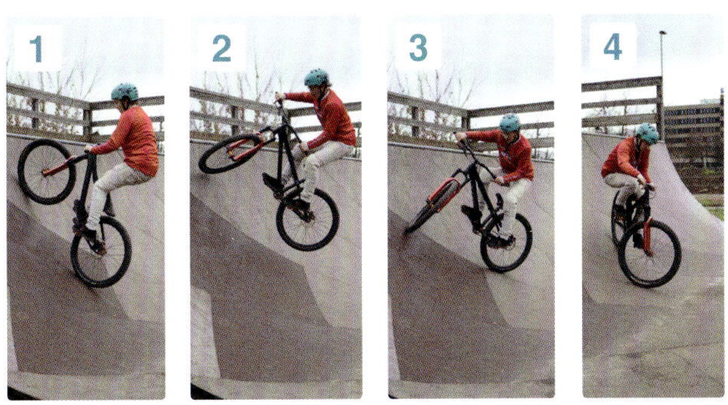

180

Vorübung

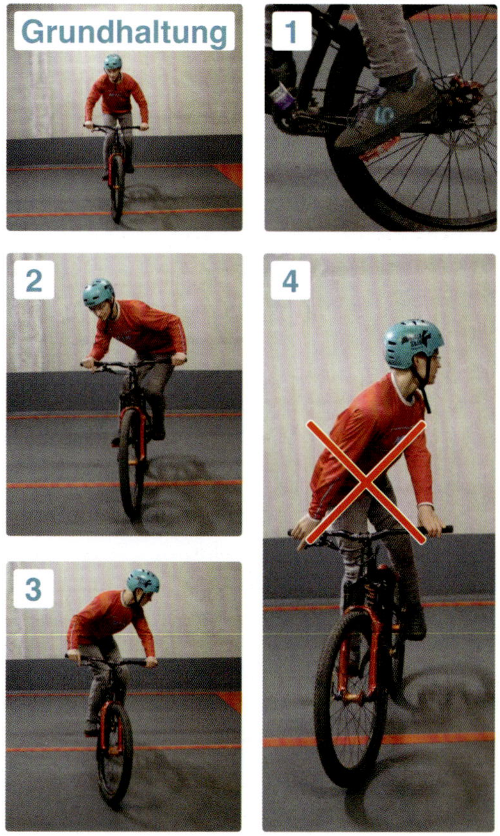

Grundhaltung Klapp die Ellenbogen zur Seite und beuge deine Arme. Streck deine Beine fast ganz aus, sodass dein Rücken fast waagerecht ist. So hast du die volle Kontrolle und Kraft für Drehungen.

1 Neig deinen hinteren Fuß nach vorne und drück ihn nach hinten gegen das Pedal.

Wenn du in Richtung deines hinteren Fußes drehst, kannst du die meiste Kraft zum Drehen aufbringen und manche Kombinationstricks gehen einfacher.

2 Dreh deinen Körper entgegen deiner Drehrichtung um den Bauchnabel. Halte deine Schulter gerade zum Körper.

3 Schau in die Drehrichtung, rotiere mit einer ruckartigen Bewegung bis ca. 20° über die Mittelstellung und stopp dann abrupt. Erst der harte Stopp dreht dein Rad an; ohne ihn drehst nur du dich.

4 Wenn du deine Schulter verdrehst, kannst du die Drehkraft nicht gut aufs Rad übertragen. Das gilt für beide Drehrichtungen.

Im Schweinehop

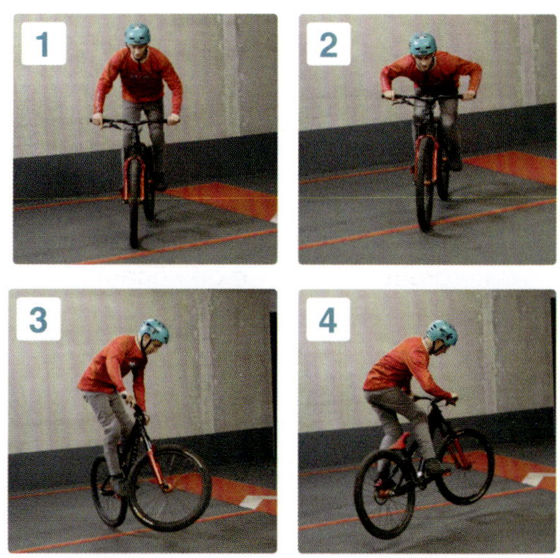

1 Fahr langsam, geh in die Hocke und dreh in die Gegenrichtung vor.

2 Dreh deinen Körper in die Drehrichtung und schau und lenke auch dahin. Streck gleichzeitig Arme und Beine, um Abzuspringen. Eine Linie auf dem Boden kann dir bei der Orientierung helfen.

3 Stopp nach dem Abheben die Drehung deines Körpers und dreh damit das Rad an.

4 Halte die Körperspannung, schau in Drehrichtung und tritt beim Landen rückwärts.

Bonustipp

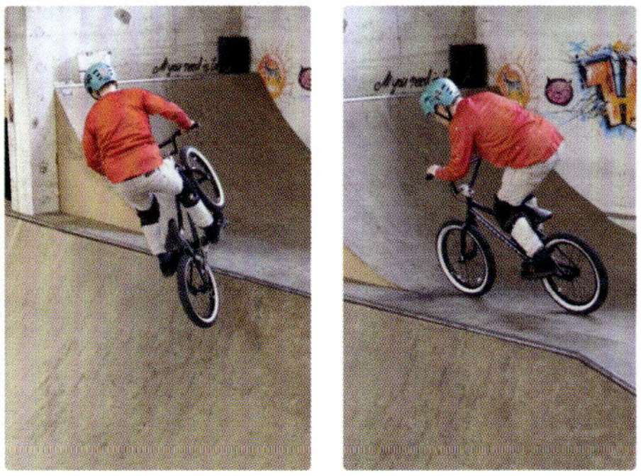

Beim 180 hilft es sehr, in die Drehrichtung zu schauen, weil dein Körper sich lieber dorthin bewegt, wo er auch etwas sieht. Wenn du es nicht schaffst, bis zur Landung in Drehrichtung zu schauen, dann schau direkt nach der Landung 2–3 Sekunden in Drehrichtung. Versuch nun, immer früher zu schauen, bis du es vor der Landung schaffst.

Im Sprung

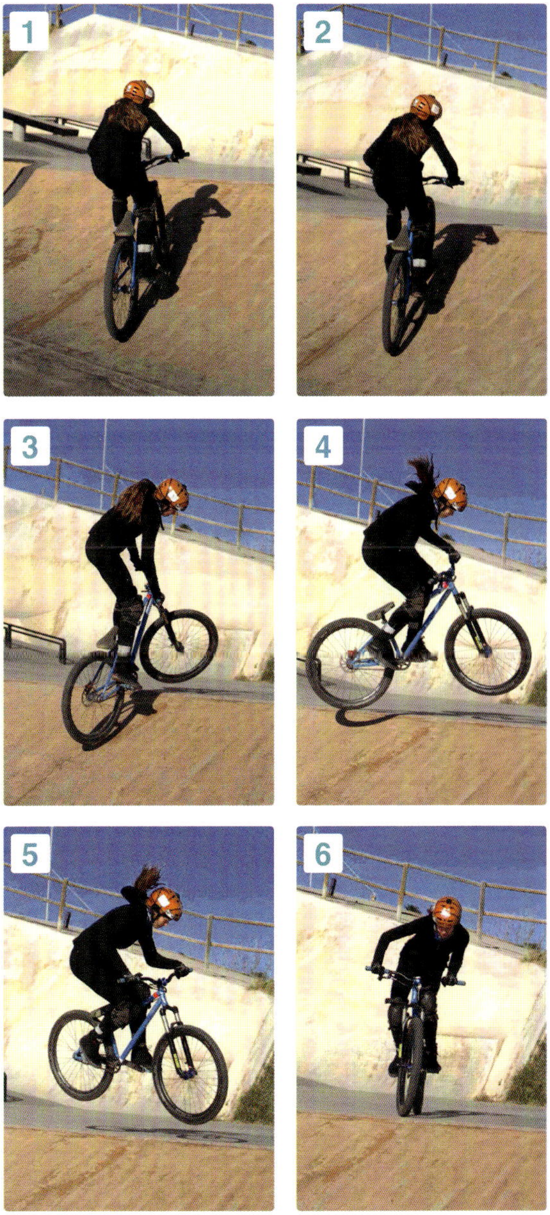

Am besten probierst du den 180 in ein Foampit, aber auch eine weiche, gerade Landung oder ein Flyout eignen sich, um zu Üben.

1 Fahr in Grundhaltung, also Arme breit, Rücken flach, Beine lang, auf den Absprung zu. Dreh vor dem Absprung deinen Körper um ca. 20° in die Gegenrichtung.

2 Damit du geradeaus fliegst, fahr erst eine kleine Kurve in die Gegenrichtung.

3 Rotiere nun mit deinem Körper ruckartig in Drehrichtung und schau ebenfalls dorthin. Wenn du an der Absprungkante bist, sollte dein Körper um ca. 20° eingedreht sein. Heb gleichzeitig mit Hinterrad und Vorderrad ab (wie beim Schweinehop).

4 Stopp deinen Körper abrupt. Erst so „merkt" dein Fahrrad, dass es mitkommen soll. Sonst hat es keinen „Grund" mitzudrehen.

5 Halte deine Körperspannung, bleib mittig über dem Fahrrad und geh nicht zum Lenker vor. Schau dabei immer weiter auf den Absprung, auch wenn du unterdreht landest. So gewöhnst du dich ans Weiterschauen.

6 Wenn du bei 180° landest, tritt rückwärts und versuch mit Gegenlenken und Bremsen umzudrehen (siehe „Umdrehen vom Fakie-Fahren").

Tricklevel

2

Nutze die Möglichkeiten des Skateparks

Du fühlst dich im Skatepark wohl, kannst viele Basics und willst mehr? In Tricklevel 2 schauen wir uns an, wie du neben Quartern und Banks auch andere Elemente wie Wallrides und London Gaps nutzen kannst. Die Level-2-Tricks geben dir einen tieferen Einblick in die schier unbegrenzten Möglichkeiten, die du in einem Skatepark hast.

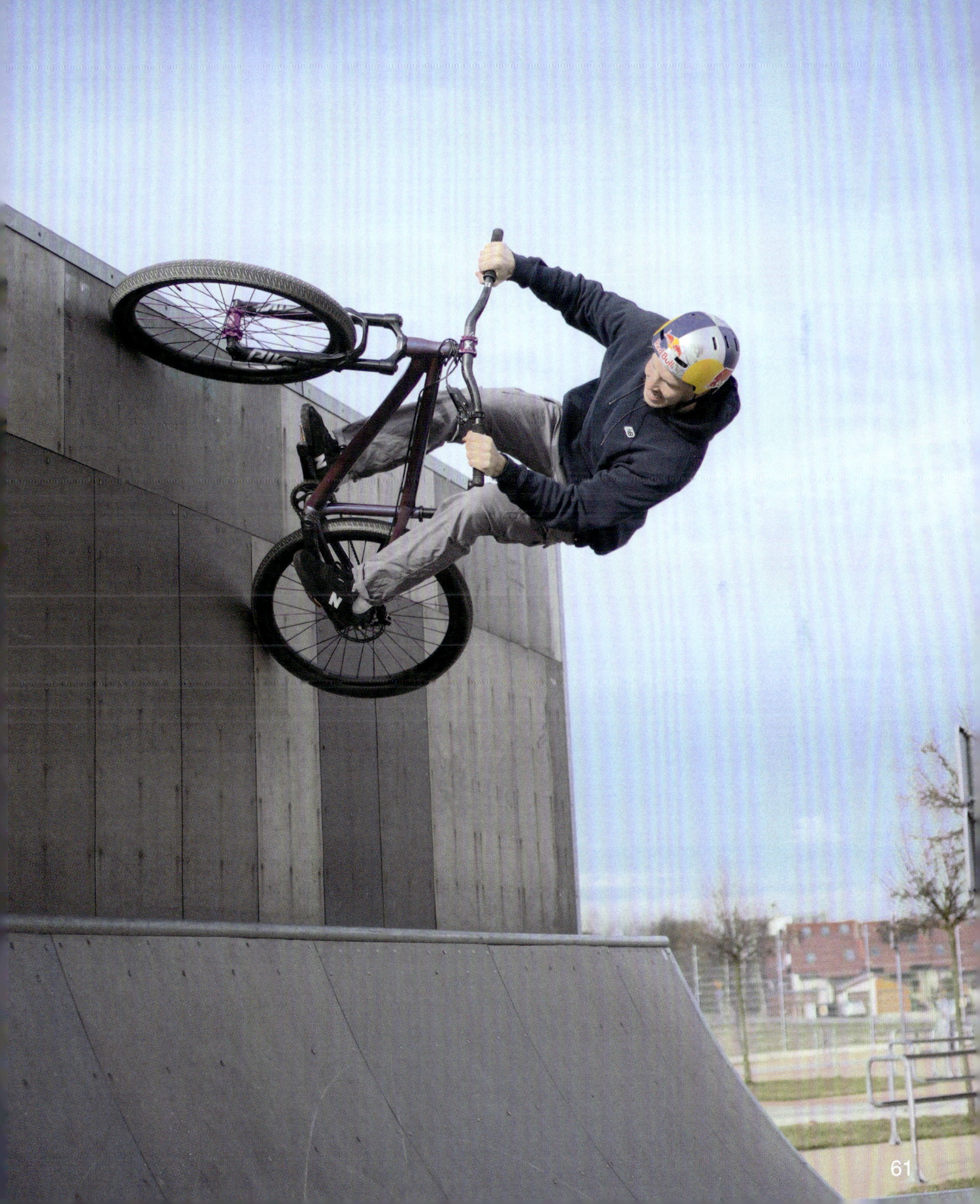

Disaster

Voraussetzung: 180 & Air

Vorübung

Übe den Disaster am Anfang am besten an einer Schräge. Diese sollte nicht zu lang sein und eine mittlere Steilheit besitzen.

1 Fahr leicht Alley-oop an. Nimm so viel Schwung, dass du es gerade so schaffst, die Schräge hochzufahren.

2 Beuge beim Hochfahren deine Arme und Beine und dreh deinen Oberkörper leicht in die Gegenrichtung.

3 Lenk kurz vor dem Ende der Schräge in die Drehrichtung, streck deine Arme und Beine und dreh deinen Oberkörper in die Drehrichtung.

4 Zieh deine beiden Räder gleichzeitig zum Schweinehop 180 nach oben, stopp die Drehung deines Oberkörpers und schau Richtung Schräge.

5 Lande bestenfalls bei genau 180° und so, dass dein Kettenblatt über der Kante der Schräge steht. Beuge deine Arme und Beine.

6 Drück leicht gegen das vordere Pedal, streck deine Arme und Beine nach hinten und wirf damit deinen Oberkörper nach vorne und oben. Drück dich damit von der Schräge nach vorne ab, um mit dem Hinterrad in der Schräge zu landen.

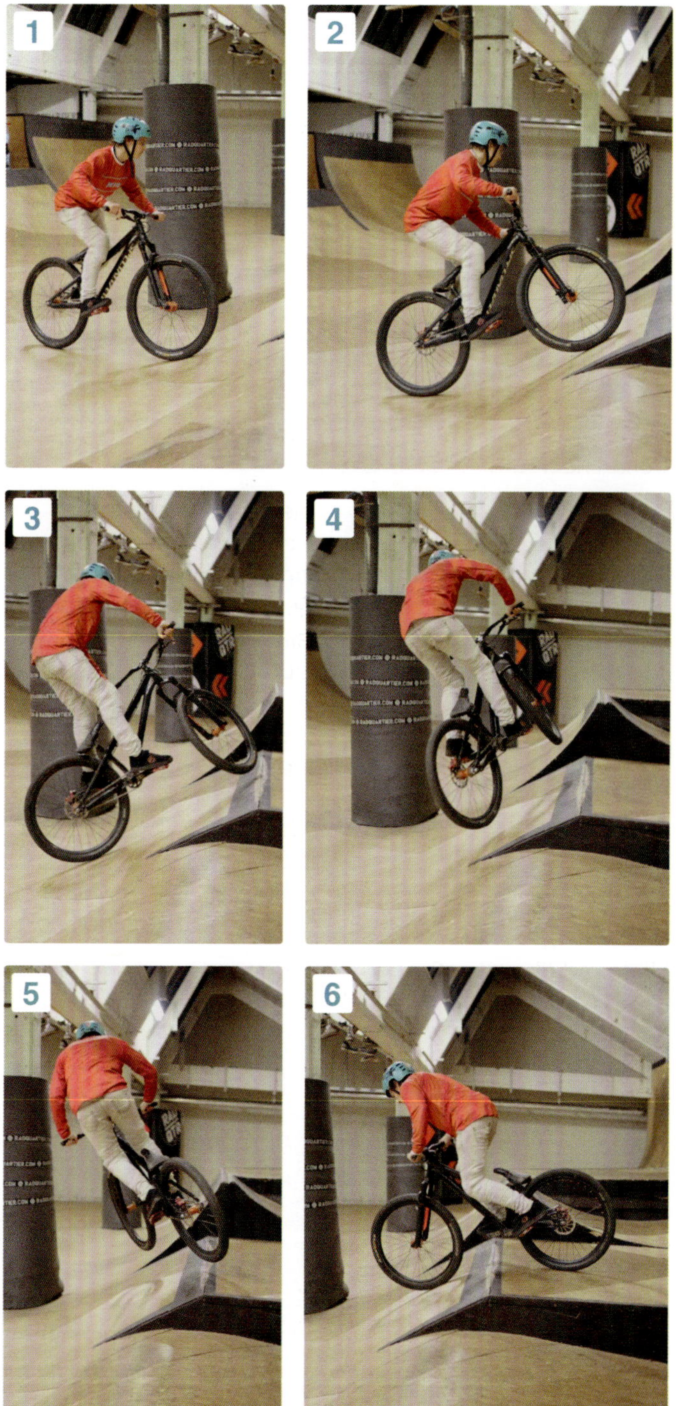

An der Quarter

Übe den Disaster zuerst an einer kleineren Quarter, die nicht zu steil ist.

1 Fahr leicht Alley-oop an, beuge leicht die Arme und Beine und dreh deinen Oberkörper gegen die Drehrichtung. Wähle eine Geschwindigkeit, mit der du gerade so auf die Quarter hochkommst.

2 Schau aufs Coping, um dich an ihm zu orientieren. Dreh deinen Oberkörper in die Drehrichtung, streck deine Arme und Beine und heb mit beiden Rädern gleichzeitig ab. Zieh dabei besonders dein Hinterrad nach oben, um nicht an der Coping hängen zu bleiben.

3 Stopp die Drehung deines Oberkörpers und lass dein Fahrrad damit schneller rotieren. Zieh die Beine nah an dich ran, um das Hinterrad über die Coping zu heben. Schau nach unten in die Quarter.

4 Setz möglichst mit beiden Rädern gleichzeitig auf und versuch mit deinem Kettenblatt etwas hinter dem Coping zu landen, sonst kann es je nach Quarter auf dem Coping aufsetzen. Halte beim Abfedern der Landung deine Körperspannung.

5 Beuge deine Arme und Beine.

6 Streck deine Arme und Beine nach unten und nach hinten, um abzuspringen und dich gleichzeitig nach vorne abzustoßen und mit dem Hinterrad wieder in der Quarter zu landen.

7 Zieh deine Beine an dich ran, um mit dem Hinterrad über das Coping zu kommen.

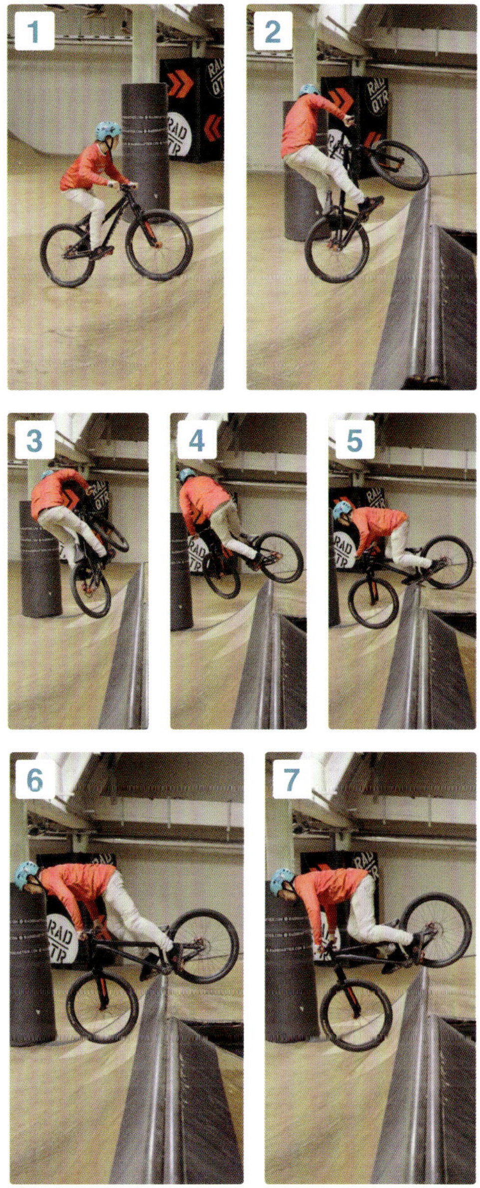

Bonustrick

1-3 Lehn dich bei und nach dem Abspringen mit deinem Körper mehr nach hinten und halte dich bremsbereit, um den Disaster im Manual auszufahren.

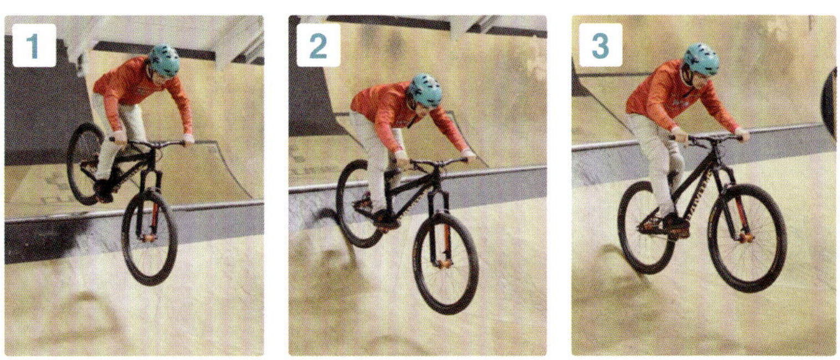

Nosebonk Teil 1

Voraussetzung: Bunnyhop

Vorübung

1 Fahre langsam auf einer Ebene, neige deinen hinteren Fuß nach vorne und drück ihn nach hinten ins Pedal.

2 Lass deine Arme leicht gebeugt und spann sie an. Beuge deine Beine stärker und geh mit deinem Po nah zur Sattelhinterkante.

3 Streck direkt danach wieder deine Beine aus. Beuge gleichzeitig deine Arme und bewege deinen Oberkörper über den Lenker. (Taste dich vorsichtig an die Bewegung ran, um nicht nach vorne zu kippen.)

4 Zieh nun wieder die Beine zu dir ran und heb damit dein Hinterrad nach oben. Drück während des gesamten Tricks deinen hinteren Fuß hinter gegen das Pedal.

5-7 Um weiter zu üben, kannst du versuchen, das Hinterrad über eine gewisse Entfernung oben zu halten oder damit seitlich von einer Kante zu springen, indem du mit deiner Hüfte vorher zur Seite Schwung holst.

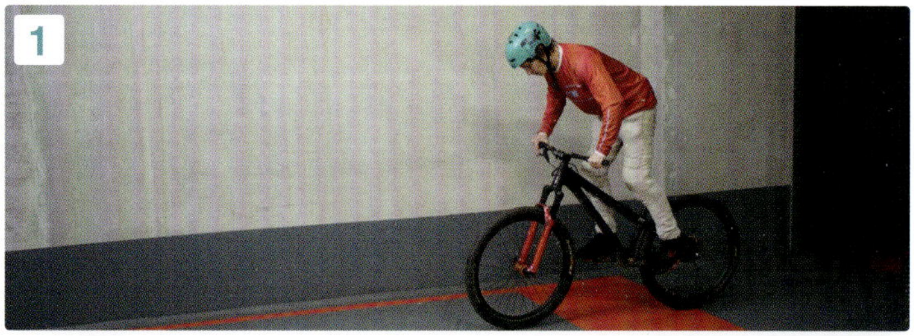

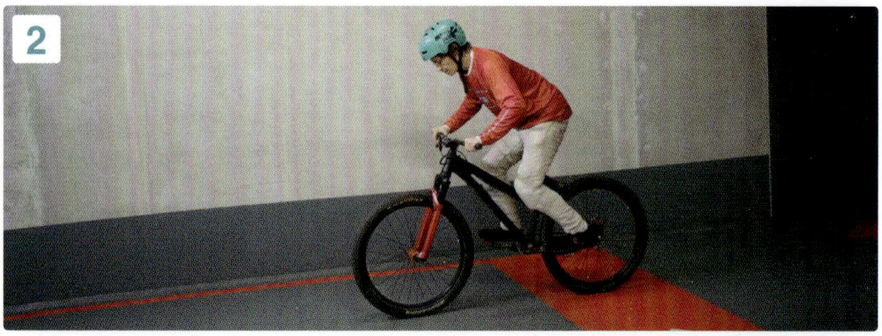

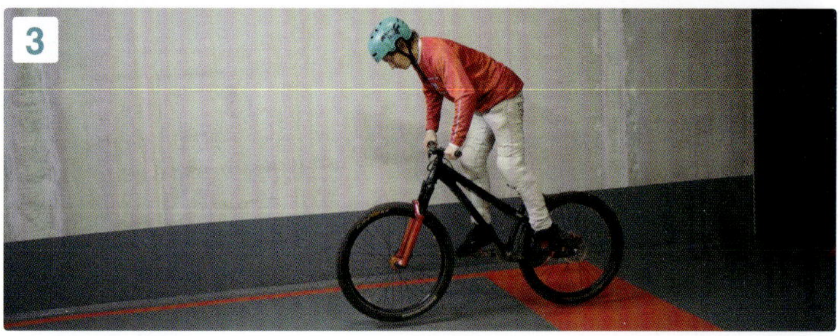

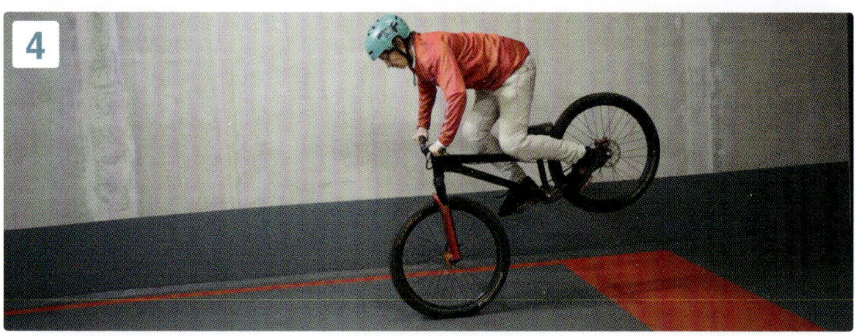

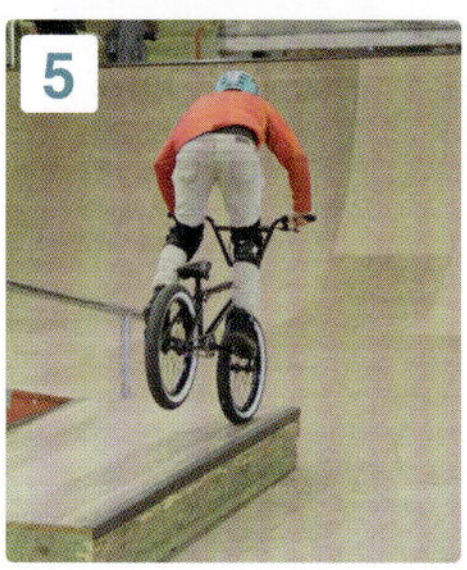

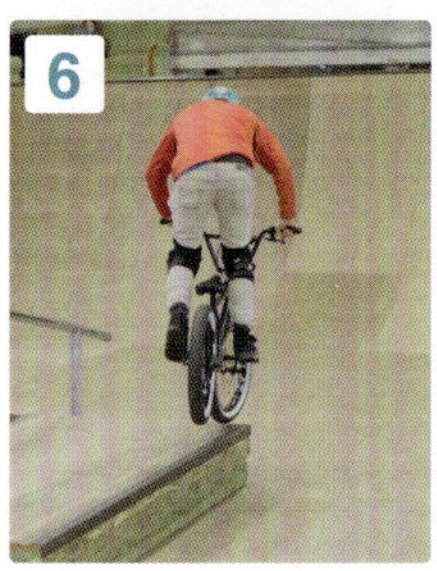

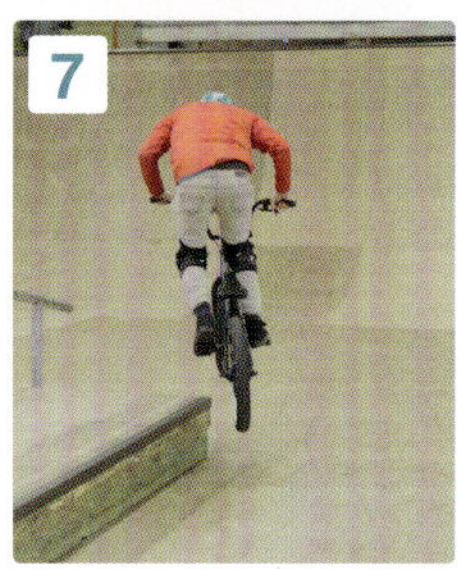

Der Nosebonk im Skatepark

Das Üben von Nosebonks empfiehlt sich am Anfang aus einer Bank, denn dort ist es deutlich einfacher als aus einer Quarter.

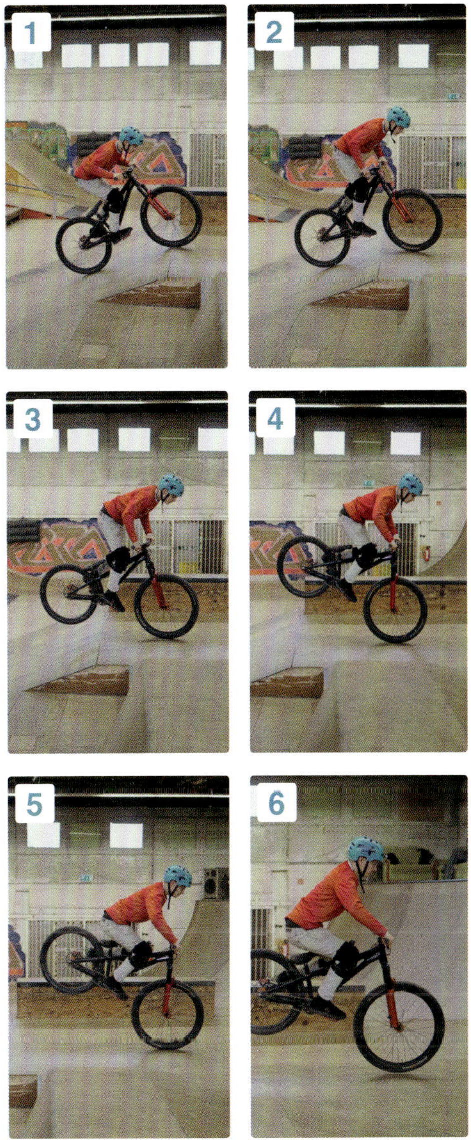

1 Fahr mit einer entspannten Geschwindigkeit auf die Bank oder Quarter zu, sodass du nicht mehr als 20 cm hochspringen würdest. Streck deine Arme und beuge deine Beine leicht. Neige deinen hinteren Fuß nach vorne und drück nach hinten gegen das Pedal.

2 Zum Ende der Bank oder Quarter beugst du deine Arme und streckst deine Beine. Lehn deinen Oberkörper dadurch über dein Vorderrad. (Taste dich bei diesem und dem folgendem Punkt vorsichtig vor und nutz anfangs nur ein bisschen Kraft.)

3 Beug deine Arme noch ein wenig mehr und streck deine Beine noch fast ganz aus, um deinen Oberkörper noch weiter über das Vorderrad zu bekommen. Dadurch wird dein Vorderrad den Boden nicht oder nur kurz verlassen.

4 Halte deinen Oberkörper weiter vorne, um weiter auf dem Vorderrad zu rollen.

5 Wenn du noch mal mit dem Vorderrad abspringen willst, streck deine Arme und beuge deine Beine und drück damit dein Vorderrad nach unten, sobald dein Hinterrad wieder nach unten kippt.

6 Beuge deine Arme, um dein Vorderrad an dich heranzuziehen und versuche danach, mit beiden Rädern gleichzeitig zu landen.

Bonustrick I

Du kannst aus Schrägen und Banks auch mit einem Nosemanual abspringen. Drück dich mit dem Hinterrad schon vor dem Ende der Rampe ab, indem du deine Beine streckst. Lehn dich mit deinem Oberkörper vor und beuge deine Arme. Streck zum Ende der Rampe hin deine Arme und zieh danach dein Vorderrad nach oben. Wenn du willst, kannst du nun Tricks wie einen normalen Manual, einen Barspin oder Ähnliches dranhängen.

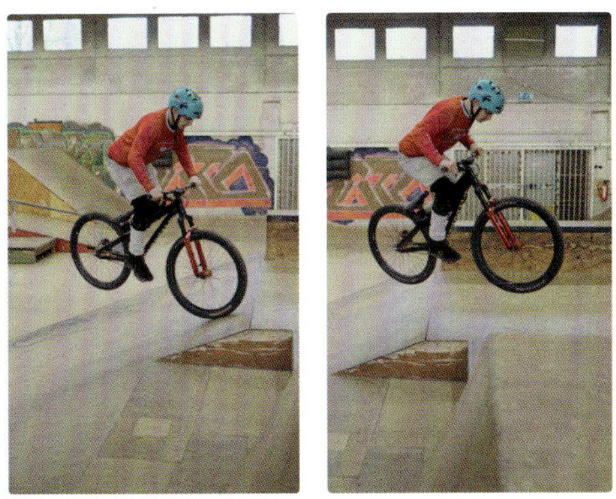

Nosebonk Teil 2

Voraussetzung: Bunnyhop

Bonustrick II: Nosebonk-to-180

1 Für einen Nosebonk-to-180 solltest du den 180 routiniert können. Lehn deinen Oberkörper beim Abspringen etwas weiter vor als sonst und zieh dein Hinterrad dabei ebenfalls höher. Lehn dich mit deiner Schulter gleichzeitig leicht zu Quarter hin.

2 Halte deinen Oberkörper weiter über dem Lenker und lehn dich ebenfalls mit der Schulter weiter leicht in Richtung Quarter. Zieh kurz dein Vorderrad hoch, um über das Coping zu kommen.

3 Beuge deine Beine. Streck deine Arme in einer schnellen Bewegung und drück damit dein Vorderrad impulsiv auf den Boden. Es sollte kurz vor der ersten Hälfte des 180 landen.

4 Lehn dich nach der Landung mit dem Oberkörper weiter über den Lenker und beug deine Arme.

5 Streck die Arme wieder und drück dich damit noch mal vom Boden ab.

6-7 Vollende den 180 und lande rückwärts.

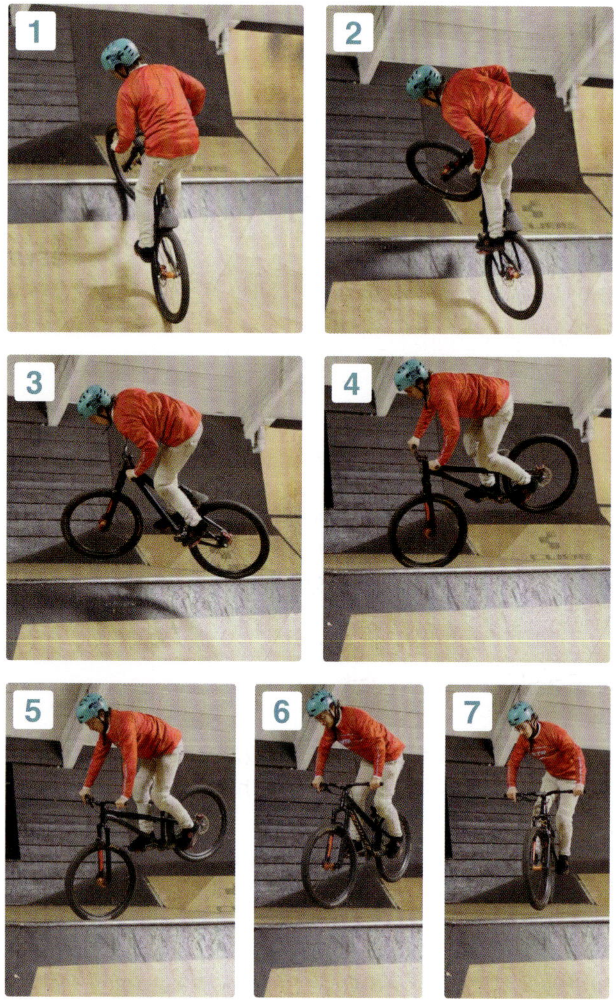

Bonustrick III: Nosebonk an einem Hindernis

Wenn du dein Fahrrad und den Nosebonk gut beherrschst und einen hohen Bunnyhop kannst, dann kannst du mit deinem Vorderrad kurz auf Hindernissen zwischenlanden: entweder indem du nah über ein Hindernis drüberspringst und dabei kurz die Arme streckst und Beine ranziehst, um dein Vorderrad kurz auf dem Hindernis aufsetzen zu lassen, oder indem du gar das Vorderrad mit einem kleinen Whip seitlich an ein Hindernis bewegst und dich danach wieder abdrückst.

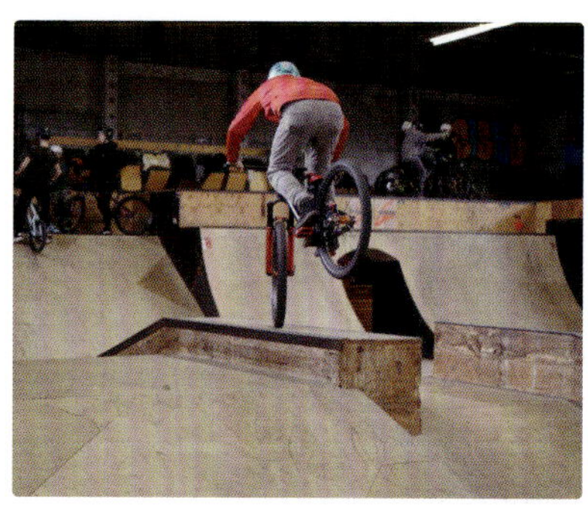

Voraussetzungen: Fakie, umdrehen & Hinterradbremse

Vorübung I

Für den Abubaca brauchst du besonders am Anfang eine starke Hinterradbremse.

1 Such dir eine leichte Schräge und fahr sie so an, das du auf ihr stehen bleibst. Beuge deine Arme.

2 Kurz bevor du stehen bleibst, streckst du deine Arme und gehst mit deinem Po nach hinten, sodass dein Vorderrad nach oben kommt.

3 Drück deine Hinterradbremse, wenn dein Vorderrad oben ist. Taste dich langsam ran, so sehr am Vorderrad zu ziehen und die Bremse so spät zu betätigen, dass du leicht nach hinten kippst. Denn damit kommst du besser und aktiver in den Fakie. Beuge dabei deine Beine.

4-6 Lehn dich nach hinten, streck deine Beine und zieh sie danach wieder an dich ran, sodass dein Hinterrad abhebt und du rückwärts fliegst. Wirf deinen Oberkörper dabei nach vorne, um dein Vorderrad wieder nach unten zu bekommen und fahr den Fakie aus.

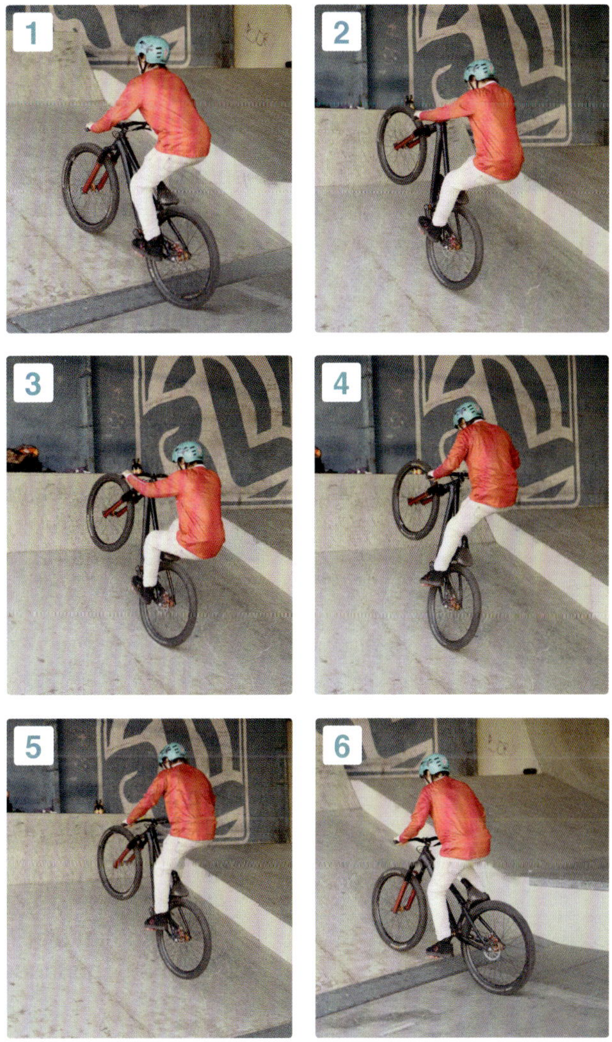

Vorübung II

1-2 Wenn die Vorübung I funktioniert, dann spring mit deinem Hinterrad hecklastig aus der Quarter und lande mit gezogener Hinterradbremse auf dem Hinterrad. Damit übst du den Bewegungsablauf, die Gewichtsverteilung und die richtige Haltung.

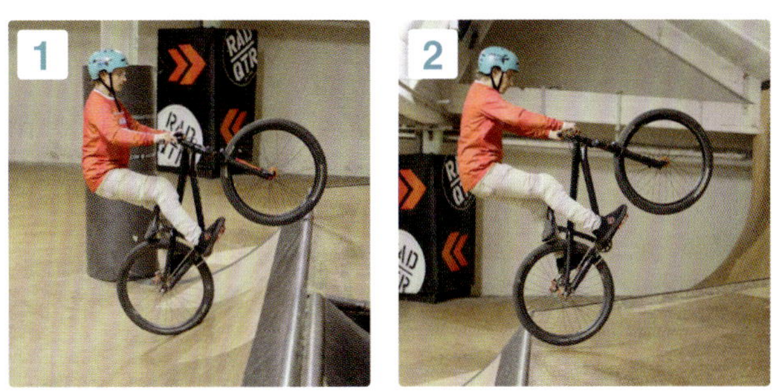

Abubaca Teil 2

Voraussetzungen: Fakie, umdrehen & Hinterradbremse

Bonusübung

Wenn du den Abubaca an einer möglichst abgerundeten Bordsteinkante probieren willst, brauchst du viel Druck im Hinterreifen und eine richtig starke Hinterradbremse (bei Felgenbremsen helfen Bremsbeläge mit viel Bremskraft).

1 Fahr langsam auf die Kante zu. Zieh dein Vorderrad nach oben, als würdest du einen Manual machen wollen, und geh mit den Beinen in die Hocke.

2 Lass dich noch ein klein wenig mehr nach hinten fallen, sodass du eigentlich nach hinten kippen würdest (taste dich langsam ran und übe auch mal, nach hinten vom Fahrrad abzuspringen). Jetzt streckst du deine Beine und ziehst dein Hinterrad nach oben.

3 Versuch mit dem Hinterrad mittig auf der Kante zu landen und drück die Hinterradbremse. Achte darauf, nicht über die Kante zu springen, sonst kann dein Hinterrad nach vorne wegrutschen.

4 Beuge deine Beine, wenn du sicher stehst, und lass dich leicht nach hinten kippen.

5 Streck deine Beine und zieh danach dein Hinterrad nach hinten. Wirf deinen Oberkörper nach vorne, indem du deine Arme beugst.

6 Je stärker du abspringst und umso mehr du dich vorher nach hinten lehnst, desto weiter wirst du nach hinten springen können, bis du irgendwann mit dem Vorderrad hinter der Kante landest.

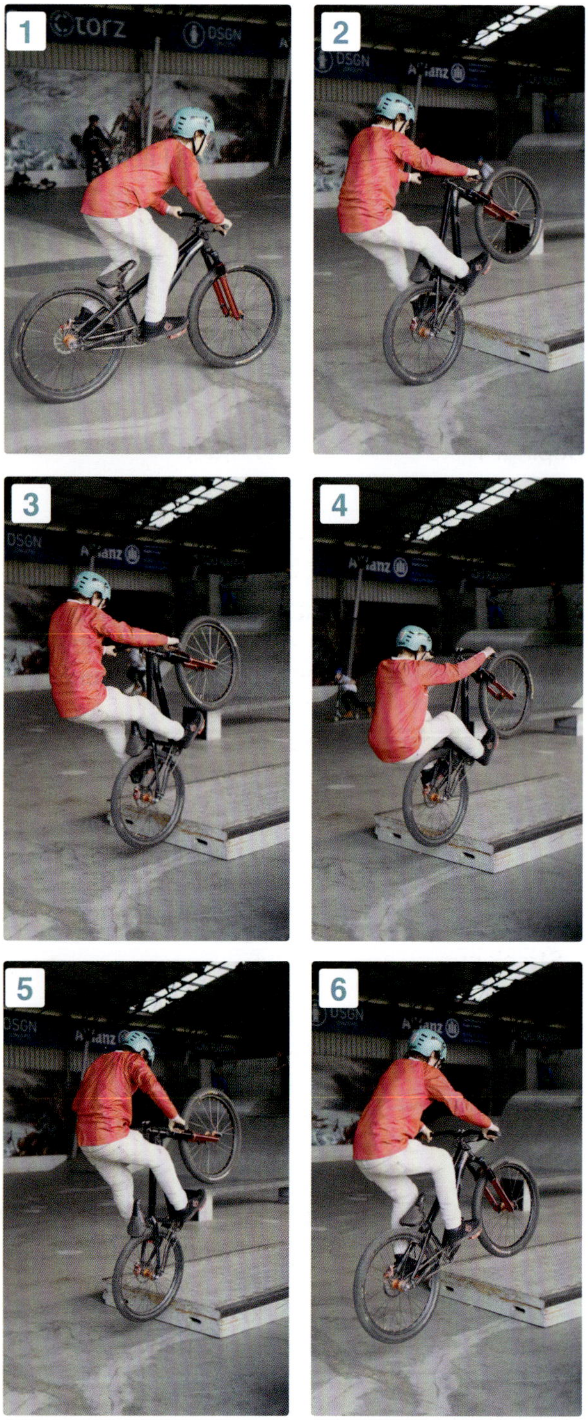

An der Quarter

Probiere den Abubaca zuerst an einer kleinen Quarter. Er wird dadurch leichter und du wirst beim Fakie danach nicht so schnell.

1 Fahr sehr langsam auf die Quarter zu und teste dich allmählich an die richtige Geschwindigkeit heran, um nicht über das Coping zu springen. Beuge deine Arme und Beine leicht.

2 Streck deine Arme leicht, bevor dein Vorderrad von der Quarter abhebt, um es weiter nach oben zu ziehen. Lehn dich mit deinem Po etwas nach hinten.

3 Zieh dein Hinterrad kurz vor dem Ende der Quarter leicht nach oben.

4 Lande möglichst mittig auf dem Coping. Taste dich aber am Anfang von unten an das Coping heran und überspring es nicht. Drück deine Hinterradbremse, um auf dem Coping stehen zu bleiben. Zum Anfang kannst du dich nun nach vorne kippen lassen, um erst mal die Landung auf dem Coping zu üben.

5 Wenn das gut funktioniert, dann verlagere dein Körpergewicht während des Abubacas leicht nach hinten, indem du deine Arme streckst, deine Beine beugst und deinen Po nach hinten streckst.

6 Streck nun deine Beine aus und von der Rampe weg. Spring dadurch mit dem Hinterrad nach hinten und wirf deinen Oberkörper nach vorne, um dein Vorderrad wieder nach unten zu bekommen. Ziele mit deinem Vorderrad in die Quarter, um nicht am Coping hängen zu bleiben. Verlagere dein Körpergewicht etwas mehr über das Vorderrad und tritt bei der Landung rückwärts. Nach der Landung kannst du sanft bremsen, um die Geschwindigkeit des Fakies etwas zu verringern.

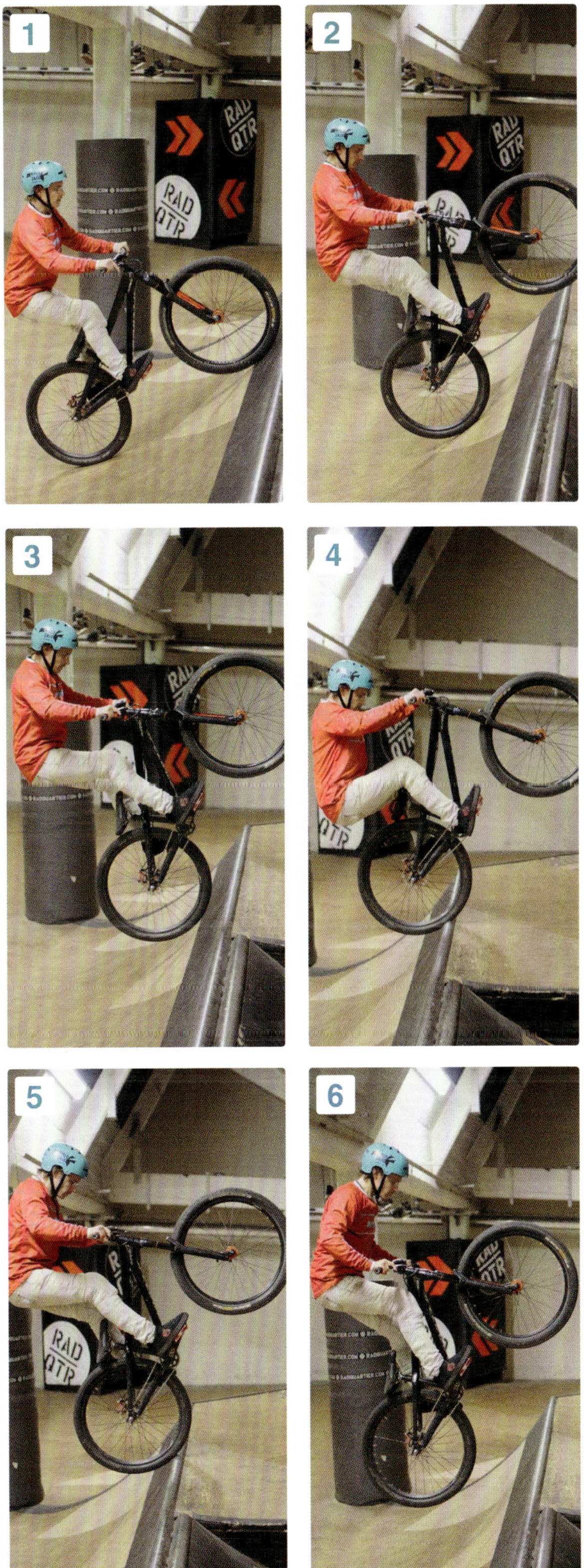

Wallride

Voraussetzungen: Bunnyhop & Air

Vorübung

1 Fahr in entspanntem Tempo im 45°-Winkel auf eine mittelsteile Schräge zu. Fahr von der Seite deines vorderen Fußes an. Kurz vor der Schräge drehst du deinen Oberkörper entgegen der Drehrichtung und beugst deine Arme und Beine.

2 Streck deine Arme und Beine, mach einen Bunnyhop, dreh gleichzeitig deinen Oberkörper in die Drehrichtung und rotiere dein Rad parallel zur Unterkante des Wallrides, um flüssig an der Wand fahren zu können.

3 Setz mit beiden Rädern gleichzeitig an der Wand auf. Beuge deine Arme und Beine leicht und dreh deinen Oberkörper wieder gegen die Drehrichtung.

4 Streck deine Arme und Beine zum Bunnyhop. Dreh gleichzeitig deinen Oberkörper in die Drehrichtung und lenk leicht von der Wand weg. Lehn dich dabei von der Wand weg und spring mit dem Vorderrad zuerst ab, um möglichst weit von der Wand weg zu landen.

5 Lande möglichst mit beiden Rädern gleichzeitig.

6 Umso geneigter die Schräge ist, desto anspruchsvoller ist es. Such dir daher schrittweise steilere Schrägen.

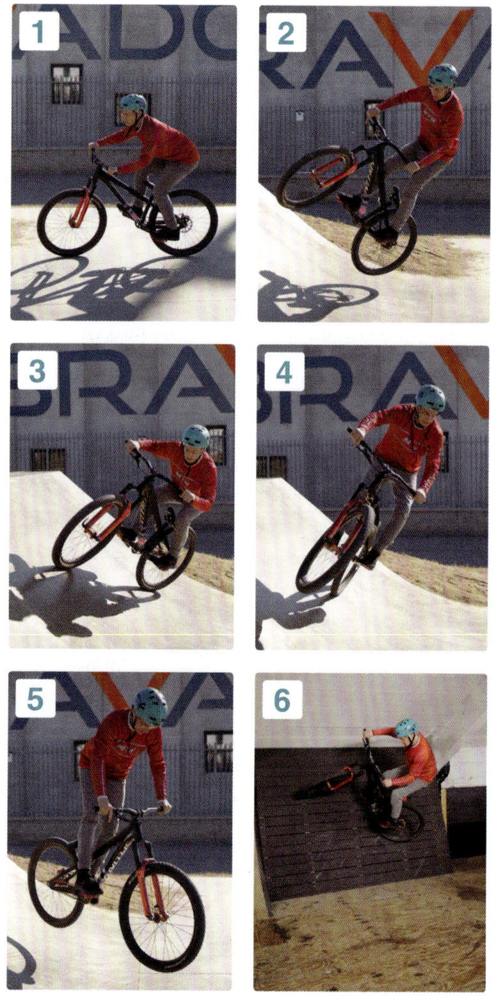

Im Sprung

Um den Wallride zu versuchen, probierst du ihn am besten an einer etwas kleineren Quarter, bei der die Wand nicht zu weit weg ist.

1 Fahr ca. im 70°-Winkel auf die Quarter zu. Wenn die Wand nah genug an der Quarter steht, reicht es, wenn du mit der Geschwindigkeit wie bei einem ca. 50 cm hohen Air anfährst. Beug deine Arme und Beine etwas und dreh deinen Oberkörper ganz leicht in die Gegenrichtung der Drehrichtung.

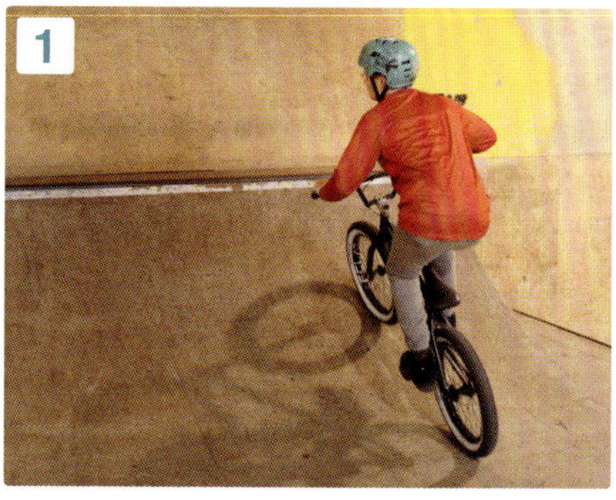

2 Streck deine Arme und Beine nur leicht, um von der Quarter abzuspringen. Damit drückst du dich weniger als beim Air ab, damit du an die Wand kommst. Dreh gleichzeitig deinen Oberkörper in Drehrichtung.

3 Dreh deinen Oberkörper wieder gerade und lande kurz vor dem Höhepunkt deines Fluges mit beiden Rädern gleichzeitig an der Wand. Am Anfang empfiehlt es sich, mit dem Vorderrad nach unten gerichtet zu landen, damit du einfacher in die Quarter zurückspringen kannst. Beuge deine Arme und Beine am Wallride umso mehr, je weiter die Wand von der Quarter entfernt ist.

4 Streck nun deine Arme und Beine, um dich von der Wand wegzudrücken. Dabei solltest du die Kraft so dosieren, dass du genau in der Quarter landest. Drück dabei dein Vorderrad weiter von der Wand weg als das Hinterrad. Rotier deinen Oberkörper beim Abspringen wieder in die Drehrichtung, um damit dein Fahrrad in Fahrtrichtung zu drehen und gerade in der Quarter zu landen.

5 Lande mit beiden Rädern möglichst weit oben in der Quarter, um sanft zu landen. Halte dabei deine Körperspannung, falls dein Hinterrad an der Coping hängen bleiben sollte.

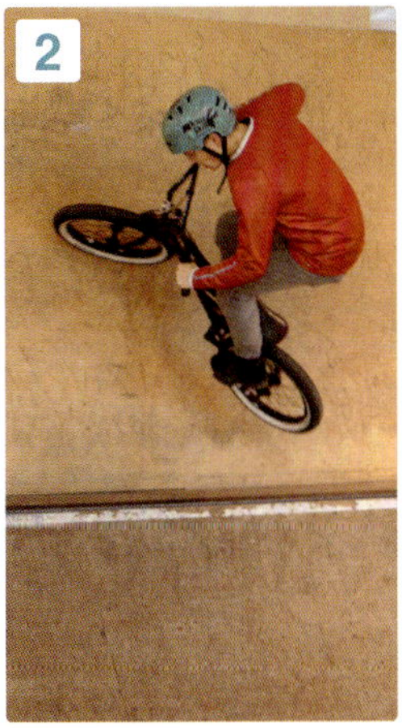

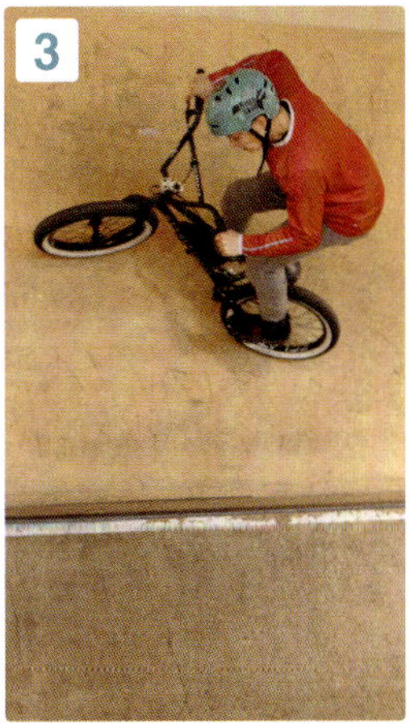

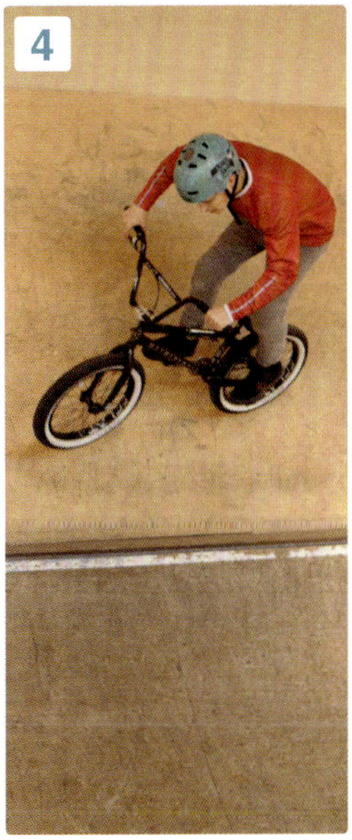

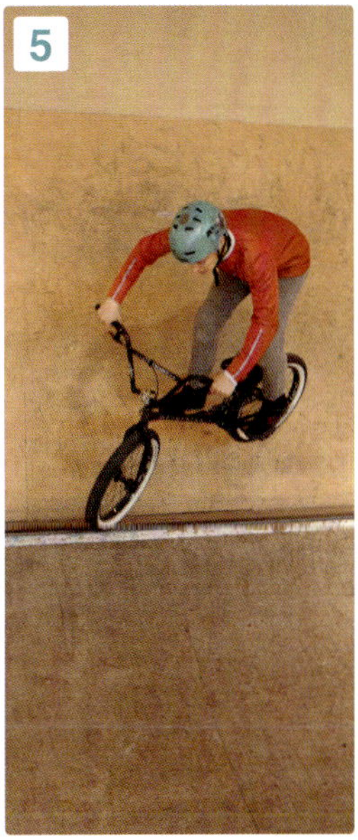

Styletipp

Besonders stylish ist der Wallride, wenn dein Vorderrad höher an der Wand landet als dein Hinterrad. Taste dich allerdings langsam heran, denn nach dem Wallride musst du dein Fahrrad deutlich weiter zur Quarter hin drehen.

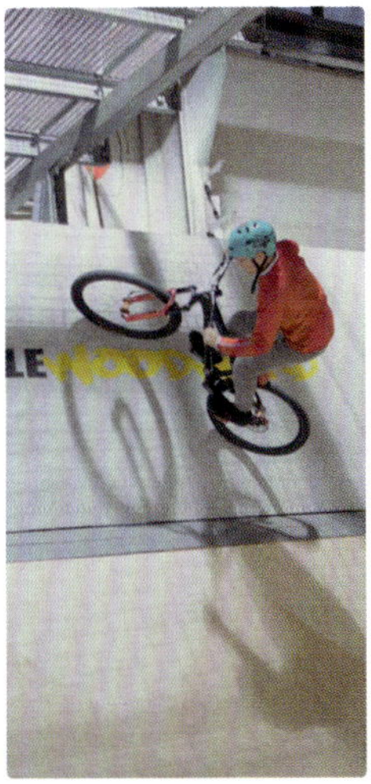

Bonustrick

Wenn du den Wallride gut beherrschst, kannst du nach dem Abspringen von der Wand einen schnellen Trick wie einen **X-Up** oder **Tabletop** hinzufügen. Mit noch mehr Mut und genug Zeit geht auch ein Barspin.

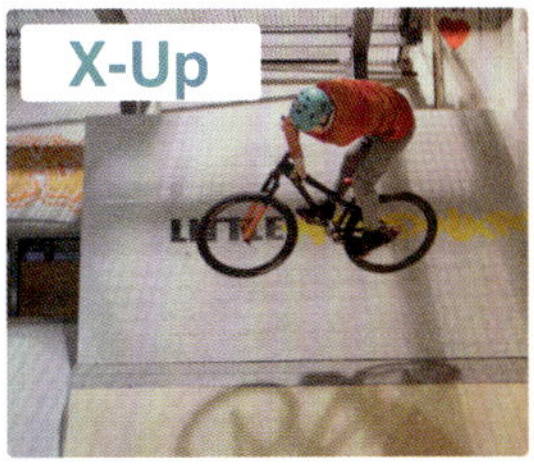

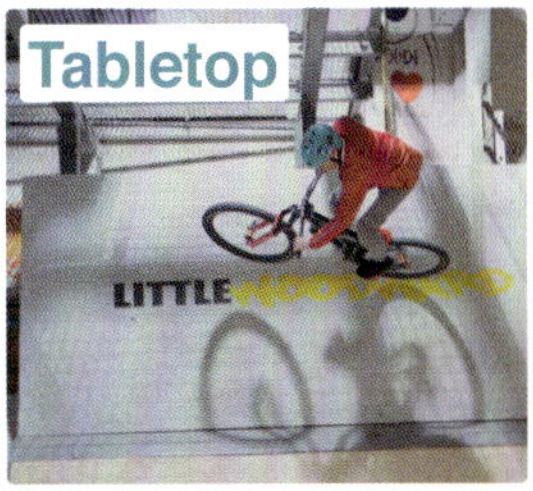

Walltap

Voraussetzungen: Tailtap & Air

Vorübung

Es empfiehlt sich, mit der Vorübung II des Tailtaps (Seite 41) den Bewegungsablauf des Walltaps zu üben, ohne ihn direkt an einem Wallride probieren zu müssen. Dafür kannst du dir schrittweise steilere Banks suchen, um dich an die Neigung zu gewöhnen.

1-4 Zusätzlich kannst du auch direkt mit einem Bunnyhop mit deinem Tap an eine kleine Bank springen.

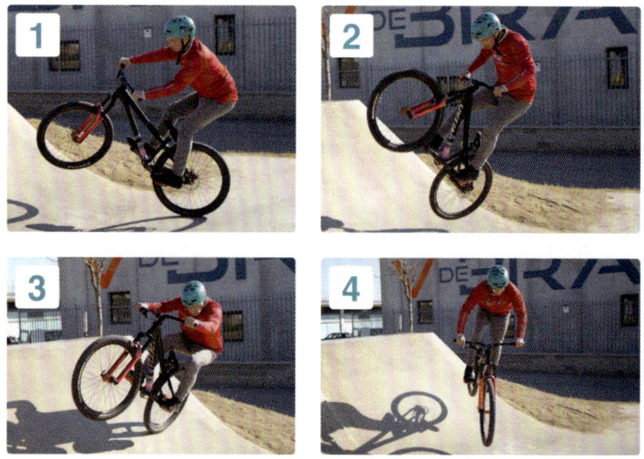

Am Wallride

Am besten übst du den Walltap zuerst an einem Wallride, der nicht weit von der Quarter weg steht. Außerdem hilft es zum Üben, wenn die Quarter eine mittlere Größe hat. Im Idealfall ist der Wallride auch leicht geneigt.

1 Fahr gerade auf die Quarter zu und beuge leicht deine Arme und Beine. Dreh deinen Oberkörper vor der Quarter etwas entgegen der Drehrichtung.

2 Spring aus der Quarter ab und zieh dein Vorderrad dabei deutlich weiter von der Quarter weg als dein Hinterrad. Dreh dabei deinen Oberkörper in die Drehrichtung.

3 Beuge deine Beine leicht, drück deine Hinterradbremse und drück dein Hinterrad gegen die Wand. Bei deinen ersten Tailtap-Versuchen sollte dein Vorderrad weit nach unten zeigen, sodass du dich voll darauf konzentrieren kannst, mit dem Hinterrad von der Wand abzuspringen, und dich nicht drehen brauchst.

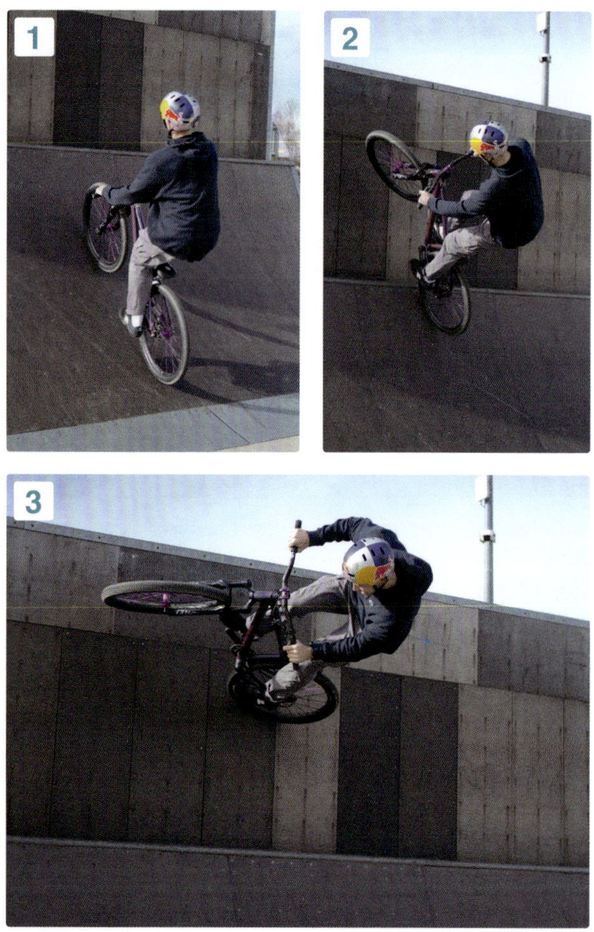

4 Streck deine Beine und drück dein Hinterrad von dem Wallride weg. Zieh danach die Beine so weit an dich heran, dass dein Hinterrad wieder in die Quarter kommt.

Zwischenschritt Wenn der Wallride nah genug an der Quarter steht, kannst du dein Hinterrad testweise zur Wand drücken und kurz vor dem Ende des Airs wieder zurückziehen, um dich an den Bewegungsablauf und die Position zu gewöhnen.

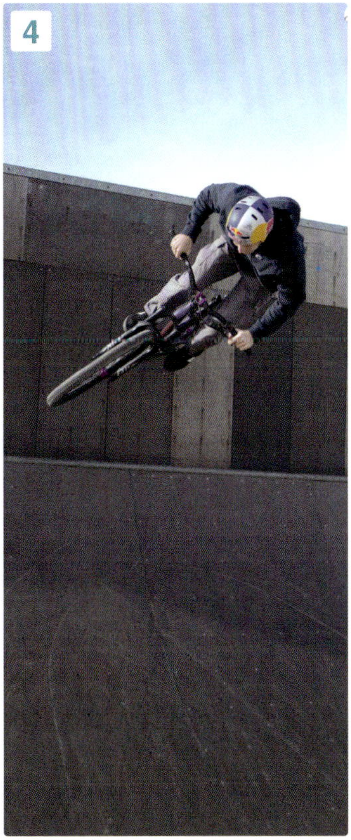

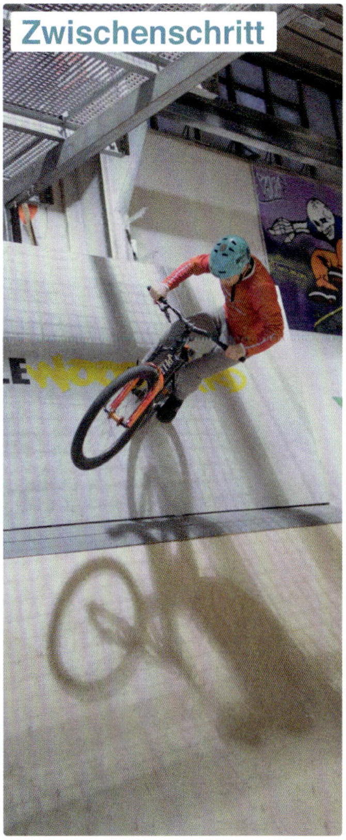

Styletipp

Je höher dein Vorderrad nach oben steht, wenn du an der Wand bist, desto schicker sieht der Walltap aus. Taste dich aber in kleinen Schritten voran, dein Vorderrad beim Walltap weiter oben zu halten. Achte dabei darauf, dass du deinen Oberkörper vor dem Tap in die Gegenrichtung drehst, um Schwung zu holen. Beim Abspringen von der Wand musst du ihn dann wieder in die Drehrichtung drehen, um damit dein Fahrrad zur Quarter runterzurotieren. Umso weiter dein Vorderrad oben ist, umso mehr musst du deinen Oberkörper drehen. Lehn dich während des Walltaps zusätzlich auch mit der Schulter etwas weiter nach unten.

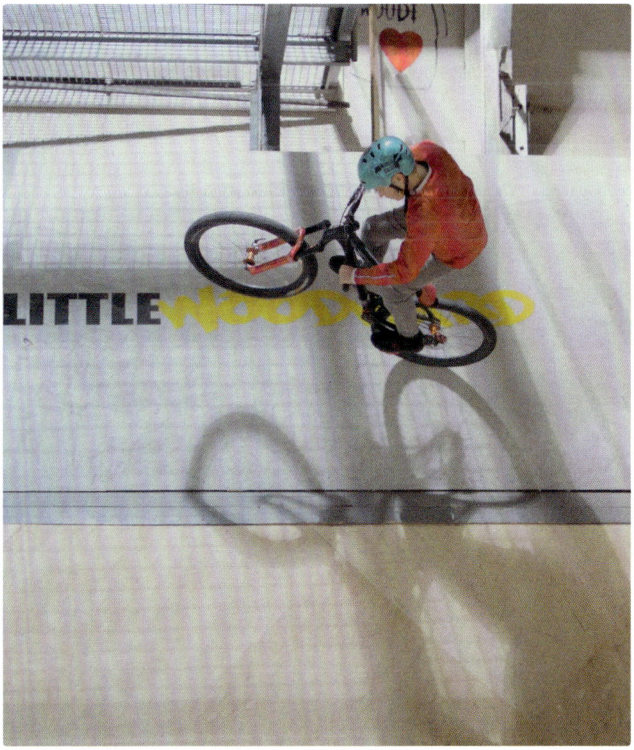

360

Voraussetzung: 180

Im Sprung

Wenn du den 180 gut beherrschst, kannst du den 360 probieren. Am besten übst du den 360 in ein Foampit oder auf ein Resi. Du kannst den 360 aber auch auf ein Flyout oder auf eine weiche und flache Landung lernen.

1 Fahr leicht in die Richtung versetzt an, in die du springen willst. Sonst fliegst du in der Luft zur Seite.

2 Halt die Ellenbogen nach außen, deine Arme gebeugt, deine Beine gestreckt. Neige deinen hinteren Fuß nach vorne und drück nach hinten gegen das Pedal, damit sich dein Fahrrad im Flug nicht von dir löst. Dreh deinen Körper um 20° um den Bauchnabel gegen die Drehrichtung.

3 Fahr am Anfang des Absprungs erst eine Gegenkurve in die andere Richtung.

4 Lenk vor der Hälfte des Absprungs in Drehrichtung. Kurz danach drehst du deinen Körper in Drehrichtung um deinen Bauchnabel an. Lass dabei die Arme breit, bleib mit deinem Po über dem Sattel und schau in die Drehrichtung.

5 Wenn dein Vorderrad am Absprungende ist, stoppst du deinen Körper schlagartig bei ca. 20° und spannst ihn an. Spring mit dem Vorderrad und Hinterrad gleichzeitig ab. Dafür musst du dein Hinterrad schon vor dem Ende des Absprungs mit den Beinen anheben.

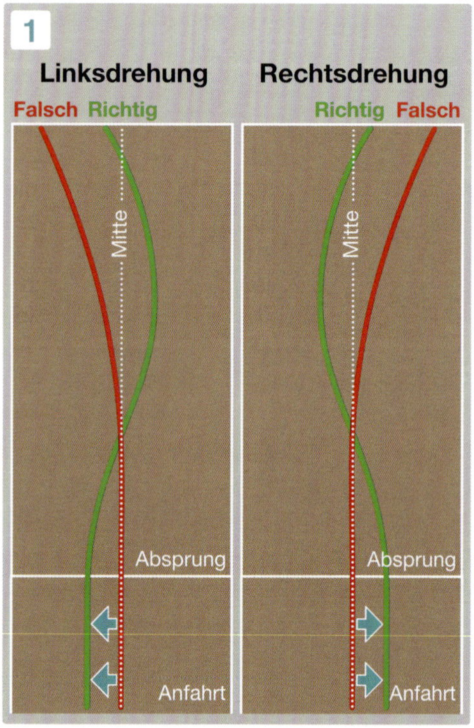

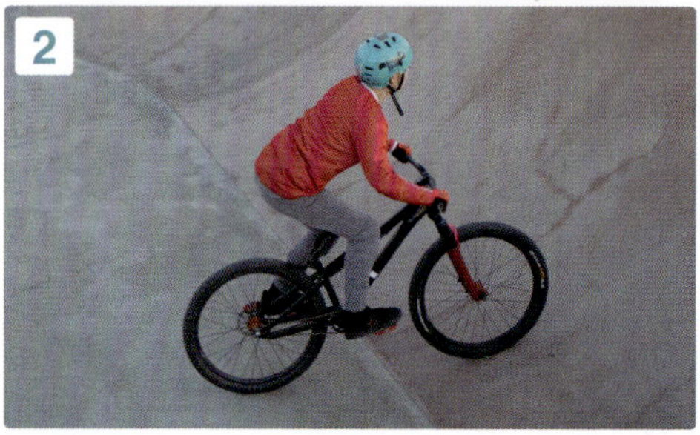

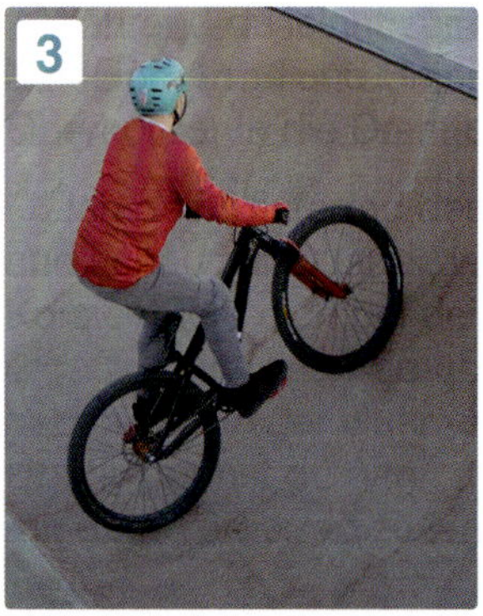

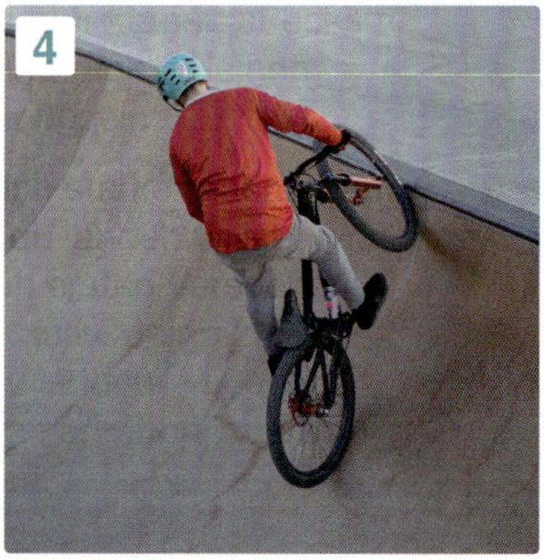

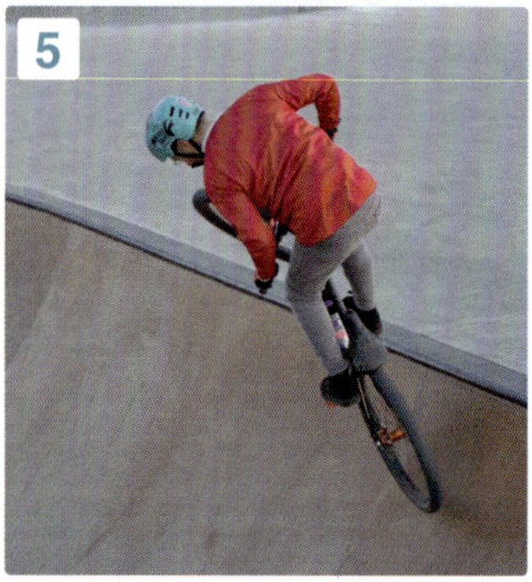

6 Schau weiter in Drehrichtung, halte deine Körperspannung und bleib mit deinem Po über dem Sattel.

7 Deine Landung ist perfekt, wenn beide Räder gleichzeitig und gerade zur Fahrtrichtung aufsetzen.

8 Wenn du unterdrehst, dann drück dein Hinterrad runter (wenn du eine Hinterradbremse hast, kannst du sie dabei betätigen). So kannst du auf dem Hinterrad zu Ende rotieren. Schau dabei weiter in Richtung der Landung.

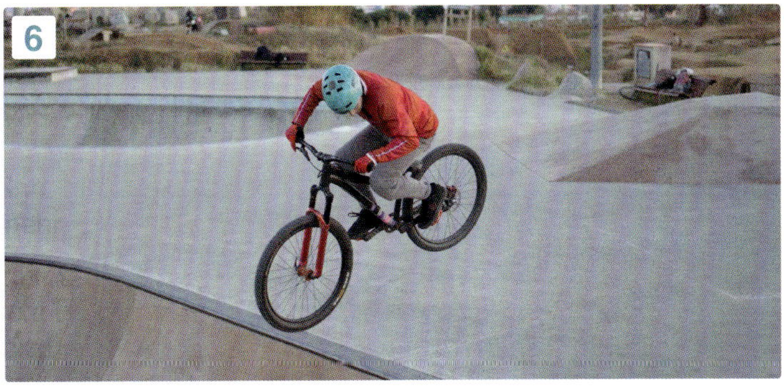

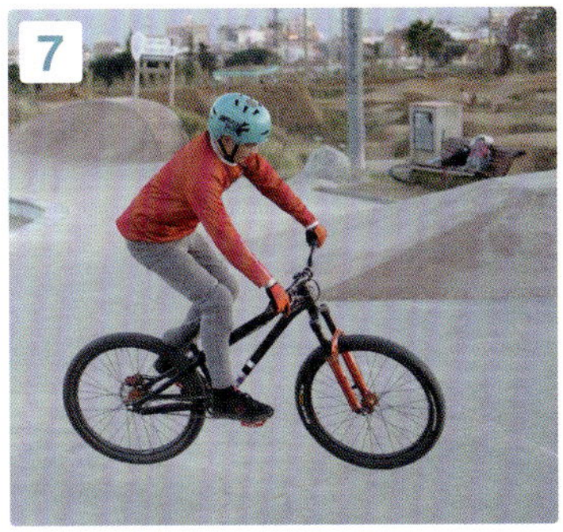

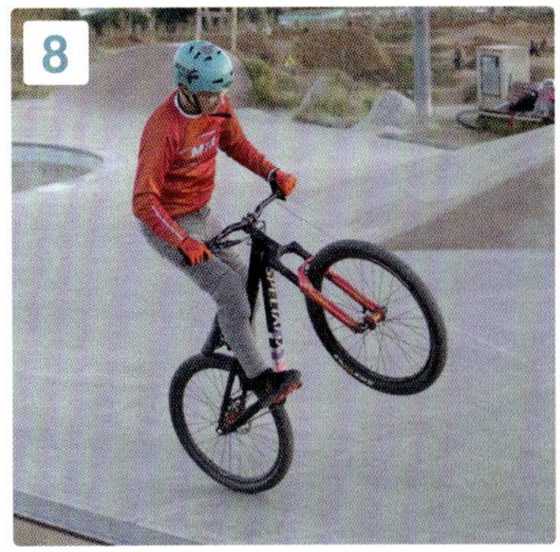

Probleme und Lösungen

Du schaffst keine 360° -> Dreh deinen Körper schneller und ruckartiger und spann ihn beim Stoppen noch mehr an. Dreh deinen Körper nicht zu weit, halte die Schultern gerade zum Körper und bleib mit deinem Po immer beim Sattel.

Du landest schief -> Nimm die Ellenbogen weiter nach außen, spring mit deinem Hinterrad früher ab und bleib mit deinem Po über dem Sattel.

Du landest hecklastig -> Zieh beim Abspringen weniger am Lenker und mehr am Hinterrad. Entgegen dem Gefühl hilft es aber meist nicht, sich in der Luft nach vorne zu lehnen, denn oft landest du dadurch noch hecklastiger. Bleib während des Sprungs mit deinem Po hinten beim Sattel.

Du fliegst seitlich -> Fahr versetzter von deiner Drehrichtungseite an (2), fahr eine stärkere Gegenkurve (3) oder fahr die Gegenkurve später.

Über einen Sprung

Probiere den 360 am besten als Erstes über einen Table mit breiter und flacher Landung. In eine Landung musst du dein Vorderrad mehr nach unten drücken. Probiere das am besten über einen Table, bei dem du auch zu kurz landen kannst.

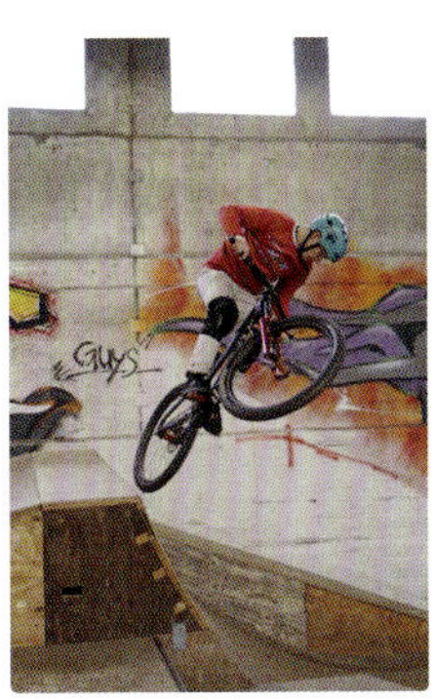

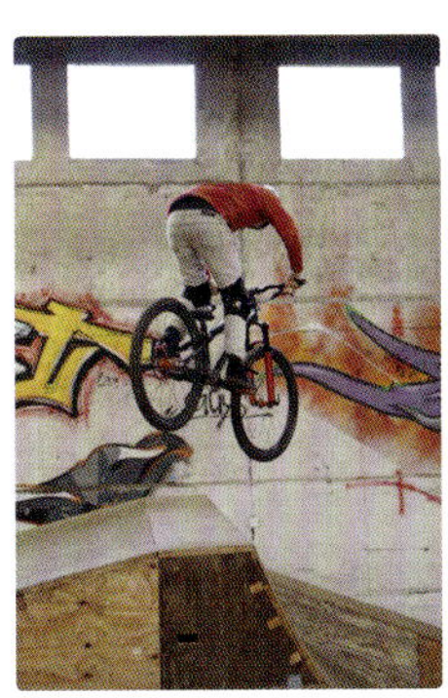

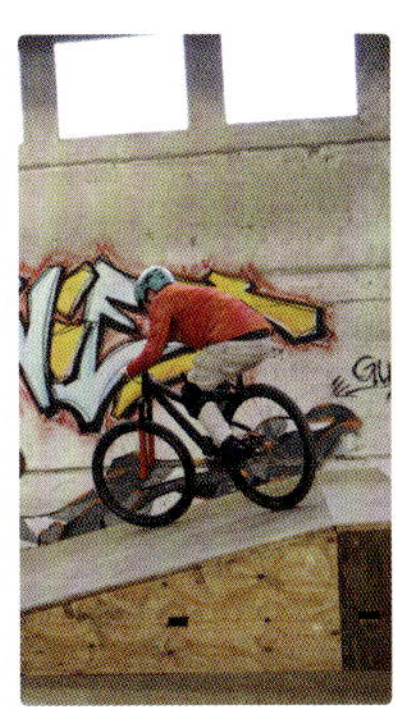

360-Tailtap

Voraussetzungen: 180 & Tailtap

Vorübung

Achte auf genug Luftdruck im Hinterreifen, damit er gut auf dem Boden dreht.

1 Fahr im Schritttempo. Dreh deinen Oberkörper entgegen der Drehrichtung und beuge deine Arme und Beine.

2 Lass dich leicht zur Seite der Drehrichtung kippen. Lenk gleich danach in die Drehrichtung und streck deine Arme. Dreh gleichzeitig deinen Oberkörper in die Drehrichtung und schau ebenfalls in diese Richtung.

3 Stopp deinen Oberkörper und zieh das Vorderrad höher als für einen normalen 180.

4 Streck deine Beine und beuge sie danach wieder leicht, um dein Hinterrad nach oben zu ziehen.

5 Zieh deine Hinterradbremse (oder drück bei der Landung gegen das vordere Pedal, wenn du keine Bremse hast) und lande möglichst bei über 180° auf dem Hinterrad. Um dein Fahrrad weiter zu rotieren, kannst du deinen Oberkörper wieder gegen die Drehrichtung drehen.

6 Beuge deine Beine leicht und lehn dich nach hinten, sodass dein Vorderrad in der Luft bleibt. Wenn du über 180° gedreht landest, wird dein Fahrrad wegen deiner Fahrgeschwindigkeit von selbst auf dem Hinterrad weiterdrehen.

7 Dreh deinen Oberkörper in die Drehrichtung und schau auch weiter dorthin. Streck gleichzeitig deine Beine und zieh das Hinterrad in die Luft.

8 Dreh deinen Oberkörper entgegen der Drehrichtung, um dein Fahrrad weiterzudrehen. Lehn dich vor, um mit beiden Rädern gleichzeitig zu landen.

9-11 Mit einem 360-Tailtap kannst du auch aus und in eine Bank hineinspringen.

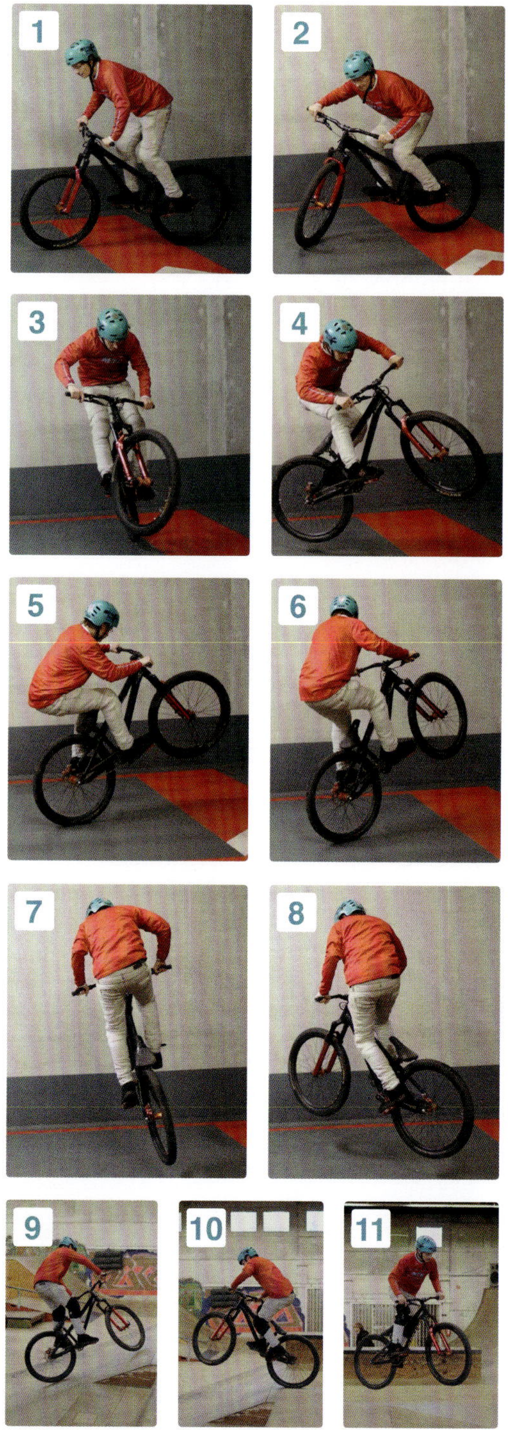

Im Sprung

Du kannst den 360-Tailtap an zwei aneinanderliegenden Banks oder einem kurzen Table üben.

1 Fahr leicht Alley-oop auf die Rampe zu.

2 Beuge deine Arme und Beine und dreh deinen Oberkörper entgegen der Drehrichtung.

3 Lehn dich zur Drehrichtungsseite. Lenk in die Drehrichtung, dreh deinen Oberkörper in die Drehrichtung und schau ebenfalls dorthin. Streck deine Arme und Beine für den Bunnyhop und zieh dein Vorderrad höher als beim normalen 180.

4 Beuge deine Beine leicht und zieh damit dein Hinterrad nach oben. Richte deinen Blick auf die Stelle, an der du mit dem Hinterrad landen willst.

5-6 Dreh deinen Oberkörper entgegen der Drehrichtung, um dein Rad weiter zu rotieren. Drück die Hinterradbremse (oder drück beim Landen gegen das vordere Pedal, wenn du keine Bremse hast) und lass dein Hinterrad auf der Fläche oder Kante landen, indem du deine Beine streckst. Lehn dich dabei leicht nach hinten, damit dein Vorderrad in der Luft bleibt. Beug danach leicht die Beine.

7 Dreh deinen Oberkörper in die Drehrichtung, verlagere deinen Blick auf die nächste Landefläche und streck deine Beine, um wieder abzuspringen.

8 Zieh dein Hinterrad hoch, rotier deinen Oberkörper in die Gegenrichtung der Drehung (um dein Fahrrad weiterzudrehen) und lande in Fahrtrichtung.

9-11 Der 360-Tailtap funktioniert an vielen Elementen. Über eine Spine ist er am schwierigsten.

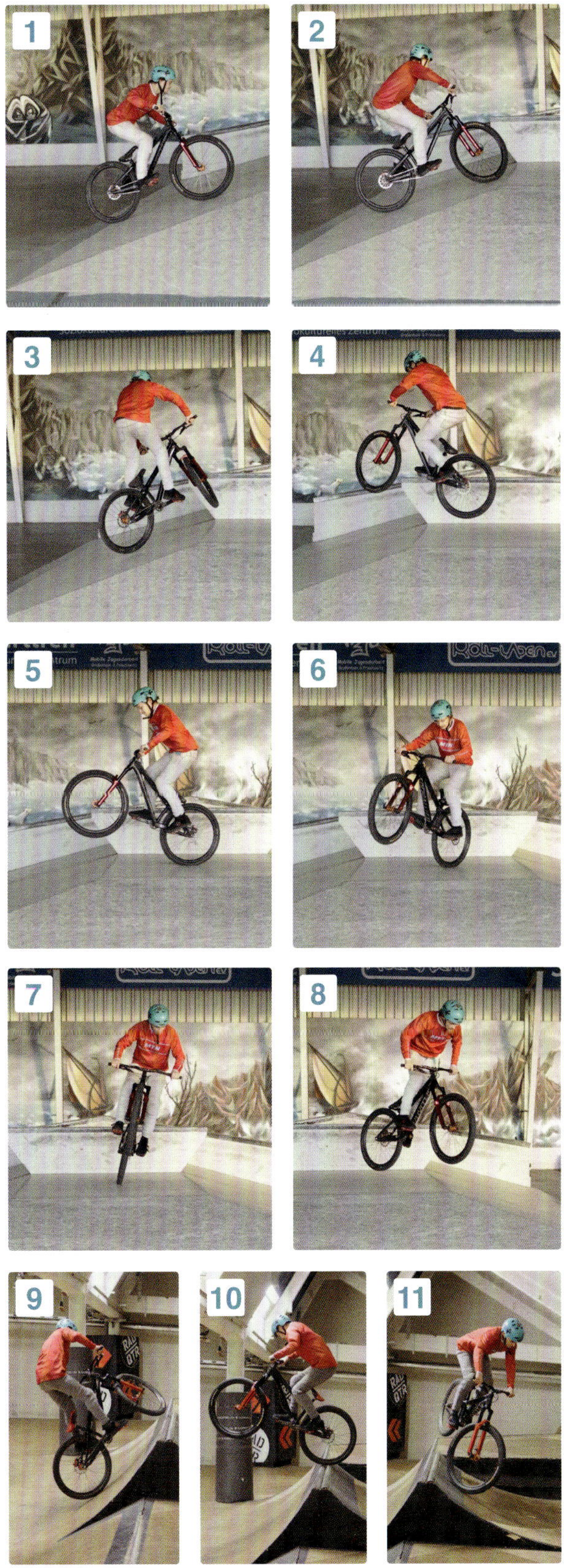

Rock-to-Fakie

Voraussetzungen: Fakie & umdrehen

Vorübung

1 Such dir eine kleine Bank. Fahr im 90°-Winkel mit einer Geschwindigkeit auf die Bank zu, bei der es nur dein Vorderrad auf die Fläche schafft.

2 Beuge deine Arme und Beine umso weiter, umso näher dein Vorderrad der oberen Kante kommt. Dadurch verhinderst du, dass dein Vorderrad nach der Kante abhebt.

3 Streck deine Arme, sobald dein Vorderrad über die Kante gefahren ist, sodass es auf der oberen Fläche rollt. Halte deinen Oberkörper mittig auf dem Fahrrad und bereite dich aufs Fakie-Fahren vor.

4 Bleib mittig auf dem Fahrrad und tritt rückwärts. Beuge deine Arme immer weiter, während dein Vorderrad rückwärts auf die Kante zufährt.

5 Streck langsam deine Arme, sobald dein Vorderrad rückwärts über die Kante gefahren ist, damit es nicht abhebt. Fahr Fakie, bis du wieder auf der unteren Fläche bist, und dreh um.

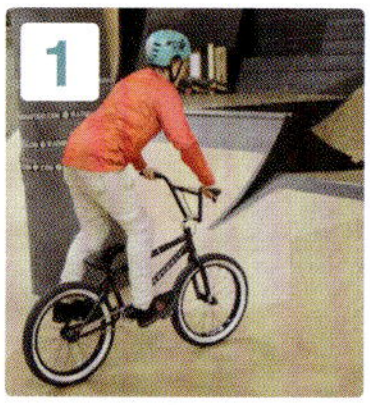

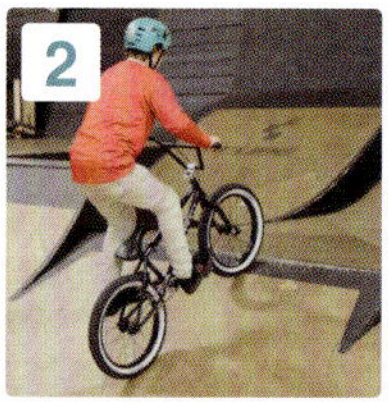

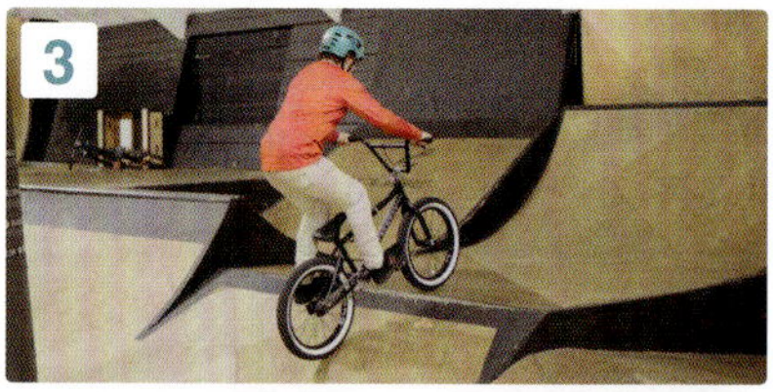

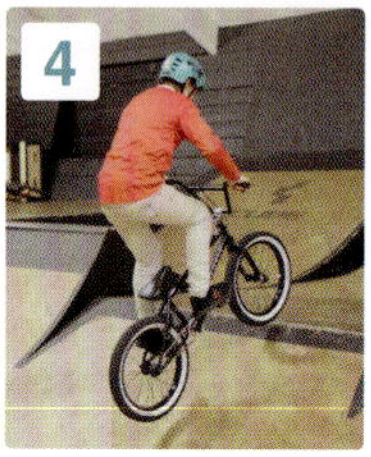

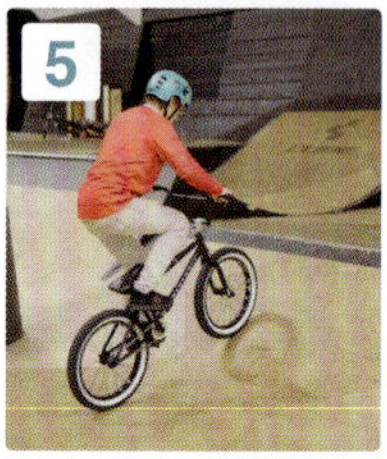

An der Quarter

1-3 Wiederhole den Bewegungsablauf der Vorübung bis zum Punkt 3. Dein Vorderrad wird durch die steile Quarter und das Coping leicht abheben. Setze es so früh wie möglich wieder auf die obere Fläche.

4 Beuge deine Arme und Beine, kurz bevor dein Vorderrad stehen bleibt.

5 Streck deine Arme und Beine leicht nach unten und vorne, sobald dein Vorderrad leicht rückwärts rollt. Drück dich dadurch von der Quarter ab und spring nach oben und hinten.

6 Halte deinen Körper mittig über dem Fahrrad und versuch, dein Vorderrad hinter dem Coping landen zu lassen. Bereite dich darauf vor, nach der Landung mit hoher Geschwindigkeit Fakie zu fahren, da die Landung dir viel Schwung geben wird. Dreh erst um, wenn du die untere Fläche erreicht hast.

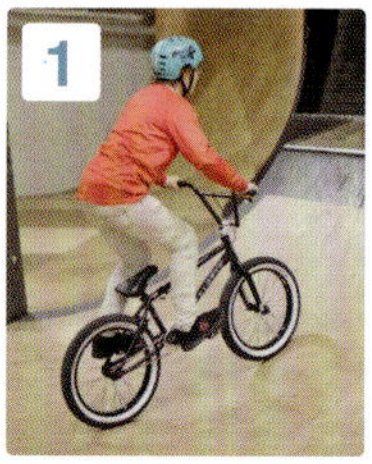

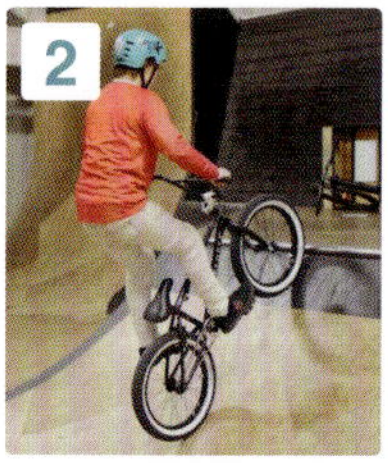

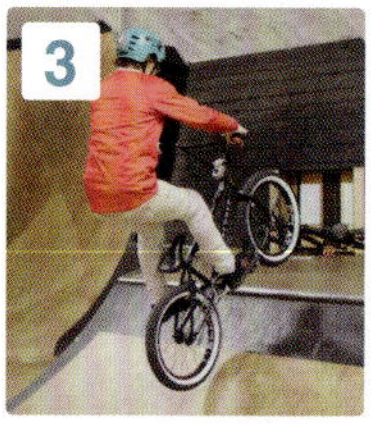

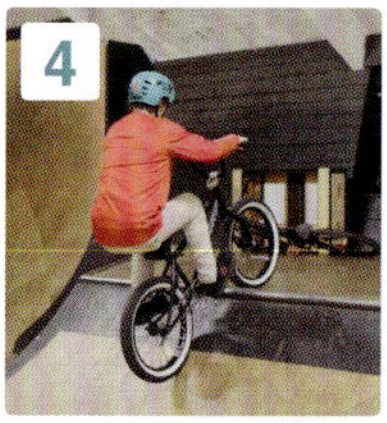

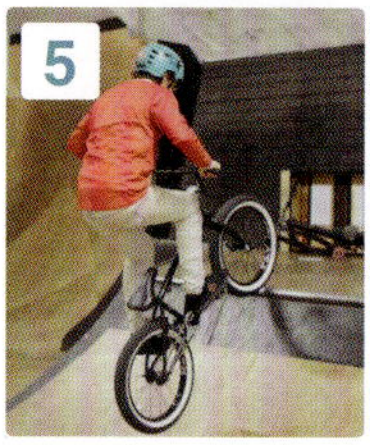

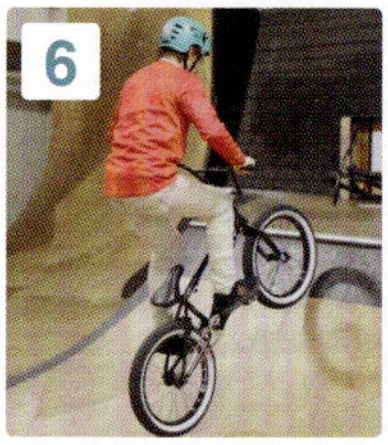

Voraussetzungen: Rock-to-Fakie

An der Quarter

1 Roll wie in der Rock-to-Fakie-Vorübung mit langsamer Geschwindigkeit und im leichten Alley-oop Winkel auf die Quarter zu.

2 Beug deine Arme, während dein Vorderrad die Quarter hochfährt, damit du es dann besser auf die Fläche drücken kannst.

3 Streck langsam deine Arme sobald dein Vorderrad über das Coping gefahren ist.

4 Roll auf der Fläche ca. 30 cm vom Coping weg, bleib mittig auf dem Fahrrad und beuge deine Arme und Beine, kurz bevor du stehen bleibst. Dreh deinen Oberkörper entgegen der Drehrichtung.

5 Lenk in die Gegenrichtung der Drehung ein, sobald du rückwärts rollst und streck deine Arme und Beine, um gleichzeitig mit beiden Rädern abzuspringen, sobald sich das Vorderrad kurz vor dem Coping befindet. Dreh gleichzeitig deinen Oberkörper in die Drehrichtung.

6 Zieh deine Arme und Beine an dich heran und versuch, das Vorderrad besonders hoch anzuheben, um über das Coping zu kommen. Stopp deinen Oberkörper und dreh ihn wieder entgegen der Drehrichtung.

7 Wenn du weit genug drehst, kannst du dich etwas nach vorne lehnen und mit beiden Rädern gleichzeitig landen. Solltest du zu wenig drehen, kannst du dein Hinterrad nach unten drücken (die Hinterradbremse drücken, wenn du eine hast), und auf dem Hinterrad zu Ende drehen.

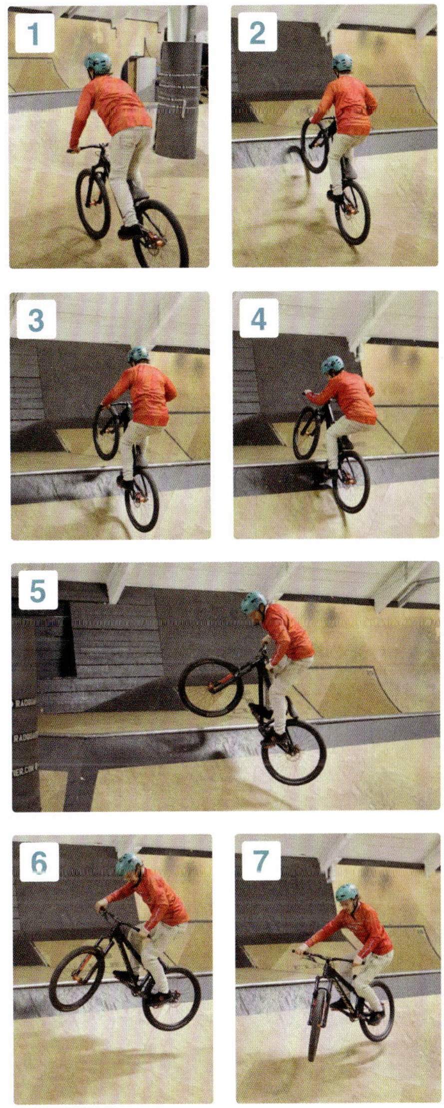

Styletipp

1-4 Wenn du Alley-oop auf der Quarter stehst, sieht der Rock-to-180 noch spektakulärer aus. Dann musst du allerdings weiter zurückdrehen.

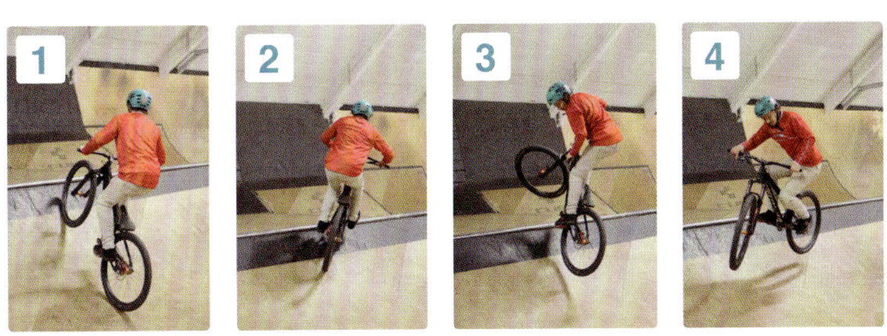

Tricklevel

3

Die nächste Stufe

Du beherrschst die meisten Basistricks im Skatepark und willst mit den schwierigeren Tricks anfangen? Dann sind Level-3-Tricks genau das Richtige für dich. Um sie zu meistern, brauchst du eine Menge Radkontrolle und Körpergefühl.

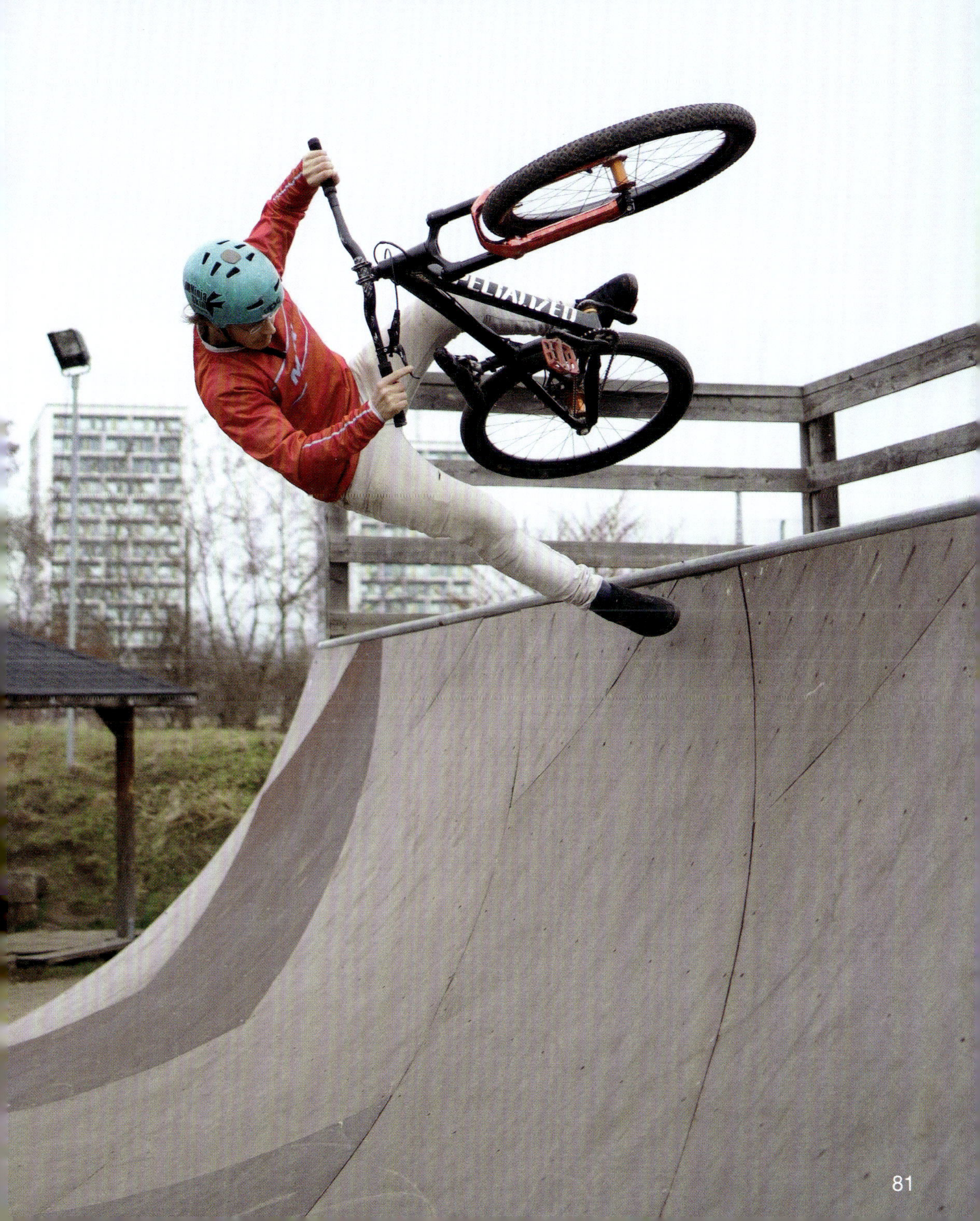

Fufanu Teil 1

Voraussetzung: Abubaca & Hinterradbremse

Vorübung

Übe den Fufanu zunächst an einer mittelsteilen Bank.

1 Fahr leicht Alley-oop auf die Schräge zu, beuge deine Arme und Beine und fahr eine sanfte Kurve.

2-3 Dreh deinen Oberkörper leicht in die Drehrichtung des Fufanus. Streck, kurz bevor du stehen bleibst, deine Arme, um dein Vorderrad weit anzuheben.

4 Spring mit deinem Hinterrad ab, indem du deine Beine an dich ranziehst. Lehn dich mit dem Oberkörper etwas von der Bank weg, um die Landekräfte abzufangen und auf dem Hinterrrad stehen bleiben zu können. Dreh dein Fahrrad um ca. 30°. Schau auf die Stelle, an der dein Hinterrad landen soll, und drück die Hinterradbremse.

5 Beug nach der Landung des Hinterrades deine Beine. Lehn dich mit deinem Oberkörper von der Rampe weg, damit du und dein Fahrrad nach hinten kippen. Das brauchst du, um danach weiter von der Rampe nach unten springen zu können. Dreh deinen Oberkörper leicht entgegen der Drehrichtung.

6 Dreh deinen Oberkörper in die Drehrichtung und streck gleichzeitig deine Beine, um Abzuspringen. Lehn dich dabei mit deinem Fahrrad weiter nach hinten von der Bank weg.

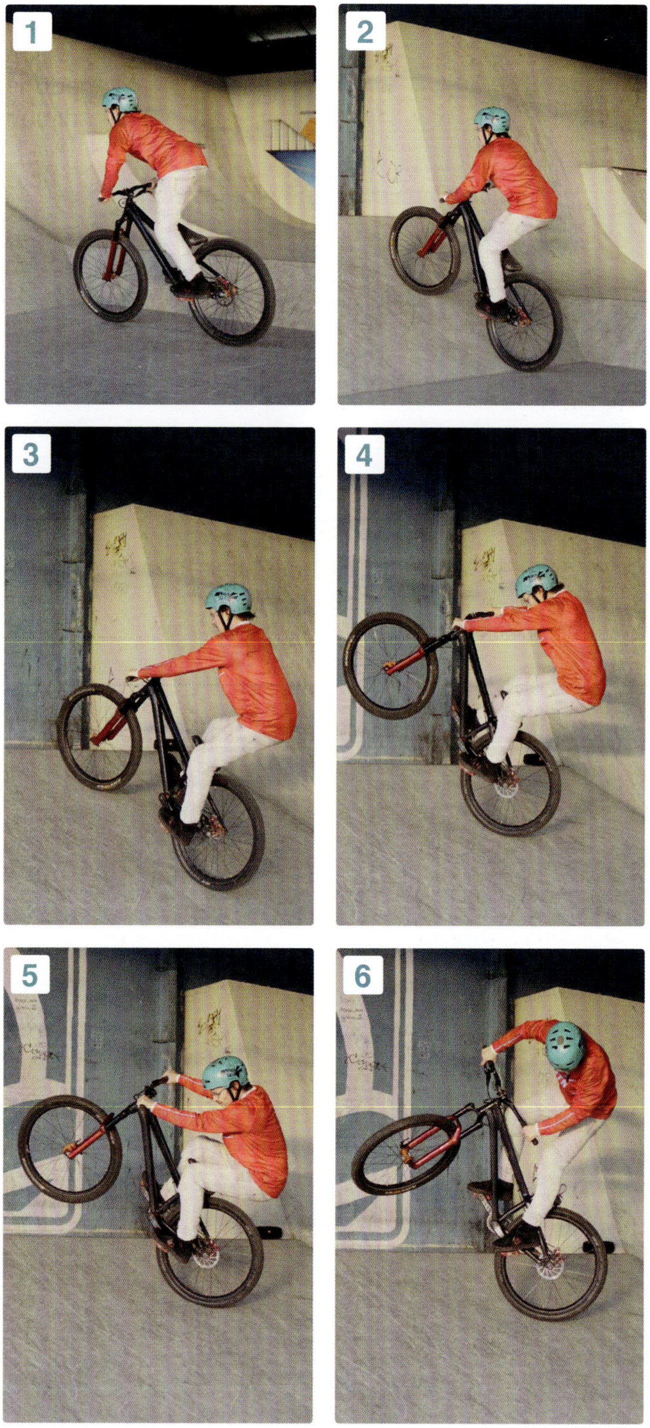

7 Spring vor allem mit deinem Hinterrad nach oben, sodass du später mit beiden Rädern gleichzeitig landen kannst. Schau dann zum unteren Ende der Bank.

8 Dreh deinen Oberkörper entgegen der Drehrichtung ein, um dein Fahrrad möglichst weit in die Landung zu rotieren, und lehn dich im Flug etwas nach vorne, um gleichzeitig mit beiden Rädern zu landen.

9 Halte die Körperspannung, um bei der Landung gegenhalten zu können, da du beim Fufanu meist nicht schnurgerade landen wirst.

10-12 Du kannst nun üben, den Fufanu möglichst steil auszuführen und den Großteil der Drehung in der zweiten Flugphase des Tricks zu machen. Dafür musst du weiter nach hinten geneigt landen und dich mehr von der Bank weg lehnen. Dadurch kannst du mit deinem Oberkörper die zweite Drehung mit mehr Kraft und Schwung einleiten und so dein Fahrrad weit genug rotieren.

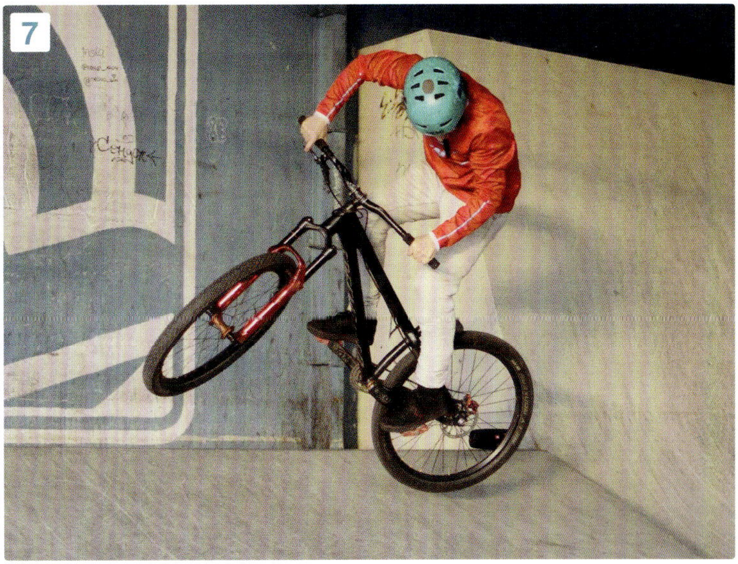

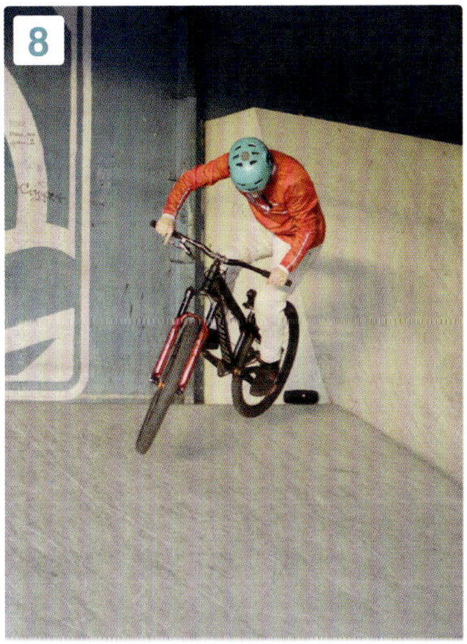

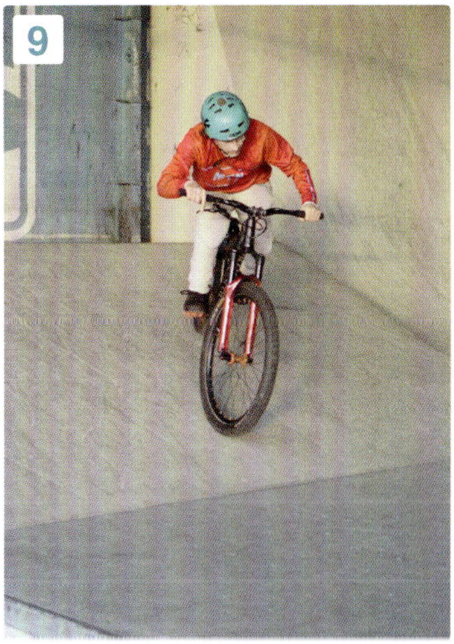

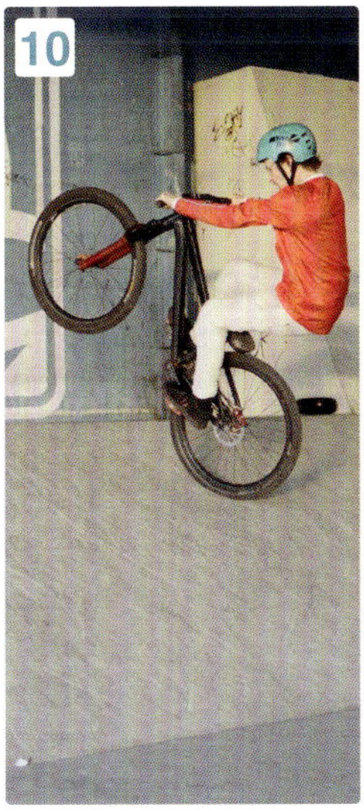

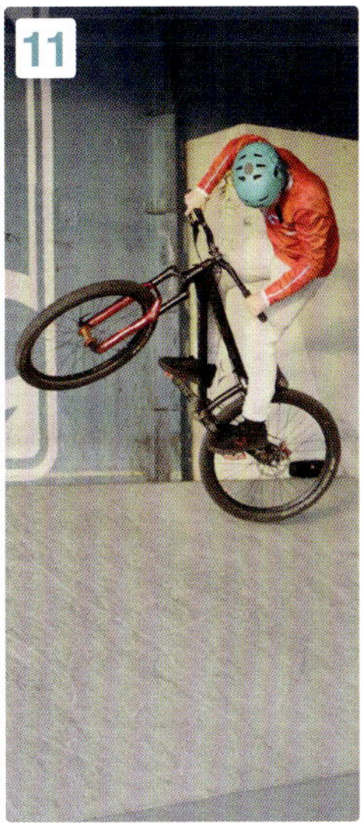

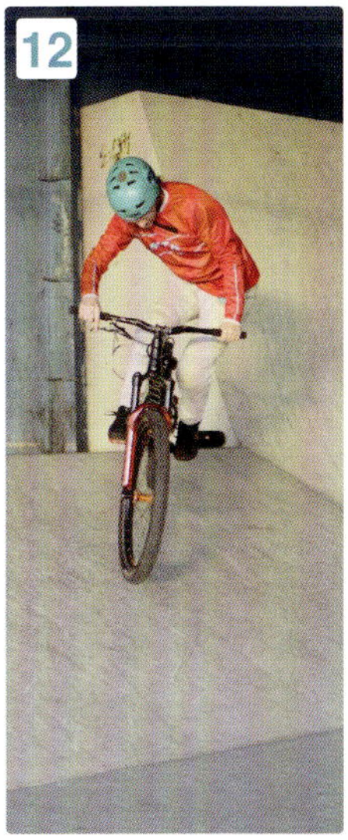

Fufanu Teil 2

Voraussetzung: Abubaca & Hinterradbremse

An einer Kante

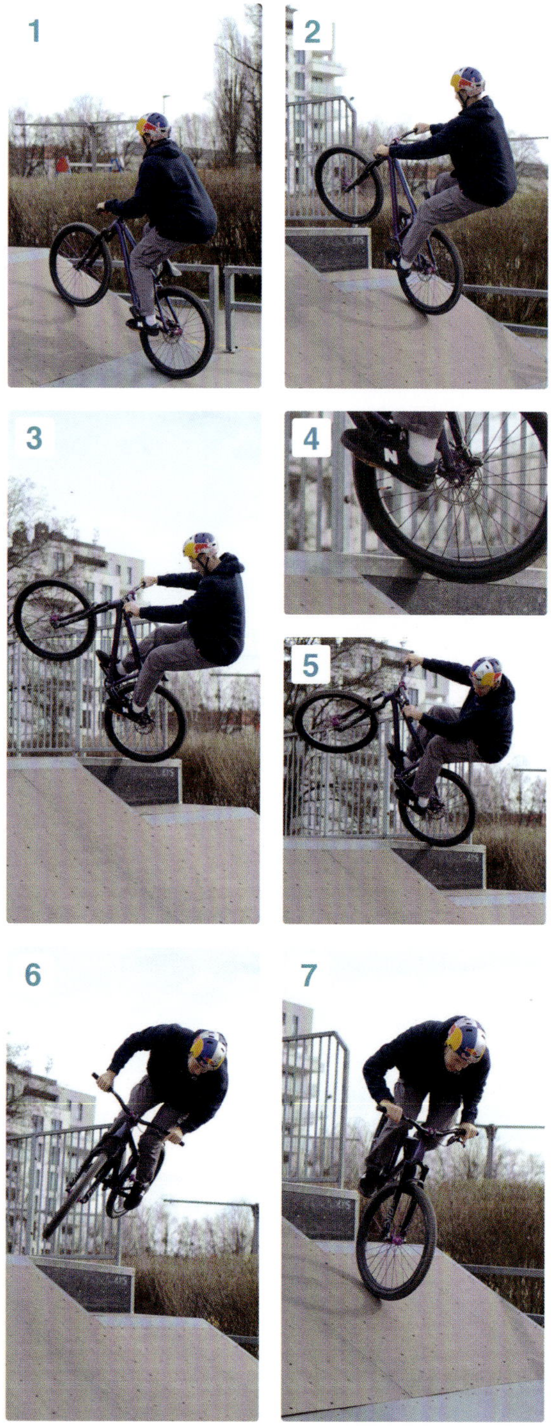

1 Fahr leicht Alley-oop auf eine niedrige, leicht abgerundete Kante zu. Roll so langsam, dass du mit einem normalen Bunnyhop nicht mehr über die Kante springen könntest. Beuge deine Arme und Beine und dreh deinen Oberkörper in die Gegenrichtung der Drehung.

2 Streck deine Beine und Arme und zieh dein Vorderrad besonders hoch, als würdest du beim Abspringen einen Manual machen wollen. Dreh deinen Oberkörper gleichzeitig leicht in die Drehrichtung. Visiere mit deinem Blick genau die Stelle an, an der du landen willst.

3 Dreh dein Fahrrad ca. 30° weit, drück deine Hinterradbremse und setz dein Hinterrad auf die Kante auf. Dreh deinen Oberkörper leicht entgegen der Drehrichtung.

4 Dein Hinterrad sollte bei ca. 30° seiner Rundung landen (ca. 1/3 der ersten 90°), sodass es weder nach unten noch nach hinten wegrutscht. Dein Fahrrad sollte ca. 45° weit gedreht an der Kante stehen.

5 Beuge deine Beine und Arme.

6 Dreh deinen Oberkörper wieder in die Drehrichtung und streck deine Arme und Beine, um von der Kante abzuspringen. Umso weiter du von der Kante wegspringen willst, umso mehr musst du dich nun nach hinten lehnen und dich von der Kante abstoßen.

7 Dreh deinen Oberkörper entgegen der Drehrichtung, um dein Fahrrad möglichst weit rotieren zu lassen. Lehn dich mit deinem Oberkörper leicht vor und zieh dein Hinterrad hoch, um mit beiden Rädern gleichzeitig zu landen.

An der Quarter

Such dir zum Üben eine kleine und flache Quarter, am besten ohne Coping.

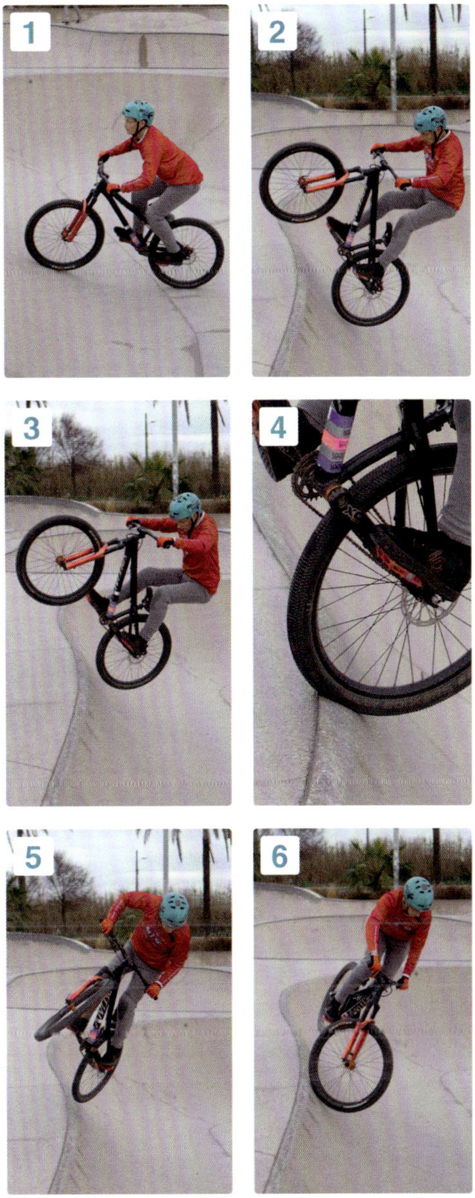

1 Fahr leicht Alley-oop mit einer Geschwindigkeit an, mit der du gerade so auf die Quarter hochkommen würdest. Beuge deine Arme und Beine und dreh deinen Oberkörper in die Gegenrichtung der Drehung.

2 Streck deine Arme und Beine und zieh hauptsächlich dein Vorderrad nach oben. Dreh gleichzeitig deinen Oberkörper leicht in die Drehrichtung und visiere das Coping an.

3 Schau auf die Landestelle, dreh deinen Oberkörper entgegen der Drehung und rotiere dein Fahrrad um ca. 20°. Drück die Hinterradbremse (die du hier leider brauchst) und setz dein Hinterrad genau auf das Coping oder die Kante der Quarter. Lehn dich dabei mit deinem Fahrrad leicht in die Quarter und beuge deine Arme und Beine.

4 Dein Hinterrad sollte bei ca. 30° seiner Rundung an der Coping oder Kante landen, sodass es weder nach hinten noch nach oben wegrutscht.

5 Streck deine Arme und Beine und dreh deinen Oberkörper in die Drehrichtung und lehn dich mit ihm nach vorne. Spring besonders stark mit dem Hinterrad ab, damit du genug Platz und Zeit zum Drehen hast und gut in der Quarter landen kannst.

6 Dreh deinen Oberkörper entgegen der Drehung und lehn dich weiter leicht nach vorne, um das Vorderrad in die Quarter zu drücken.

Styletipp

Je steiler dein Rad an der Kante oder Quarter nach oben steht, desto spektakulärer sieht der Fufanu aus. Zusätzlich kannst du dafür auch mit dem Lenker gerade oder nach oben lenken.

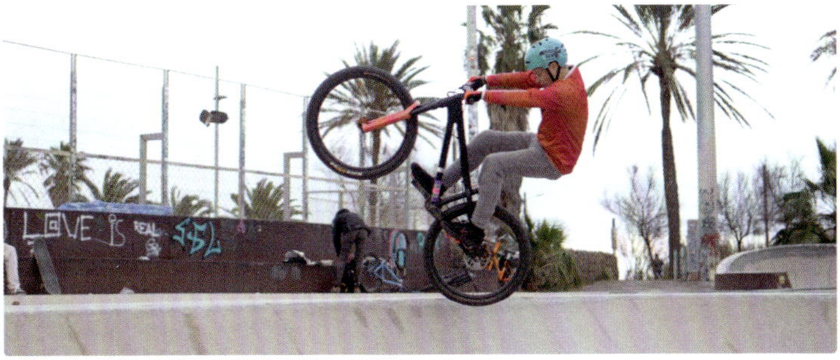

Footjam Teil 1

Voraussetzungen: 180 & Nosebonk

Vorübung I

1 Fahr mit wirklich sehr langsamer Geschwindigkeit auf einer griffigen Fläche. Nimm deinen vorderen Fuß vom Pedal und dreh seine Fußspitze um ca. 30° zum Rahmen hin.

2 Setz deinen Fuß an die Rückseite der Gabel und mit Schwung auf den Reifen. Drück nach unten gegen den Reifen, um zu stoppen. Versuch dein Hinterrad durchs Anhalten anzuheben und halte dich bereit, dich seitlich abzufangen, falls du umkippen solltest.

MTB 3 & BMX 3 Dein kleiner Zeh sollte dabei ungefähr in der Mitte des Reifens stehen. Probier aus, welche Stellung deines Fußes für dich bei deiner Gabel am besten funktioniert.

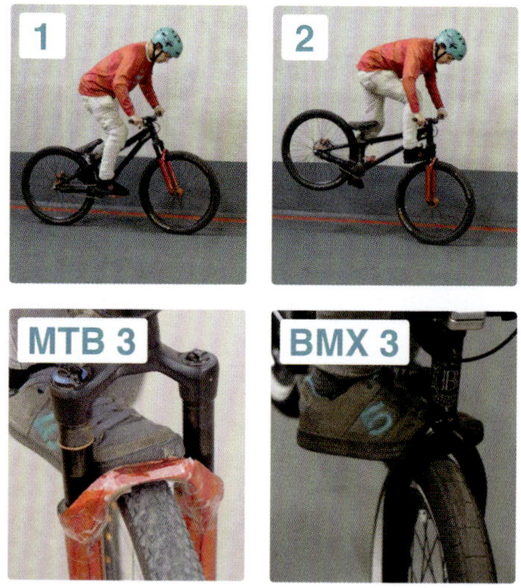

Vorübung II

1 Fahr mit sehr langsamer Geschwindigkeit auf einem griffigem Untergrund und beuge deine Arme und Beine.

2 Streck für einen Schweinehop schwach deine Arme und stärker deine Beine, um mit dem Hinterrad deutlich höherzuspringen. Neige deinen hinteren Fuß vor und drück nach hinten gegen das Pedal. Dadurch kannst du den vorderen Fuß besser wegnehmen.

3 Nimm direkt nach dem Abspringen den vorderen Fuß vom Pedal und dreh ihn um 40° zum Rahmen. Platziere ihn wie in Vorübung I an der Gabelrückseite und drück gegen den Reifen.

4 Lehn dich mit deinem Oberkörper über das Vorderrad, um länger oben zu bleiben. Beuge deine Arme und Beine, um das Abspringen vorzubereiten.

5 Sobald du nach hinten kippst, streckst du deine Arme und Beine, bewegst deinen Oberkörper nach hinten und springst dadurch mit deinem Vorderrad ab. Nimm den Fuß vom Vorderrad zurück aufs Pedal und tritt rückwärts, um den Fakie auszufahren.

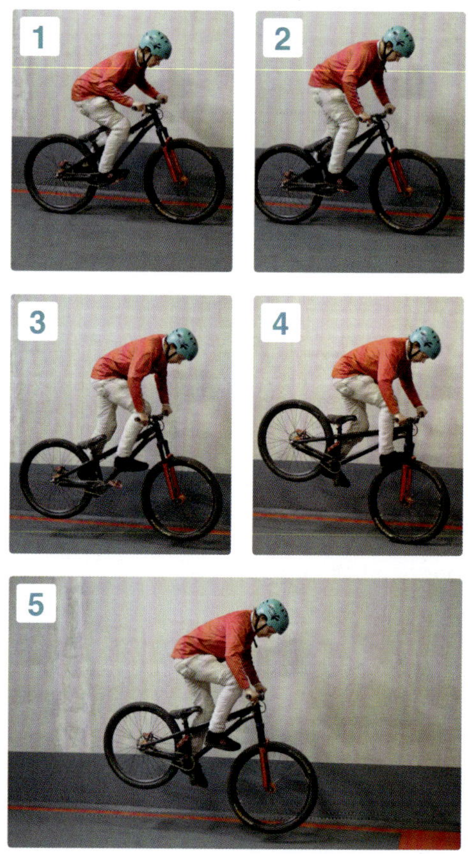

Vorübung III

1 Fahr langsam im ca. 80°-Winkel auf eine flache Bank zu. Beuge deine Arme und Beine und dreh deinen Oberkörper leicht entgegen der Drehrichtung.

2 Wenn du fast auf der Bank stehen geblieben bist, streckst du deine Arme und Beine und machst einen Schweinehop. Sping dabei mit dem Hinterrad deutlich höher als mit dem Vorderrad. Dreh beim Abspringen gleichzeitig deinen Oberkörper in die Drehrichtung.

3 Dreh deinen Oberkörper wieder leicht entgegen der Drehrichtung. Nimm deinen vorderen Fuß vom Pedal, dreh ihn um 40° und setz ihn hinten an die Gabel und auf den Reifen. Lande nach ca. 80° der Drehung auf dem Vorderrad.

4 Beuge deine Arme und Beine und lehn dich mit deinem Oberkörper von der Bank weg, damit du dich danach mit deinem Fahrrad seitlich von der Bank abdrücken kannst.

5 Streck deine Arme und Beine nach unten und seitlich, um von der Bank abzuspringen. Rotiere gleichzeitig deinen Oberkörper in die Drehrichtung, um dein Fahrrad zu drehen.

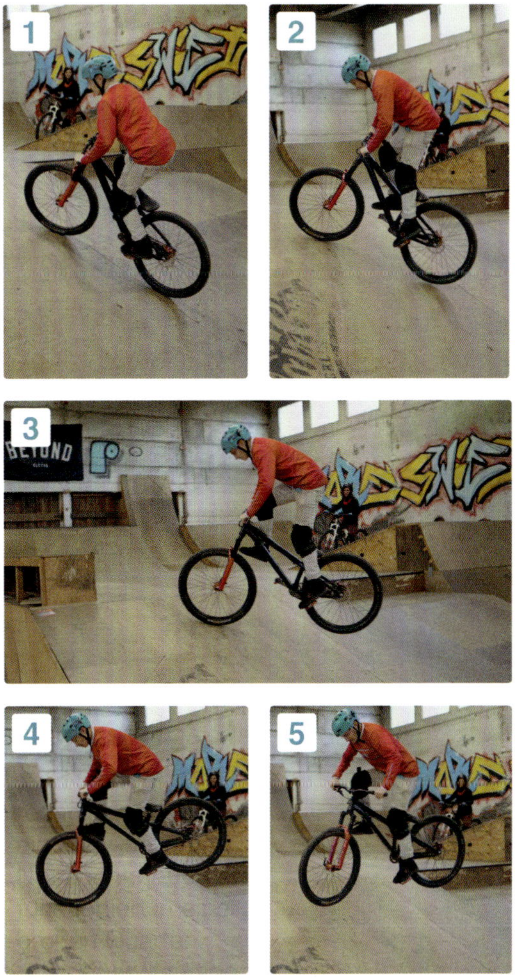

Vorübung IIII

1-4 Wenn der Footjam an der Bank gut funktioniert, kannst du ihn auf der oberen Fläche der Bank machen und danach wieder in die Bank hineinspringen. Lande dabei mit dem Vorderrad nah an der Kante, lehn dich mit deinem Oberkörper in die Bank und behalte dein Hinterrad über der Bank (sodass du unter 90° gedreht hast). Dadurch musst du nicht so weit zurückspringen.

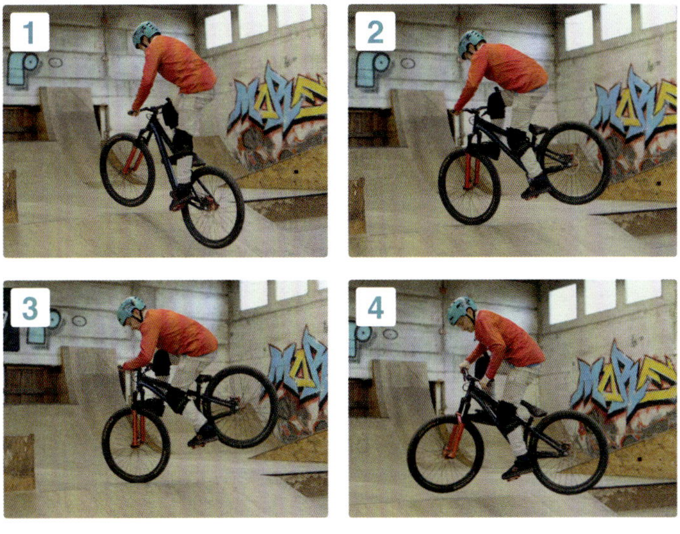

Footjam Teil 2

Voraussetzungen: 180 & Nosebonk

Auf der Quarter

Übe den Footjam am besten an einer kleinen und flachen Quarter.

1 Fahr mit etwas weniger Geschwindigkeit als bei einem Tailtap und leicht Alley-oop auf die Quarter zu.

2 Fahr eine leichte Kurve auf der Quarter und dreh deinen Oberkörper in die Drehrichtung, um dein Rad nach dem Abspringen zu drehen.

3 Spring frontlastig ab, indem du deinen Oberkörper beim Abspringen nach vorne schiebst und dein Hinterrad stärker anhebst. Neige deinen hinteren Fuß vor und drück ihn hinter in das Pedal. Nimm deinen vorderen Fuß von dem Pedal.

4 Dreh deinen vorderen Fuß um ca. 30° und drück ihn an die Gabelrückseite und auf den Vorderreifen (so wie es für dich in der Vorübung am besten ging) und lande mit dem Vorderrad. Lehn dich dabei mit deinem Oberkörper über den Lenker, um länger auf dem Vorderrad stehen zu bleiben und lehn dich leicht zur Quarter hin, um später wieder hineinspringen zu können. Dein Hinterrad sollte dabei noch leicht über der Quarter hängen, damit du nicht so weit zurück in die Quarter springen musst.

5 Beuge deine Arme und Beine und lass dich langsam zur Quarter kippen. Streck dann deine Arme und Beine nach unten und in Richtung der Quarter, um abzuspringen und wieder zurück zur Quarter zu kommen. Dreh gleichzeitig deinen Oberkörper in die Drehrichtung.

6 Nimm im Flug deinen Fuß zurück aufs Pedal und lande möglichst mit beiden Rädern gleichzeitig und im 45°-Winkel in der Rampe. Achte dabei besonders darauf, dass deine Räder nicht an dem Coping hängen bleiben. Spann deinen Körper an, falls dein Hinterrad hängen bleiben sollte und du die Landung abfedern musst.

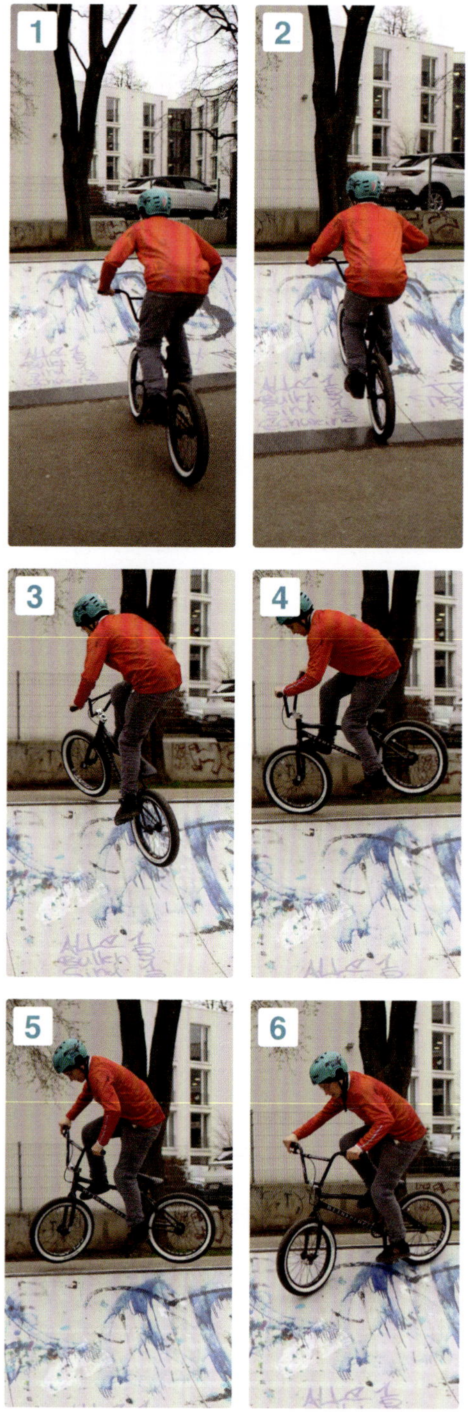

Voraussetzungen: 180-Nosebonk & 360

Im Sprung

1 Fahr leicht Alley-oop mit einer Geschwindigkeit an, mit der du einen normalen 360 gerade so schaffen würdest. Beuge deine Arme und Beine und dreh deinen Oberkörper entgegen der Drehrichtung.

2 Streck deine Beine sehr und deine Arme etwas, um mit beiden Rädern gleichzeitig abzuspringen und dabei frontlastig zu fliegen. Schau in die Drehrichtung und dreh deinen Oberkörper auch dahin.

3 Lehn dich mit deinem Oberkörper nach vorne, indem du deine Arme anwinkelst und deine Beine streckst, um damit dein Vorderrad nach unten und dein Hinterrad nach oben zu drücken.

4 Schau auf die Stelle, an der du landen willst, und setz dein Vorderrad kurz nach der 90°-Position auf den Boden. Weil du es vor 180° absetzt, bringt es zusätzlich einen Drehimpuls in dein Fahrrad, denn dein Vorderrad bleibt stehen, also muss sich dein Hinterrad schneller drehen. Lehn dich weiter nach vorne und beuge deine Arme.

5 Streck deine Arme und zieh danach dein Vorderrad nach oben. Umso höher dein Hinterrad während des Nosebonks in der Luft geschwebt hat, umso höher kannst du nun dein ganzes Fahrrad ziehen und umso mehr Zeit hast du zum Drehen. Rotiere beim Abspringen vom Vorderrad auch mit deinem Oberkörper in die Drehrichtung, um deine Rotation zu beschleunigen, und schau wieder in die Drehrichtung.

6 Dreh deinen Oberkörper wieder in die Gegenrichtung, um dein Fahrrad möglichst weit rotieren zu lassen, und lehn dich dabei nach hinten, sodass dein Hinterrad zuerst den Boden berührt.

7 Da es meist keine volle 360°-Drehung werden wird, kannst du auf dem Hinterrad zu Ende rotieren (wenn du eine Hinterradbremse hast, hilft es, sie dabei zu drücken).

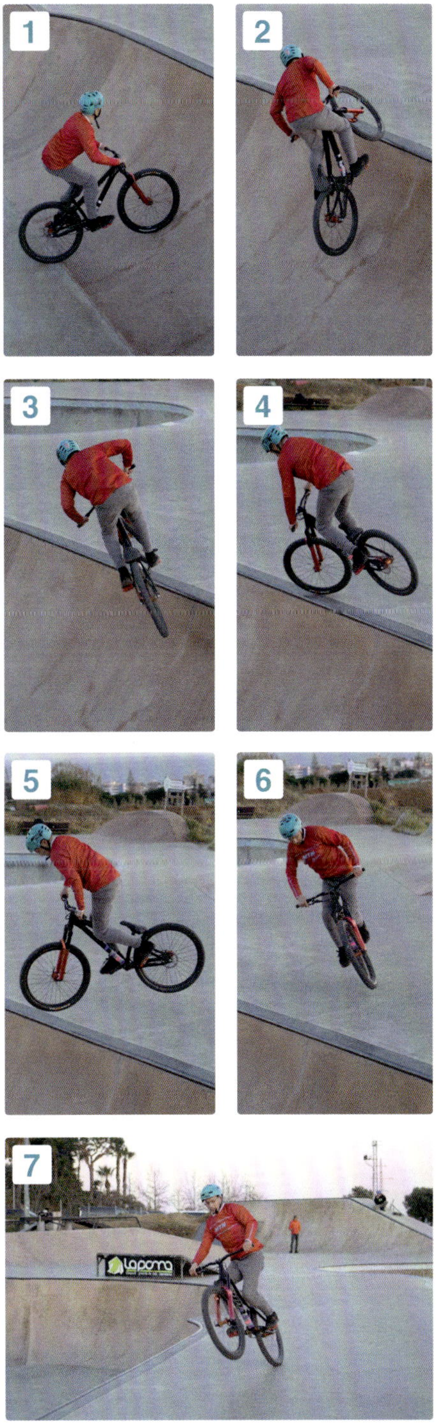

Alley-oop-Tireslide-to-Tailtap

Voraussetzung: Tailtap

Vorübung I

1 Neige deinen hinteren Fuß vor und drück ihn nach hinten gegen das Pedal. Beuge deine Beine so, dass dein Po nah an der Sattelhinterkante schwebt.

2 Streck deine Beine.

3 Beuge deine Beine und heb damit dein Hinterrad an. Achte darauf, weiter nach hinten gegen das hintere Pedal zu drücken.

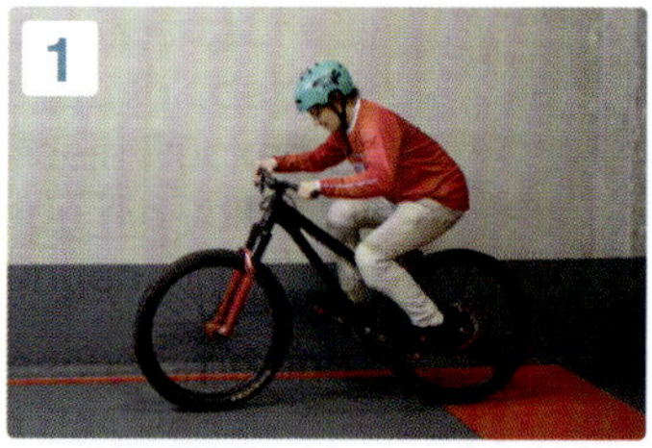

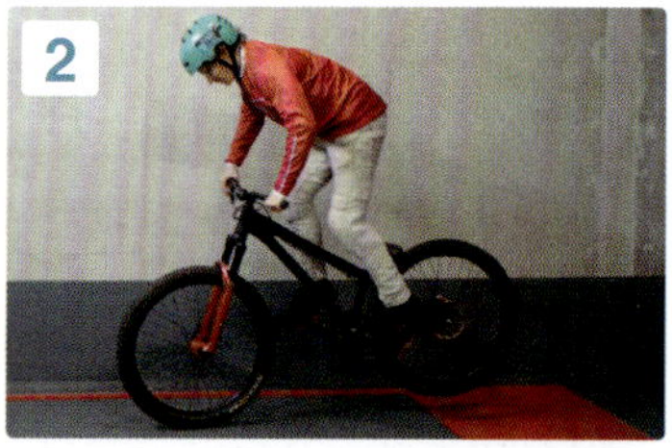

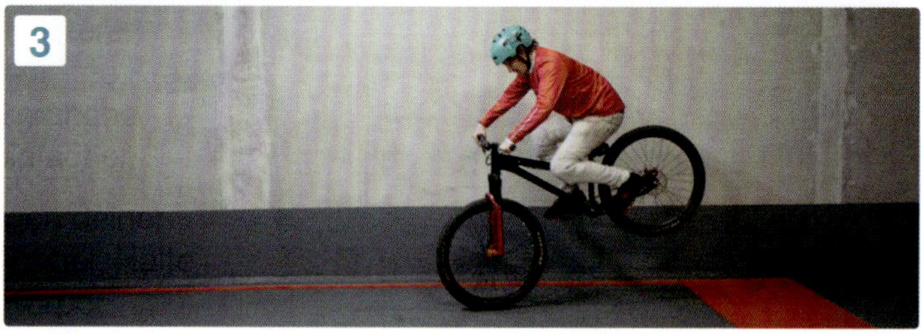

Vorübung II: Tireslide an einer Bordsteinkante

Such dir eine 10–20 cm hohe Kante mit glatter Außenfläche (sonst tut diese Vorübung deinem Hinterreifen nicht gut). Mit einem schwach profilierten Reifen funktioniert diese Vorübung besser.

1 Fahr mit entspannter Geschwindigkeit im sehr flachen Winkel auf die Kante zu.

2 Heb dein Vorderrad vor der Kante hoch, setz es oben nah an die Kante und lenk parallel zur ihr. Lehn deinen Oberkörper leicht zur Kante und dein Fahrrad leicht von der Kante weg.

3 Halte deine Körperspannung und stell dich auf einen Ruck ein, wenn dein Hinterrad an die Kante stößt. Danach kannst du dein Hinterrad an der Kante schleifen lassen. Falls dein Hinterrad die Kante hochfährt, musst du mit deinem Vorderrad näher an der Kante fahren oder dein Fahrrad mehr von der Kante wegneigen.

4 Bevor du stehen bleibst, schiebst du deine Hüfte zur obere Fläche rüber und hebst gleichzeitig dein Hinterrad wie in Vorübung I an, um danach dein Hinterrad seitlich zu rüberzudrücken und auf der Fläche landen zu lassen.

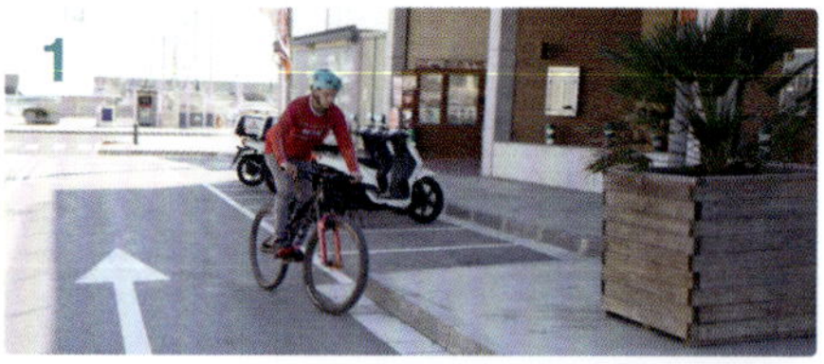

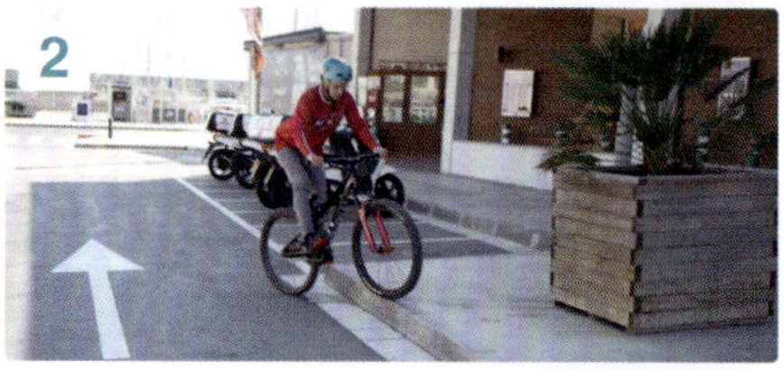

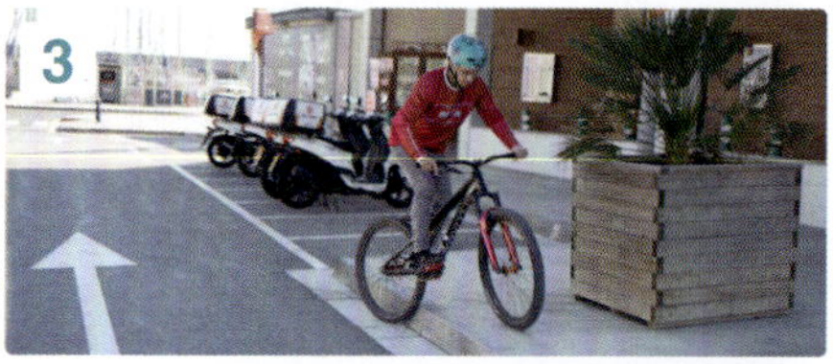

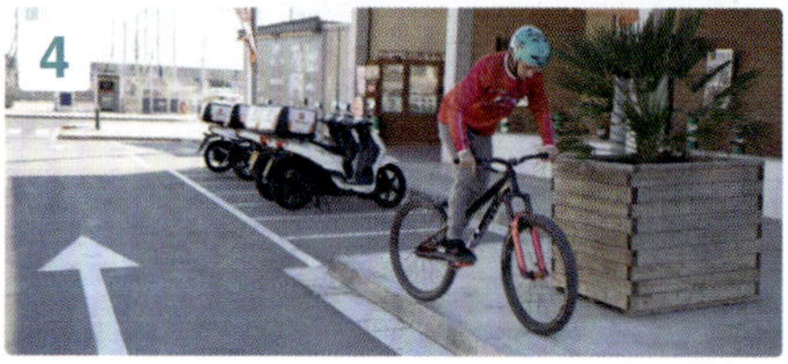

An der Quarter

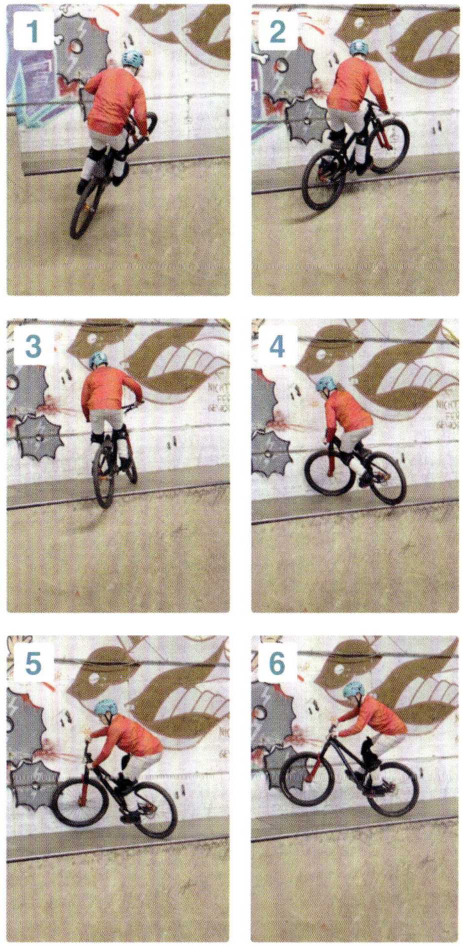

1 Fahr mit der Geschwindigkeit wie bei einem Tailtap im 35°-Winkel aus deiner Alley-oop-Richtung auf eine kleinere Quarter zu.

2 Sobald dein Vorderrad in der Quarter fährt, lehnst du dich mit deinem Oberkörper leicht nach vorne und zur Quarter hin. Neige gleichzeitig auch dein Fahrrad leicht zur Quarter. Lenk parallel und nah zum Coping. Dein Hinterrad sollte nun an der Quarter entlangrutschen.

3 Schieb deinen Oberkörper nach vorne, um dein Hinterrad zu entlasten und mehr Grip auf dem Vorderrad zu haben.

4 Bevor du stehen bleibst, lenkst du von der Quarter weg und drehst auch deinen Oberkörper von der Quarter weg. Halte die Arme und Beine für das Hochziehen des Vorderrads bereit.

5 Heb dein Hinterrad über das Coping und zieh dein Vorderrad nach oben, während du den Schwung deines Oberkörpers nutzt, um das Fahrrad zu drehen. Drück die Hinterradbremse (oder drück ohne Bremse gegen das vordere Pedal), um im Tailtap stehen zu bleiben.

6 Rotiere weiter, bis dein Fahrrad passend steht und spring wieder in die Quarter.

Bonustrick

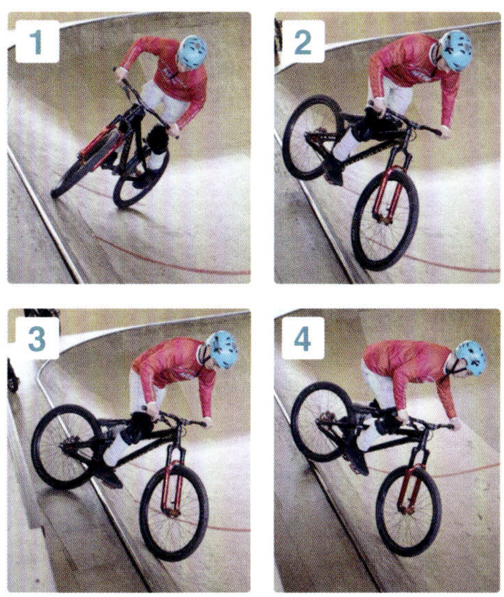

1 Fahr mittelschnell in einem flachen Winkel auf eine Quarter zu und beuge deine Beine.

2 Wenn du kurz vorm höchsten Punkt der Kurve bist, streckst du deine Beine, schwingst deinen Po Richtung Coping, hebst damit dein Hinterrad an und versetzt es seitlich nach oben. Gleichzeitig lehnst du dein Fahrrad so sehr in die Quarter, dass es fast zu 90° flach liegt.

3 Taste dich schrittweise mit dem Hinterrad höher, bis es über Coping landet. Wenn es nicht rutscht, dann lehn dein Fahrrad weiter in die Quarter und fahr eine größere Kurve.

4 Heb dein Hinterrad wieder an und zieh es zurück in die Quarter.

Downside-Footplant

Voraussetzungen: (Opposite-)Air & Downside-Footplant

Vorübung I

Dadurch, dass du den vorderen Fuß unter dir auf die Quarter setzt, musst du wahrscheinlich bei den Vorübungen und später an der Quarter in deine Opposite-Richtung drehen.

1 Fahr gerade auf eine mittelsteile Bank zu, die einen sanften unteren Übergang hat.

2 Nimm den vorderen Fuß vom Pedal und streck ihn nach vorne. Neig deinen hinteren Fuß nach vorne und drück nach hinten gegen das Pedal. Dreh deinen Oberkörper gegen die Drehrichtung und beuge deine Arme und Beine.

3 Fahr kurz vor dem Ende der Bank eine Kurve in Richtung deines vorderen Fußes.

4 Setz deinen Fuß kurz vor dem Ende der Bank im 70°-Winkel in Drehrichtung ab.

5 Dreh zur gleichen Zeit deinen Oberkörper in die Drehrichtung. Streck gleichzeitig deine Arme und dein Bein, um dein Fahrrad nach oben zu heben. Lehn dich dabei mit deinem Oberkörper seitlich extrem zu deinem vorderen Fuß. Dadurch kannst du dein Fahrrad weit nach oben drücken und gleichzeitig mit dem Fuß auf dem Boden stehen.

6 Verlagere dein Gewicht auf dein vorderes Bein, während du dein Fahrrad hochhältst und es um 180° drehst. Beuge dein vorderes Bein leicht.

7 Spring mit deinem vorderen Bein vom Boden ab. Setz dein Fahrrad mit beiden Rädern gleichzeitig auf den Boden. Mit etwas Übung kannst du vor der Landung wieder deinen vorderen Fuß auf das Pedal setzen.

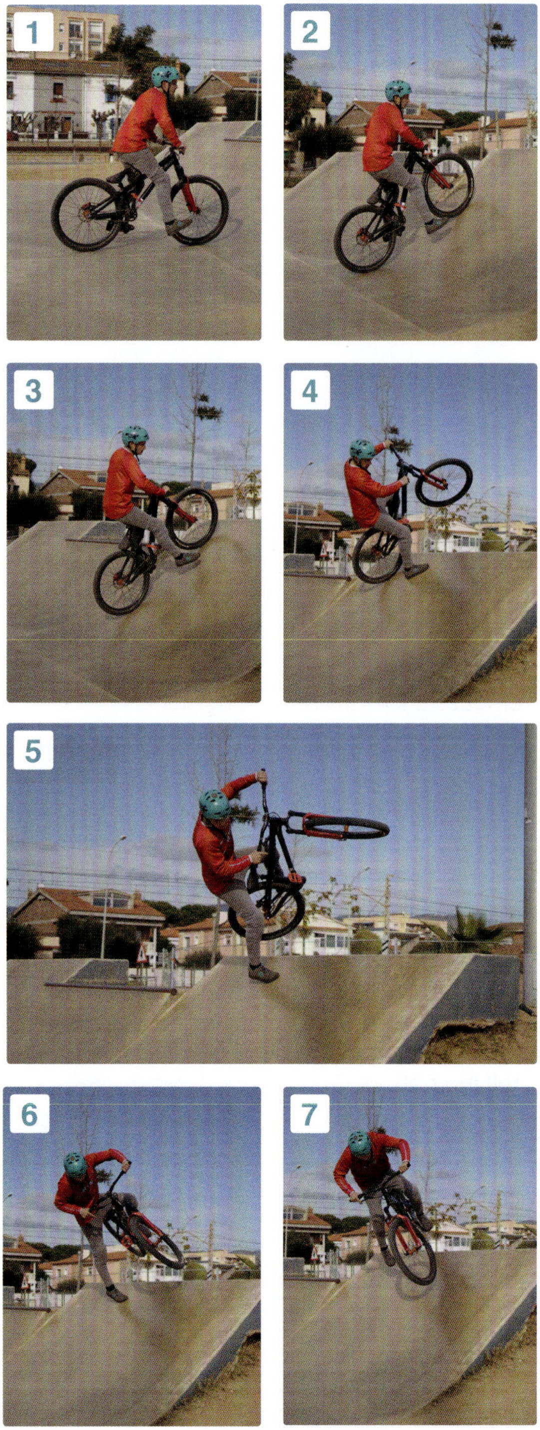

Vorübung II

1 Geh den gleichen Bewegungsablauf wie bei Vorübung I durch, lass allerdings in der Anfahrt den vorderen Fuß auf dem Pedal.

2 Nimm den vorderen Fuß erst von der Pedale, wenn du schon abgesprungen bist (so funktioniert es dann auch an der Quarter). Lehn dich beim Abspringen mit deinem Oberkörper sehr in Richtung des vorderen Fußes, damit du mit ihm auch gut auf den Boden kommst.

3 Der restliche Bewegungsablauf gleicht dem bei Vorübung I.

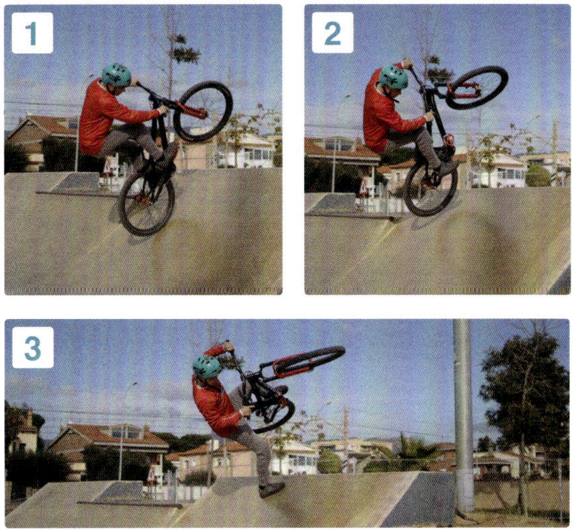

An der Quarter

1 Fahr gerade auf die Quarter zu, neige deinen hinteren Fuß nach vorne und drück ihn nach hinten.

2 Fahr eine Kurve und lehn dich mit deinem Oberkörper schon leicht nach hinten.

3 Dreh deinen Oberkörper zum Ende der Quarter hin in die Drehrichtung und lehn dich mit deinem Oberkörper weit nach hinten und in Richtung des vorderen Fußes.

4 Lass dein Fahrrad in die Luft schnellen und nimm deinen vorderen Fuß vom Pedal.

5 Lehn dich mit deinem Oberkörper weiter nach unten zu deinem vorderen Fuß. Dreh deinen Fuß und setz ihn fast parallel zum Coping auf die Quarter. Stell ihn nah an das Coping, aber achte darauf, nicht oben drüberzurutschen.

6 Schwing dein Fahrrad über dem Coping in einem Halbkreis.

7-8 Rotiere dein Fahrrad zu Ende und spring mit deinem vorderen Fuß von der Rampe ab. Du kannst erst mal einfüßig landen und später versuchen, den Fuß direkt auf das Pedal zu setzen.

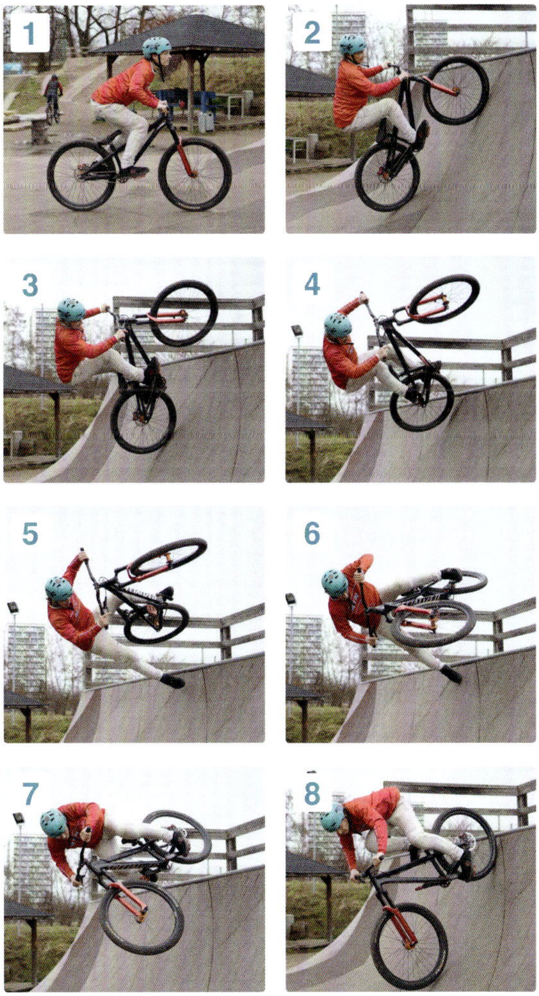

Tricklevel

4

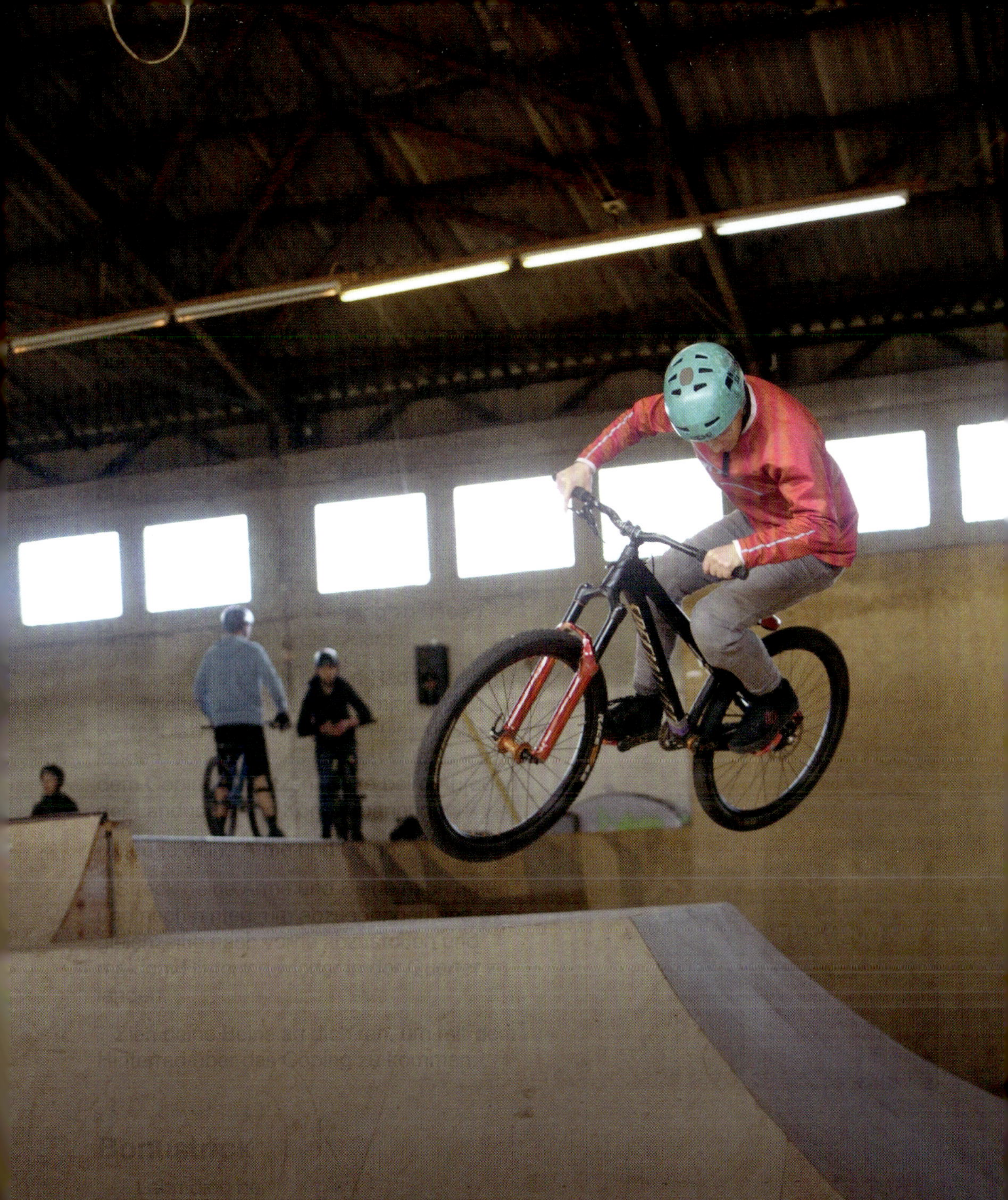

Mach den Skatepark zu deinem Zuhause

Die Level-4-Tricks zeigen jedem, der dich fahren sieht, dass der Skatepark dein zweites Zuhause ist und du dein Rad beherrschst. Die Drehungen aller Arten erfordern viel Übung und du musst die Elemente des Skateparks förmlich in deinen Reifen spüren, um sauber und stylish zu fliegen und zu landen.

540-Tailtap

Voraussetzungen: Tailtap & 360-Tailtap

Im Sprung

Am besten nutzt du zum Üben eine nicht zu große und nicht zu steile Quarter mit einer großen oberen Fläche. Alternativ dazu kannst du den 540-Tailtap auch an einer mittelsteilen Bank üben.

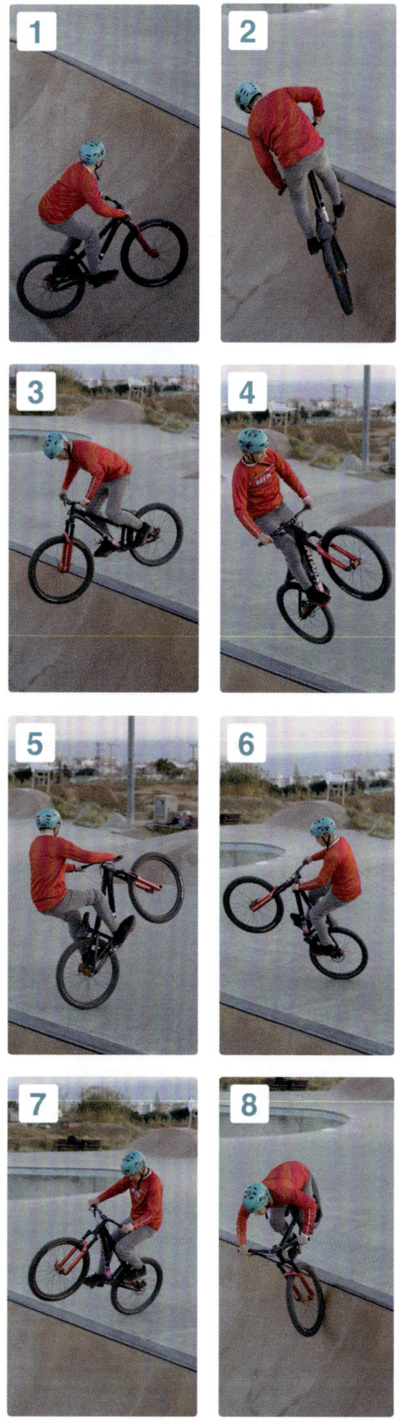

1 Fahr mit etwas mehr Geschwindigkeit als bei einem Tailtap und leicht Alley-oop auf die Quarter zu. Halte die Arme und Beine leicht gebeugt und dreh deinen Oberkörper entgegen der Drehrichtung.

2 Fahr eine Kurve in die Drehrichtung, dreh deinen Oberkörper und streck deine Arme und Beine, um gleichzeitig mit beiden Rändern von der Rampe abzuheben. (An steileren Quartern musst du dich deswegen früher als gewohnt abdrücken.)

3 Zieh dein Hinterrad zu dir und heb es über das Coping, indem du die Beine beugst. Schweb mit ihm über den letzten Teil der Rampe und das Coping, um mit dem Hinterrad möglichst nah am Coping landen zu können. Schau in die Drehrichtung.

4 Schau weiter in Drehrichtung auf die Fläche, auf der du landen willst. Drück die Hinterradbremse (oder drück gegen das vordere Pedal, wenn du keine hast) und setzt dein Hinterrad nah dem Coping auf. Lehn dich nach hinten, sodass dein Vorderrad oben bleibt. Neige dich mit dem Oberkörper leicht zur Seite der Drehung.

5 Halte deine Körperspannung, lehn dich leicht in die Drehrichtung und schau auch weiter dahin. Wenn du zu langsam drehst, dann fahr vorher mehr Alley-oop an, dreh deinen Oberkörper weiter in die Gegenrichtung und rotiere ihn beim Abspringen schneller in die Drehrichtung.

6 Halte deinen Körper im Gleichgewicht. Lass die Bremse los und tritt sanft in die Pedale, um dein Vorderrad oben zu halten und näher zum Coping zu fahren.

7 Beuge deine Beine und Arme und und positioniere dich mit deinem Fahrrad passend über dem Coping.

8 Lass dich vorsichtig nach vorne kippen und streck sanft deine Arme und stärker deine Beine, um wieder in die Quarter zu springen.

Full-cab

Voraussetzungen: Fakie umdrehen & 180

Nach dem Fakie

1 Hol an einer Quarter oder Bank Schwung, um Fakie zu fahren.

2 Positioniere dich mittig über dem Fahrrad, versuch, möglichst gerade zu fahren, und roll von der Quarter runter.

3 Dreh deinen Oberkörper entgegen der Drehrichtung und beuge deine Arme und Beine.

4 Kurz bevor du beim Rückwärtstreten deine normale Pedalstellung erreicht hast, lenkst du ca. 30° entgegen deiner Drehrichtung ein. Streck gleichzeitig deine Arme und dreh deinen Oberkörper in die Drehrichtung.

5 Brems mit der Hinterradbremse (oder drück gegen das vordere Pedal, wenn du keine hast), schau in die Drehrichtung und zieh dein Vorderrad nach oben. Lehn und dreh deinen Oberkörper dabei leicht in die Gegenrichtung der Drehung. Halte deine Hüfte weit nach hinten, damit dein Vorderrad nicht auf den Boden sackt. Beuge deine Beine.

6 Lehn dich mit deinem Oberkörper in die Richtung, aus der du kommst. Streck deine Beine nach unten, um abzuspringen, wenn du dich um 180° gedreht hast, und dreh deinen Oberkörper gleichzeitig in die Drehrichtung.

7 Spring nach der 180°-Drehung mit dem Hinterrad ab, denn nur bis 180° dreht dein Fahrrad schneller (stehst du danach noch auf dem Hinterrad, bremst das deine Rotation). Schau danach in die Drehrichtung und löse die Bremse.

8 Dreh deinen Oberkörper entgegen der Drehrichtung, um dein Fahrrad weiter rotieren zu lassen, und lande mit beiden Rädern gleichzeitig.

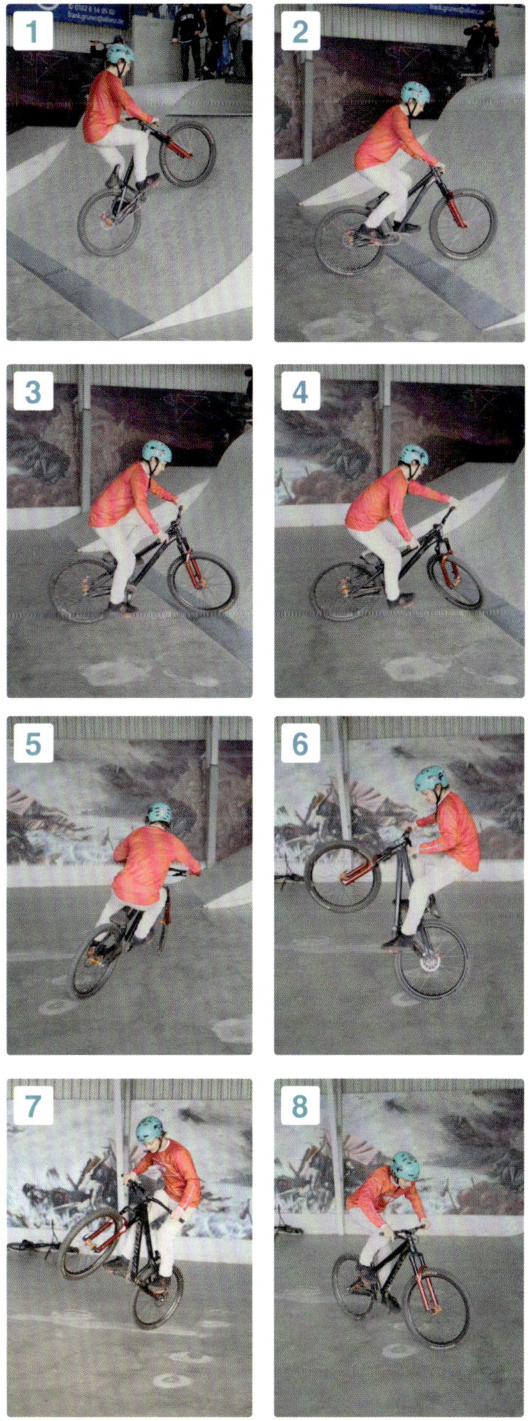

360-Air

Voraussetzungen: 360 & Air

Kleiner 360-Air in der Quarter

Probiere den 360-Air an einer Quarter mit einem großen Radius, sonst ist es für dein Fahrrad zu eng und der 360-Air ist schwerer.

1 Fahr mit geringer Geschwindigkeit ca. im 30°-Winkel auf die Quarter zu. Dreh deinen Oberkörper entgegen der Drehrichtung und beuge deine Arme und Beine.

2 Kurz bevor du stehen bleibst, drehst du deinen Oberkörper in die Drehrichtung und streckst gleichzeitig deine Arme und Beine.

3 Spring wie bei einem Schweinehop gleichzeitig mit beiden Rädern ab. Stopp direkt danach die Drehung deines Oberkörpers bei ca. 20° und schau in die Drehrichtung.

4 Halte deine Körperspannung und schau weiter in Richtung der Drehung, bis du den Punkt anvisieren kannst, an dem dein Vorderrad landen soll.

5 Bleib mittig über dem Fahrrad, wenn du es schaffst, über 180° zu drehen: einerseits, damit du mit beiden Rädern gleichzeitig landest, andererseits, damit du den Fakie ausfahren kannst.

6 Anfangs wirst du wahrscheinlich nicht die volle Drehung (die ca. 270° weit ist) schaffen. Bereite dich daher darauf vor, beim Unterdrehen nach der Landung vom Fahrrad zu springen.

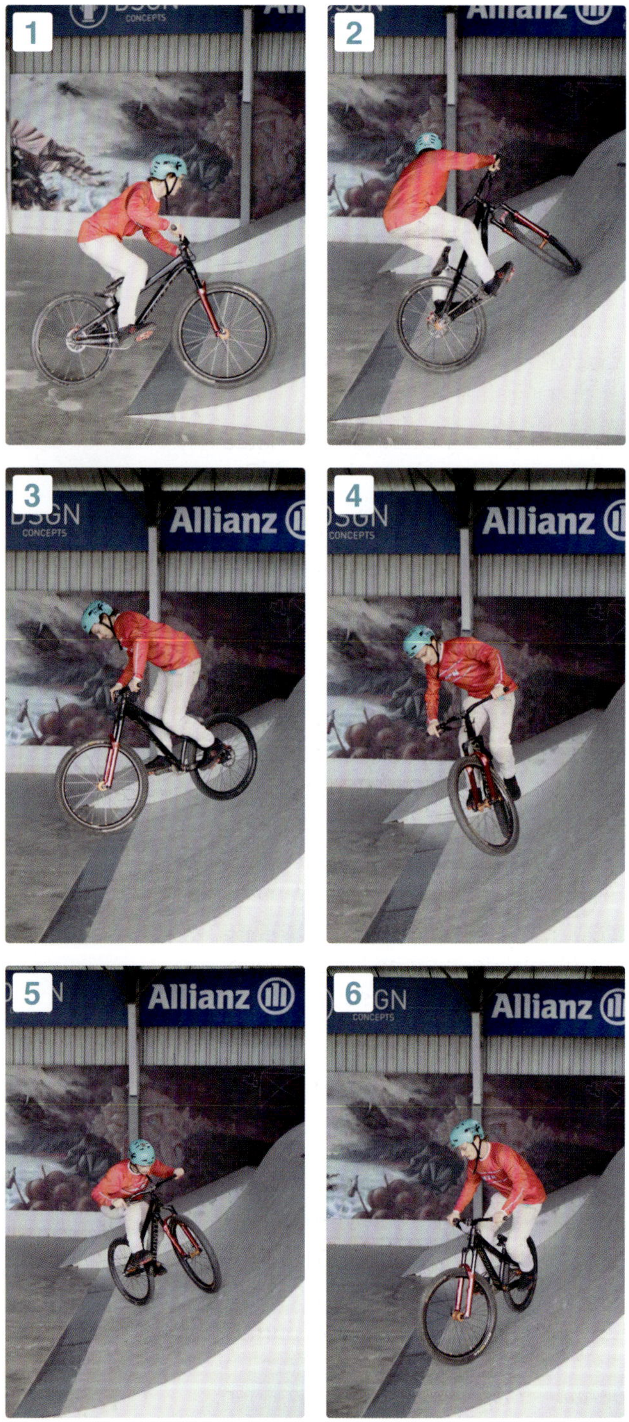

360 an einer Bank

1 Such dir eine Bank, die nicht zu steil ist. Fahr im 45°-Winkel oder etwas weniger auf die Bank zu. Beuge deine Arme und Beine und dreh deinen Oberkörper in die Gegenrichtung deiner Drehung.

2 Fahr eine scharfe Kurve und dreh deinen Oberkörper in die Drehrichtung. Streck zeitgleich deine Arme und Beine und spring mit beiden Rädern gleichzeitig ab.

3 Stopp die Drehung deines Oberkörpers und schau in die Drehrichtung. Positioniere dabei deinen Oberkörper so nach vorne oder hinten, dass du mit beiden Rädern gleichzeitig landen wirst.

4 Visiere die Landung an und setze mit beiden Rädern gleichzeitig auf. Dein Oberkörper sollte wieder mittig auf dem Fahrrad positioniert sein, um besser landen und Fakie fahren zu können.

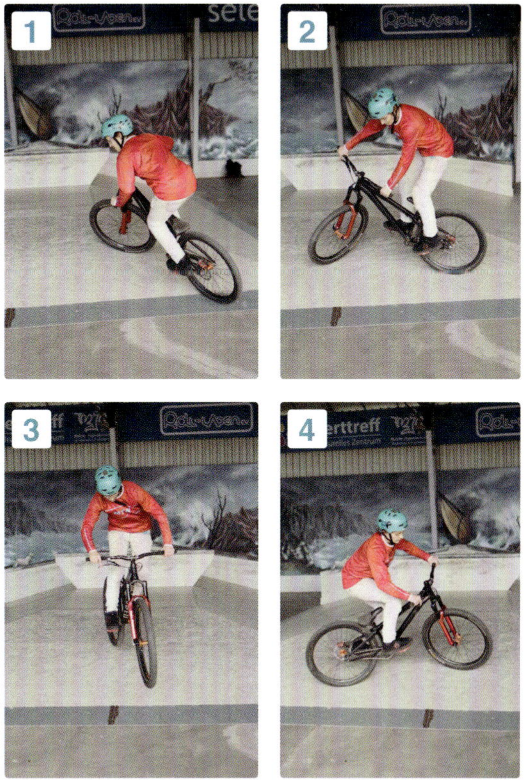

Großer 360-Air in der Quarter

1 Taste dich schrittweise an eine höhere Geschwindigkeit und einen geraderen Anfahrtswinkel vor. Umso steiler du auf die Quarter zufährst, umso mehr Airtime hast du. Aber dafür musst du auch weiter drehen und steiler landen.

2 Du musst die Rotation so einleiten und fortführen, dass deine Rotationsachse nicht senkrecht steht, sondern in die Quarter gelehnt ist. Dein Vorderrad muss also bei 180° deutlich tiefer fliegen als dein Hinterrad, damit dein Hinterrad bei der Landung wiederum weiter unten ist und du mit beiden Rädern gleichzeitig landen kannst. Lehn dich dafür beim Abspringen mehr nach vorne und nach 90° der Drehung mehr nach hinten.

3-4 Zentriere deinen Körper vor der Landung wieder über dem Fahrrad, um die Landung besser abzufedern und danach gut Fakie fahren zu können.

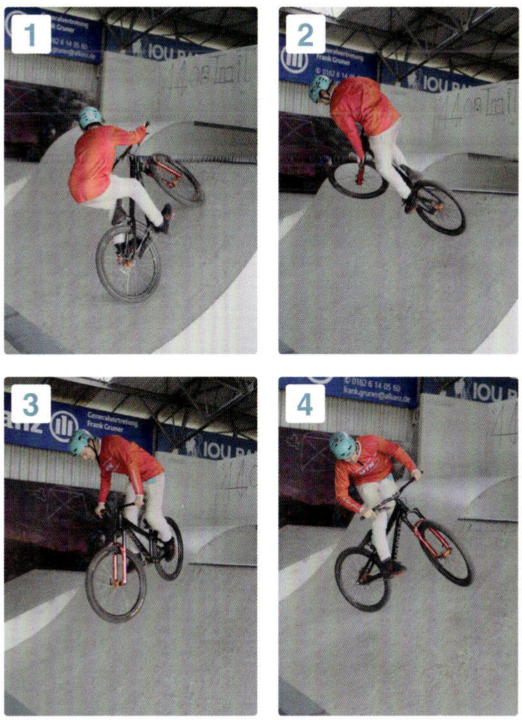

Fakie-Drop-in

Voraussetzungen: 180 & Fakie

Vorübung

1 Such dir eine flache und kleine Bank mit großem Auslauf unten. Fahr sehr langsam, nah und parallel zur oberen Kante der Bank. Beuge deine Arme und Beine und dreh deinen Oberkörper entgegen der Drehrichtung.

2 Lehn deinen Oberkörper leicht zur Bank hin und lass dich zusammen mit deinem Fahrrad langsam zur Bank kippen, damit du besser seitlich abspringen kannst. Dreh deinen Oberkörper in die Drehrichtung und streck deine Arme und Beine nach unten und zur Seite und spring damit drehend zur Bank.

3 Halt die Drehung deines Oberkörpers an und beschleunige damit die Drehung deines Fahrrads. Lehn dich etwas nach hinten, um dein Hinterrad leicht nach unten zu drücken, damit du mit beiden Rädern gleichzeitig landest.

4 Kurz vor der Landung solltest du deinen Oberkörper wieder mittig über dem Fahrrad platzieren. Bereite dich aufs Fakie-fahren vor und tritt rückwärts, sobald du gelandet bist.

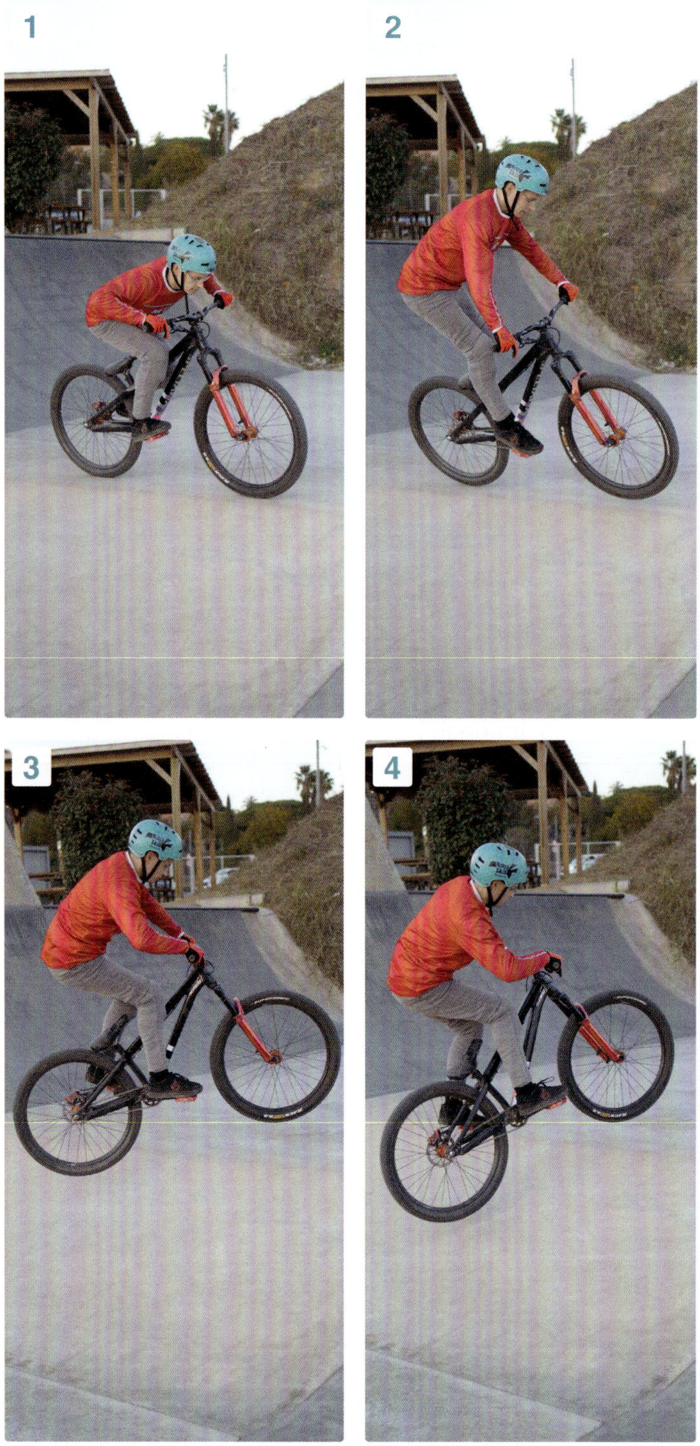

Im Sprung

Zum Üben an der Quarter solltest du dir eine möglichst kleine Quarter suchen, bei der das Coping nicht viel nach oben absteht.

1 Fahr sehr langsam und parallel nah an das Coping heran. Bleib stehen, lehn dich leicht zur Quarter und lass dich vorsichtig zur Quarter kippen.

2 Beuge direkt danach deine Arme und Beine und dreh deinen Oberkörper gegen die Drehrichtung.

3 Dreh deinen Oberkörper in die Drehrichtung und streck deine Arme und Beine nach unten und zur Quarter hin. Spring etwas mehr mit deinem Vorderrad, als mit deinem Hinterrad ab, um dein Fahrrad hecklastiger fliegen zu lassen und auf die Landung vorzubereiten.

4 Zieh deine Arme und Beine an dich heran, um beide Räder über das Coping zu heben.

5 Geh mit deinem Oberkörper leicht nach hinten, um dein Hinterrad etwas abzusenken.

6 Zentriere deinen Oberkörper wieder über dem Fahrrad und bereite dich auf das Rückwärtstreten vor. Achte darauf, wie weit du in die Quarter fliegst. Wenn dein Hinterrad zu weit unten landet, wird die Landung härter. Wenn du nicht weit genug seitlich springst, kann dein Vorderrad dagegen an der Quarter hängen bleiben. Bei beiden Landungen musst du mit Körperspannung gegenhalten und dich mit dem Oberkörper etwas nach vorne lehnen. Eventuell musst du nach hinten vom Fahrrad absteigen, wenn dein Vorderrad an der Coping hängen bleibt oder du zu hecklastig landest.

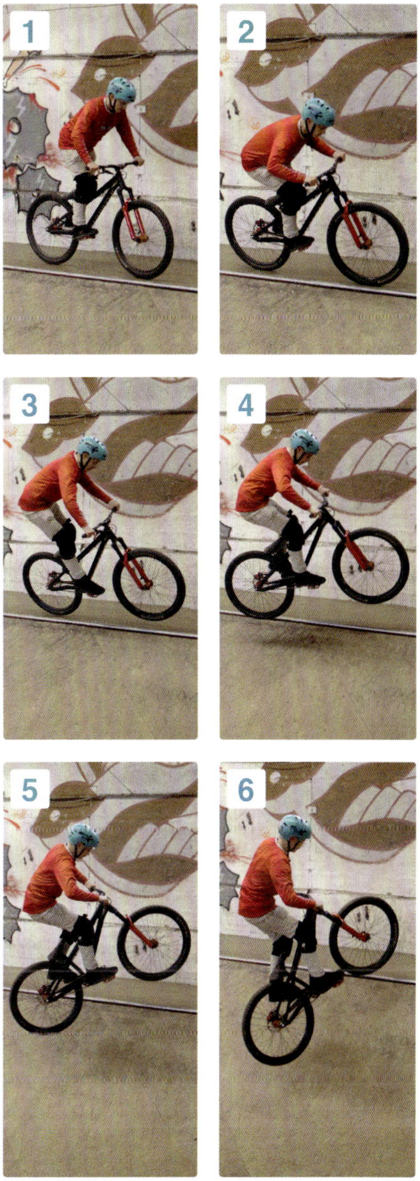

Bonustrick I

Um den Fakie-Drop-in flüssig einzuleiten, kannst du davor mit einem Opposite 90 auf die Quarter springen. Umso näher du am Coping landest, umso leichter ist der Fakie-Drop-in danach.

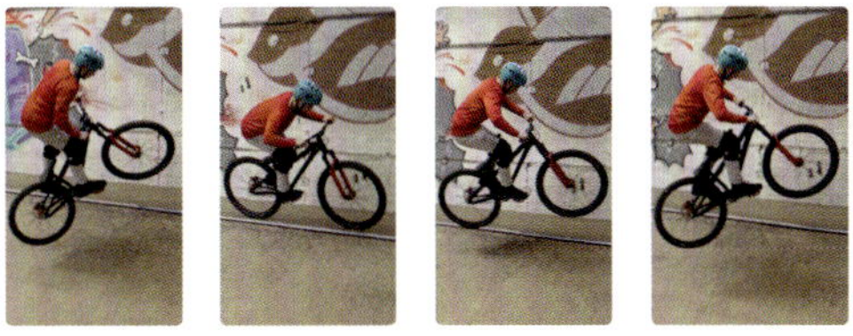

Bonustrick II

Für den 270-to-Fakie-Drop-in musst du nah am Coping landen, genau 270° weit rotieren und bei der Landung leicht zur Quarter geneigt sein. Taste dich dafür beim 270 schrittweise näher an die Quarter heran.

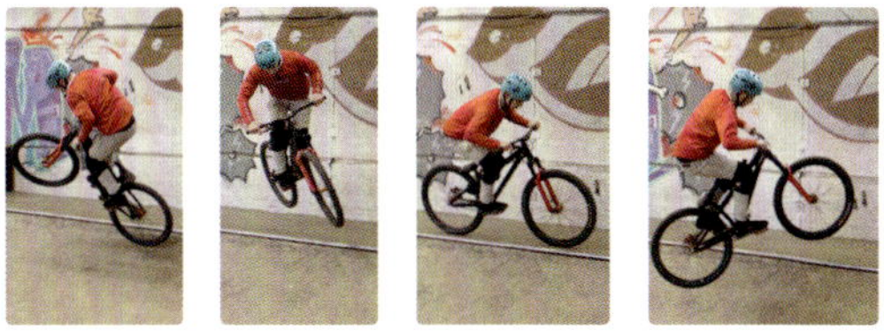

270-Hip

Voraussetzung: 360

Vorübung

Drehst du linksherum, machst du den 270 an einer Rechts-Hip. Drehst du rechtsherum, machst du ihn an einer Links-Hip.

Beim 270 über eine Hip brauchst du viel Kontrolle über deine Lehnung. Am besten beherrschst du daher den 360 vorher gut auf Fly-outs und in Landungen.

1 Nutze eine Fly-out mit möglichst gleichem oder ähnlichem Absprung wie die Hip. Fahr ca. im 75°-Winkel Alley-oop auf den Absprung zu. Beuge deine Arme und Beine und dreh deinen Oberkörper in die Gegenrichtung.

2 Fahr weiter ca. im 75°-Winkel Alley-oop auf den Absprung zu und lenk erst im oberen Teil des Absprungs in die Drehrichtung. Mit der starken Alley-oop-Anfahrt erreichst du, dass du später vom Absprung aus seitlich in Richtung der Hiplandung springen kannst. Streck deine Arme und Beine und spring gleichzeitig mit beiden Rädern ab. Dreh dabei deinen Oberkörper in die Drehrichtung. Lehn dich beim Abspringen mit der Schulter zum Absprung, um dein Fahrrad in der Luft zur Landung neigen zu können.

3 Stopp die Drehung deines Oberkörpers und spann ihn an. Schau in die Drehrichtung und lehn dich mit deiner Schulter weiter Richtung Absprung.

4 Positioniere dich mittig auf dem Fahrrad und visiere die 270-Landstelle und deren Richtung an.

5 Lande leicht zum Absprung gelehnt, um die seitlichen Landekräfte abzufangen.

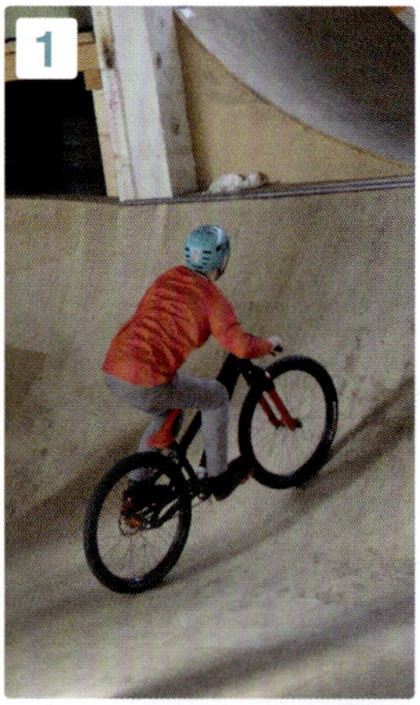

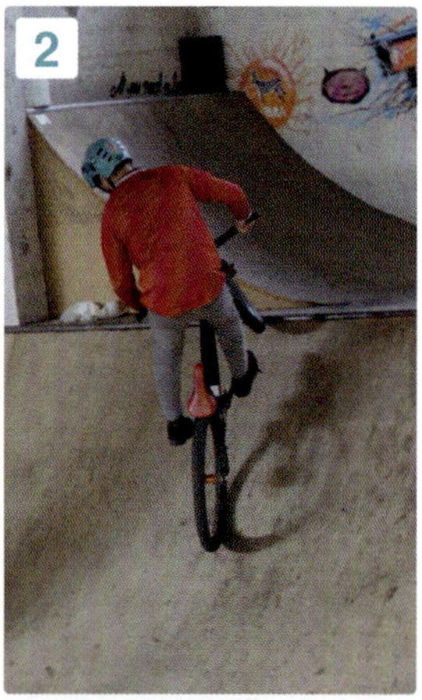

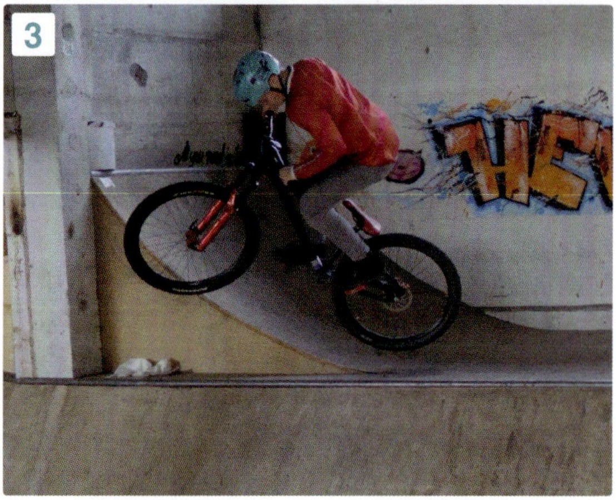

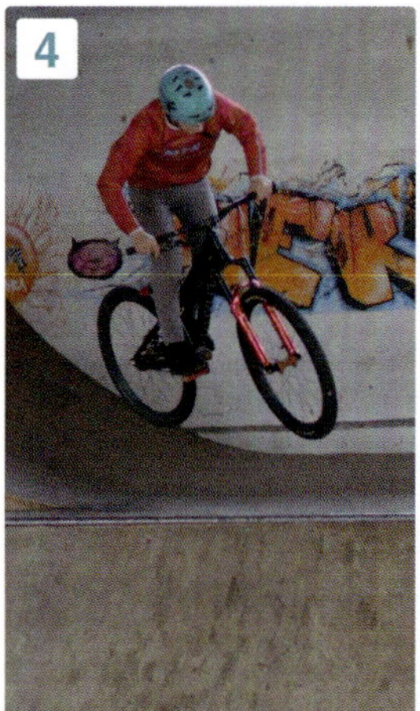

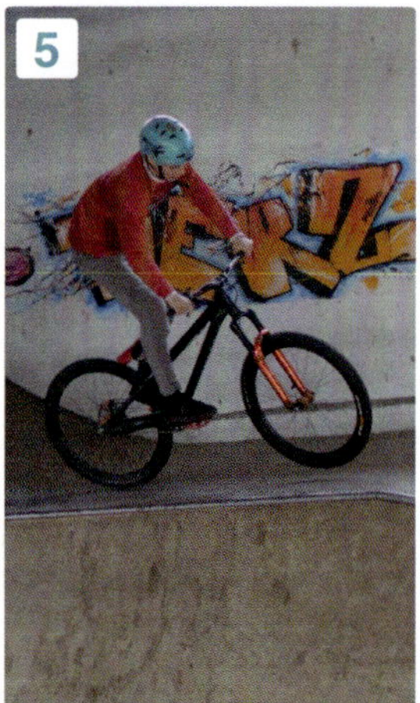

Über die Hip

1 Fahr ca. 75° Alley-oop auf den Absprung zu und ziel dabei nah an die Ecke des Absprungs. Beuge deine Arme und Beine und dreh deinen Oberkörper gegen die Drehrichtung.

2 Fahr erst auf dem oberen Teil des Absprungs die Kurve in die Drehrichtung. Streck deine Arme und Beine und spring mit beiden Rädern gleichzeitig ab. Dreh gleichzeitig deinen Oberkörper in die Drehrichtung und lehn dich mit deiner Schulter zum Absprung (damit erreichst du, dass deine Drehachse leicht zum Absprung zeigt).

3 Lass deine Schulter in Richtung Absprung gelehnt. Schau in die Drehrichtung und leicht nach unten, um die Landung anzuvisieren.

4 Positioniere deinen Oberkörper leicht frontlastig, um dein Vorderrad nach unten zu drücken.

5 Lehn dich ab 180° der Drehung mit deinem Oberkörper und deinem Fahrrad zur anderen Seite (und damit wieder zum Absprung), um danach bei der Landung die Seitenkräfte abfangen zu können.

6 Wenn du unterdrehst, kannst du dein Hinterrad nach unten drücken und darauf zu Ende rotieren.

Zwischenschritt Bei einem sanften Übergang von der oberen Fläche zur Landung kannst du etwas weniger stark Alley-oop anfahren und mit dem Hinterrad oben landen, damit du bei der Landung nicht so schnell wirst.

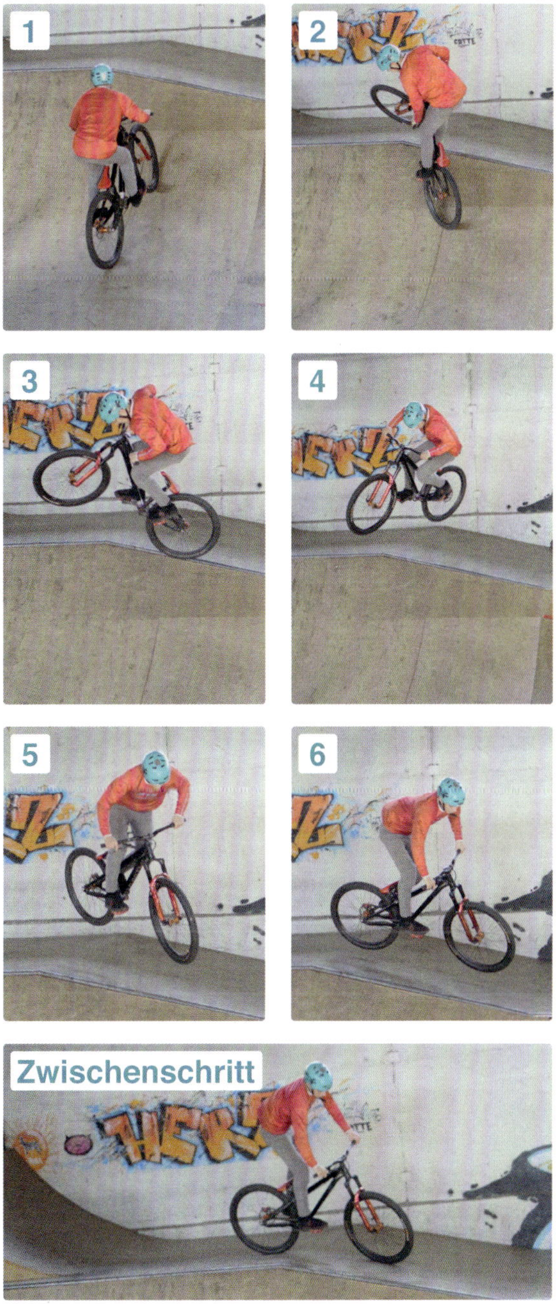

Bonustrick

Bei steilen Bank-to-Bank-Hips funktioniert der 270-Hip-Sprung vom Bewegungsablauf sehr ähnlich. Bei flachen Banks solltest du dagegen im Bunnyhop abspringen, um mehr Flughöhe und Flugzeit zu erreichen.

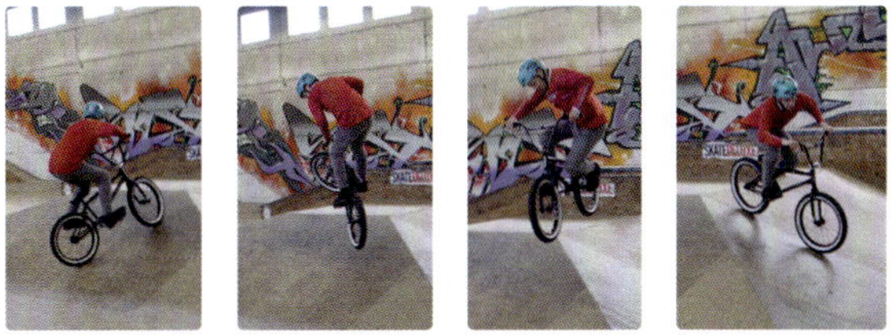

Tricklevel

5

Harte Kombinationen

Bei Level-5-Tricks gilt es meist, anspruchsvolle Einzeltricks zu einer komplexen Trickkombi zu verbinden. Mit ihnen kannst du deine Trickkiste deutlich vergrößern und bei Zuschauern Anerkennung und bei Judges Punkte sammeln.

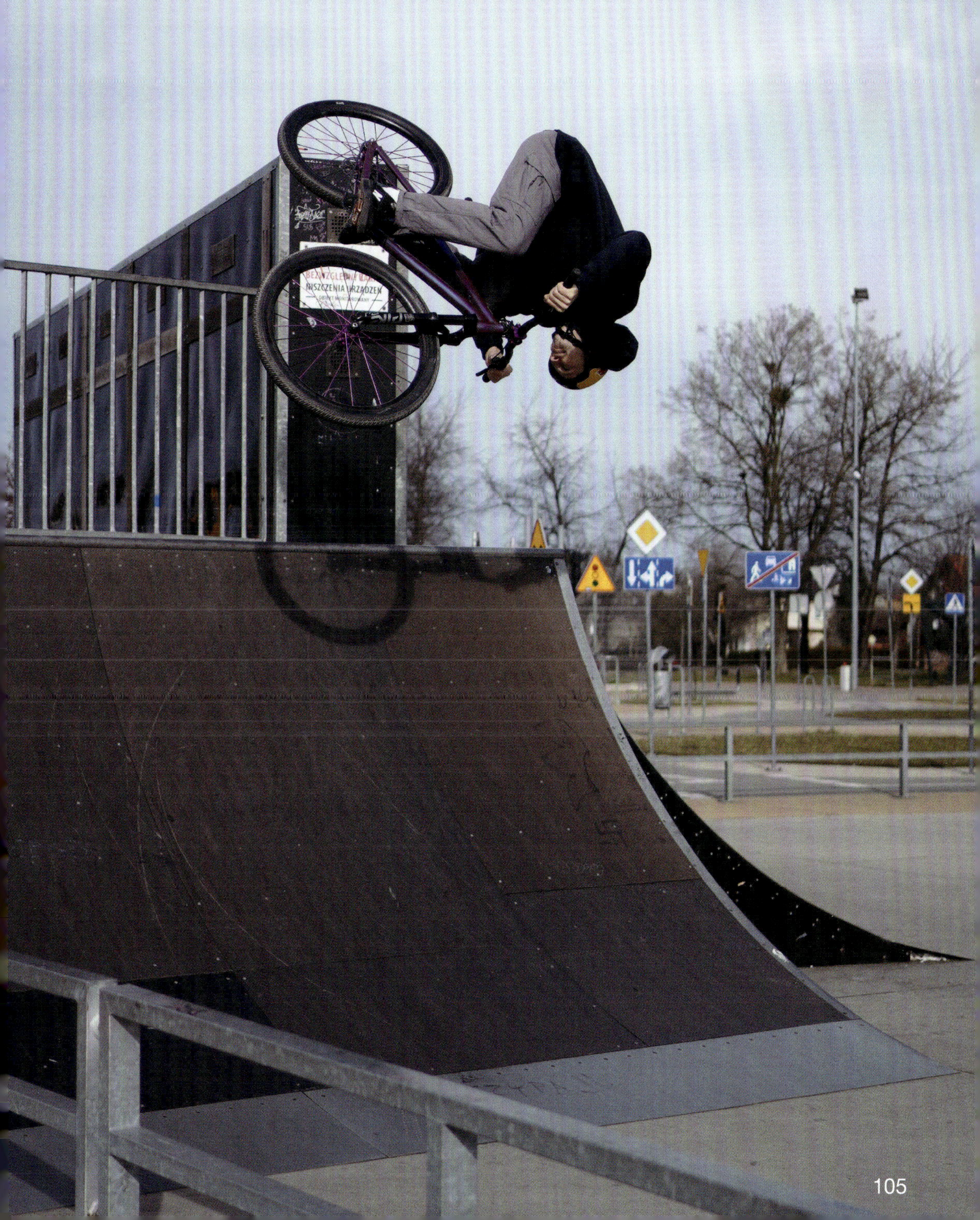

Barspin-to-Tailtap

Voraussetzungen: Tailtap & Barspin

Vorübung I

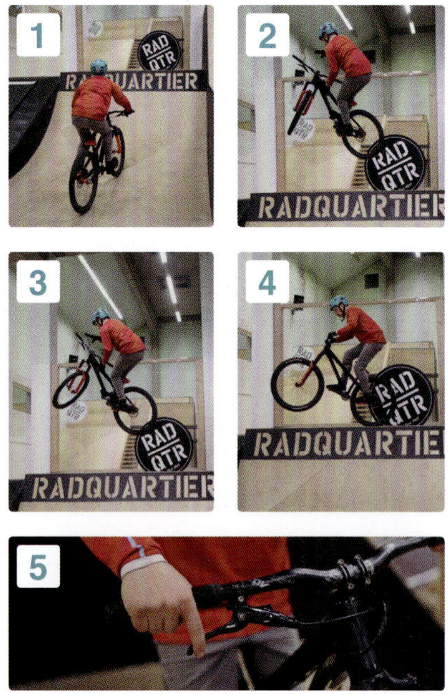

1 Fahr leicht Alley-oop an, beuge deine Arme und Beine und dreh deinen Oberkörper leicht gegen die Drehrichtung.

2 Spring mit beiden Rädern gleichzeitig so für eine 100° Drehung ab, dass du mit beiden Rädern zur gleichen Zeit landest.

3 Klemm den Sattel, indem du deine Beine streckst, deine Arme leicht beugst und die Knie und Füße zusammendrückst.

4 Führ oder wirf deinen Barspin. (Eine ausführliche Erklärung für den Barspin findest du im Buch *How to Stunt it*.)

5 Dreh dein Fahrrad mindestens um 100° und versuch schon in der Luft, mit deinem Finger an der Hinterradbremse zu sein und sie zu ziehen. Wenn du keine Bremse hast, dann stoppe, indem du bei der Landung gegen das vordere Pedal drückst.

Vorübung II

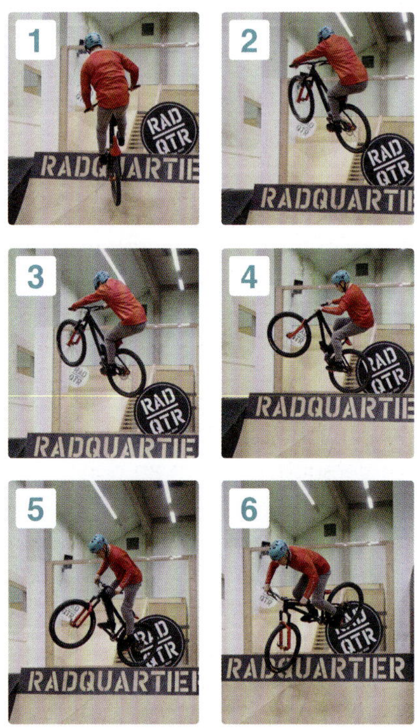

1 Fahr Alley-oop an und spring mit beiden Rädern gleichzeitig für einen Tailtap ab. Um vor dem Tailtap die Körperposition für einen Barspin einnehmen zu können, musst du das Abspringen zum Tailtap daraufhin anpassen, weil die Klemmposition deine Gewichtsverteilung im Flug ändert.

2 Senk deinen Oberkörper etwas zum Lenker, indem du die Arme beugst, und streck deine Beine aus. Klemm mit den Knien den Sattel und mit den Füßen die Kurbeln.

3 Halte die Klemmung bis kurz vor der Landung. Achte darauf, wie lange du klemmen kannst. Wenn die Zeit nicht für einen Barspin reichen würde, fahr etwas schneller an.

4 Löse die Klemmung, streck die Arme wieder mehr und beuge die Beine ganz leicht, um die Landung abfedern zu können. Drück die Hinterbremse, wenn du eine hast (oder drück ohne Bremse gegen das vordere Pedal), und lande den Tailtap.

5 Spring wieder in die Quarter hinein.

Auf der Quarter

Übe den Barspin-to-Tailtap am besten an einer mittelgroßen Quarter: groß genug, dass du nach dem Barspin eine kleine Zeitreserve hast, und klein genug, dass dir das Reindroppen nach dem Tailtap leichtfällt.

1 Fahr leicht Alley-oop auf die Quarter an und spring zum Tailtap ab.

2 Beug deine Arme leicht. Klemm den Sattel und die Kurbel, indem du deine Beine streckst und deine Knie und Füße zusammendrückst. Halte dein Vorderrad höher als dein Hinterrad und positioniere deinen Po dabei etwas weiter hinten, um weiter hecklastig zu fliegen.

3-4 Wirf oder führ den Barspin.

5 Achte beim Fangen besonders auf deinen Zeigefinger an der Hinterbremse, wenn du eine hast, damit du schon vor der Landung die Bremse drücken kannst.

6 Drück die Hinterradbremse und lande im Tailtap (oder drück bei der Landung gegen das vordere Pedal, wenn du keine Bremse hast). Es wird wahrscheinlich einige Übung brauchen, bis du genau in der richtigen Position landest und dein Vorderrad oben halten kannst. Taste dich Versuch für Versuch langsam an den Balancepunkt des Tailtaps, damit du nicht nach hinten fällst.

7 Lass dir beim Reinspringen Zeit, bis du sicher auf der Fläche stehst.

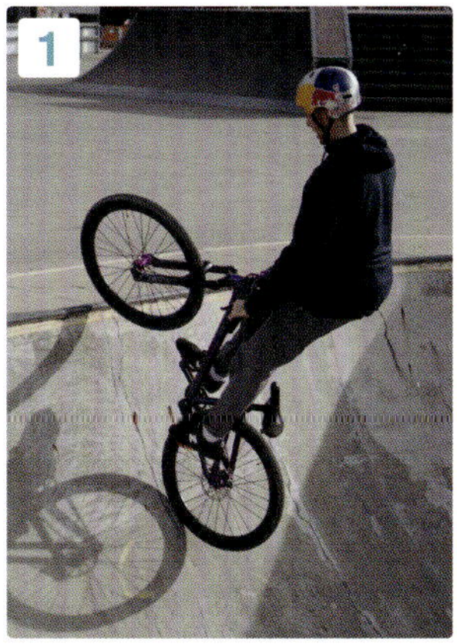

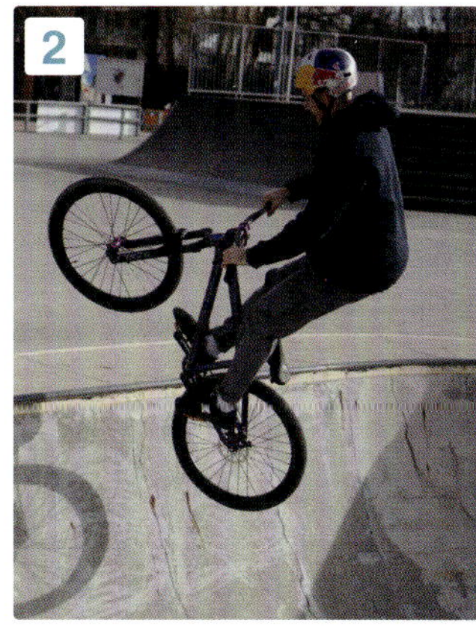

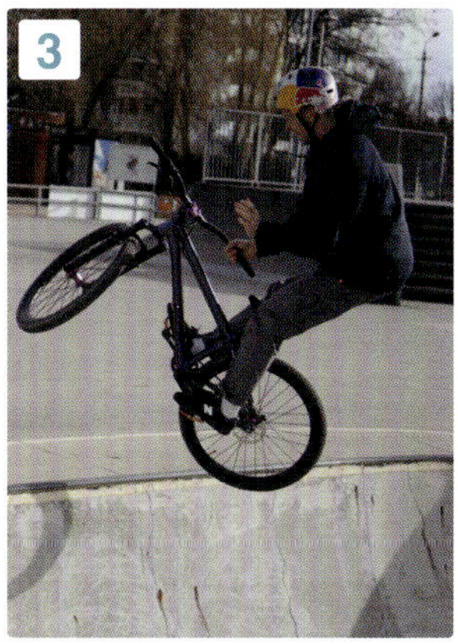

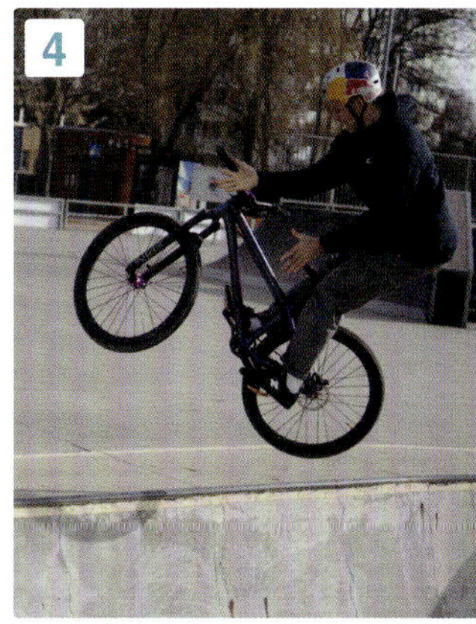

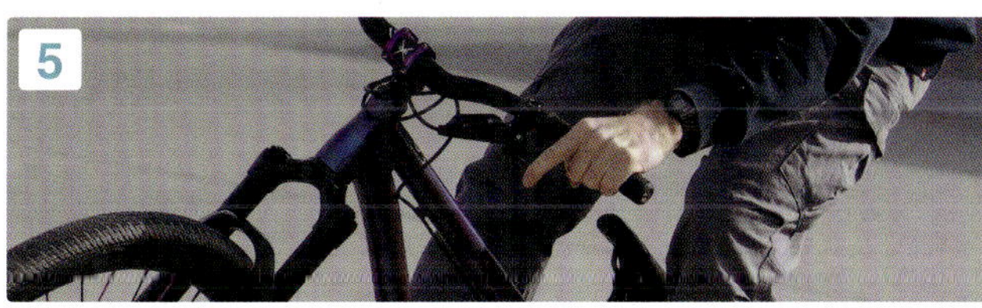

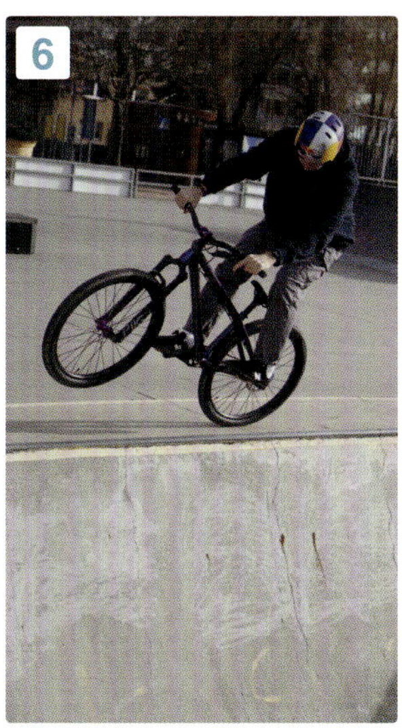

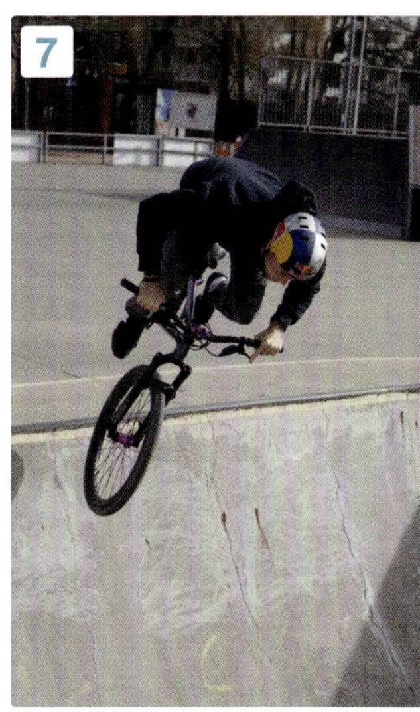

450-Hip

Voraussetzungen: 360 & 270-Hip

Vorübung

1 Fahr gerade auf einen Fly-out an, der gleich oder ähnlich dem Hip-Absprung ist. Beuge deine Arme und Beine und dreh deinen Oberkörper entgegen der Drehrichtung.

2 Fahr eine kleine Gegenkurve (entgegen der Drehrichtung) und eine stärkere Absprungkurve (in Drehrichtung) auf den Absprung zu, um seitlich in deine Drehrichtung zu fliegen. Streck deine Arme und Beine und dreh deinen Oberkörper in die Drehrichtung. Lehn dich dabei mit deiner Schulter in Drehrichtung und zur Quarter.

3 Behalte die Lehnung zur Drehrichtung bei, damit die Drehachse, um die du rotierst, zur Quarter geneigt ist. So bereitest du schon jetzt vor, in der richtigen seitlichen Schräglage zu landen. Stopp deinen Oberkörper, um das Fahrrad in Rotation zu versetzen. Schau mit über deine Schulter.

4 Lehn dich nach der ersten 180° Drehung mit der anderen Schulter Richtung Absprung, um deine Drehachse weiter zur Quarter geneigt zu halten.

5 Visiere die Landung an und bereite dich darauf vor, zur Quarter gelehnt zu landen.

6 Lande in Richtung der Quarter gelehnt, um die seitlichen Kräfte der Landung abzufangen. Dreh maximal um 450°, denn sonst bremst dich die Landung zu sehr.

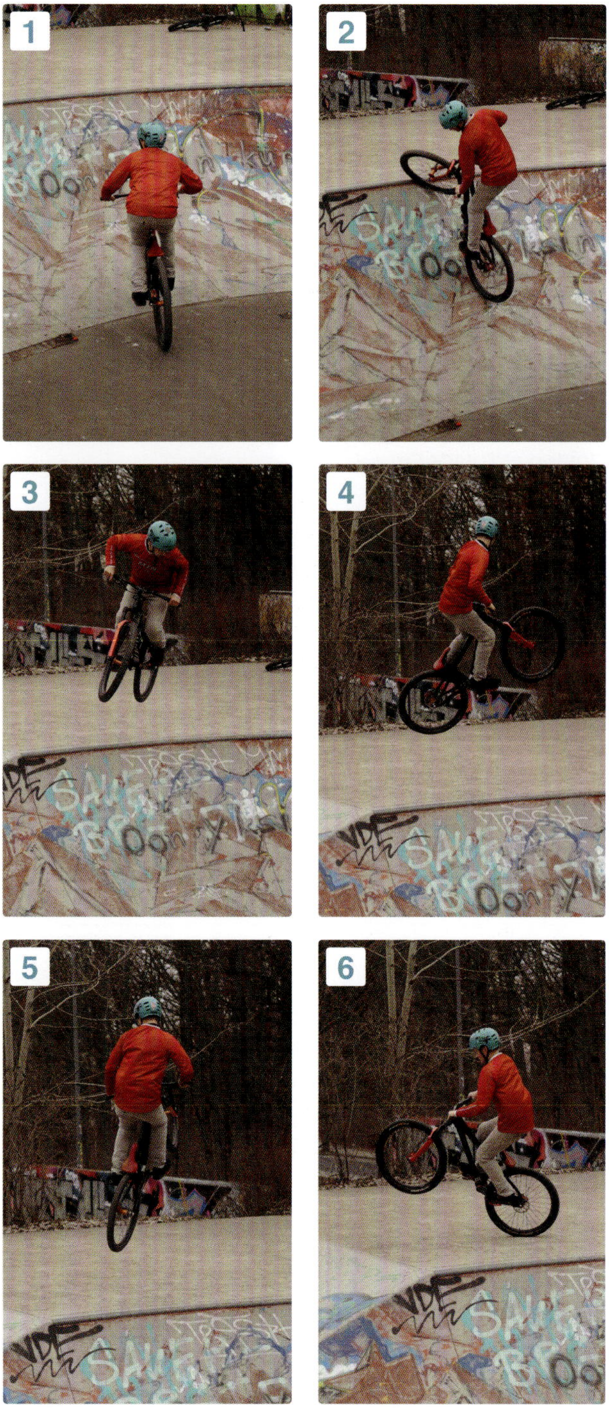

Über die Hip

1 Fahr gerade auf die Quarter zu, sodass du durch die Absprungkurve nah an die Ecke des Absprungs fährst. Beuge deine Arme und Beine und dreh deinen Oberkörper gegen die Drehrichtung.

2 Fahr nur eine kleine Gegenkurve im unteren Teil des Absprungs und dann eine größere Kurve in die Drehrichtung.

3 Streck gleichzeitig deine Arme und Beine und spring dadurch gleichzeitig mit beiden Rädern vom Absprung ab. Dreh dabei deinen Oberkörper in die Drehrichtung und lehn dich mit deiner Schulter zur Quarter.

4 Stopp deinen Oberkörper und versetze damit dein Fahrrad in Rotation. Lehn dich weiter mit der Schulter Richtung Absprung, damit du diese Lehnung bis zur Landung beibehältst und damit die seitlichen Landekräfte abfangen kannst. Schau in die Drehrichtung.

5 Lehn dich weiter Richtung Absprung (im Verlauf der Rotation dann mit der anderen Schulter), um die Drehachse leicht schräg zu halten und visiere die Landung an.

6 Versuch mit beiden Rädern möglichst gleichzeitig zu landen. Dabei solltest du und dein Fahrrad zum Absprung geneigt sein, damit du den seitlichen Kräften entgegenarbeiten kannst. Dreh maximal um 450°.

7 Wenn der Übergang von der Oberfläche zur Landung nicht zu spitz ist, kannst du dich schrittweise seitlich an die Landung herantasten.

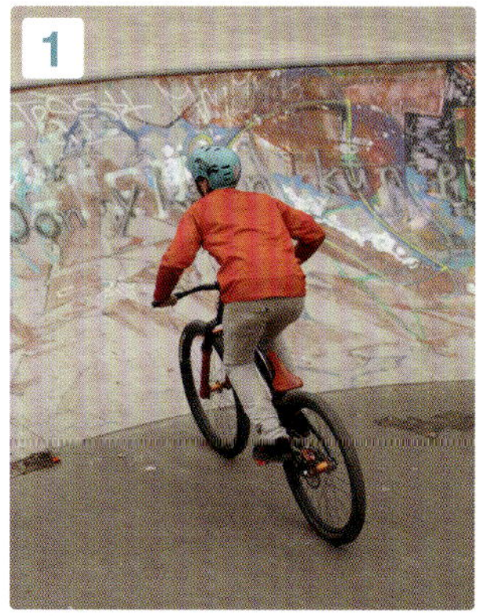

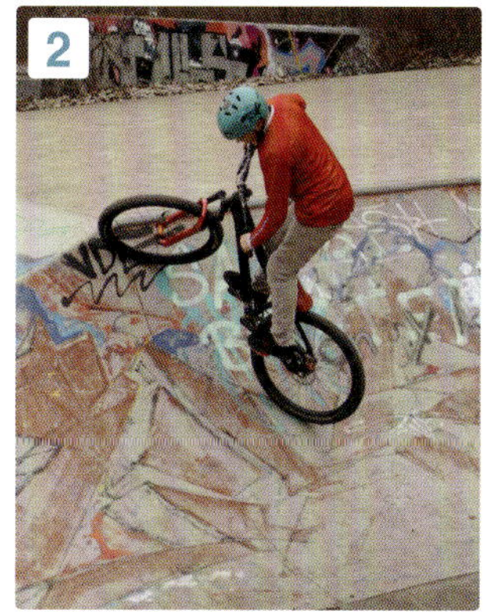

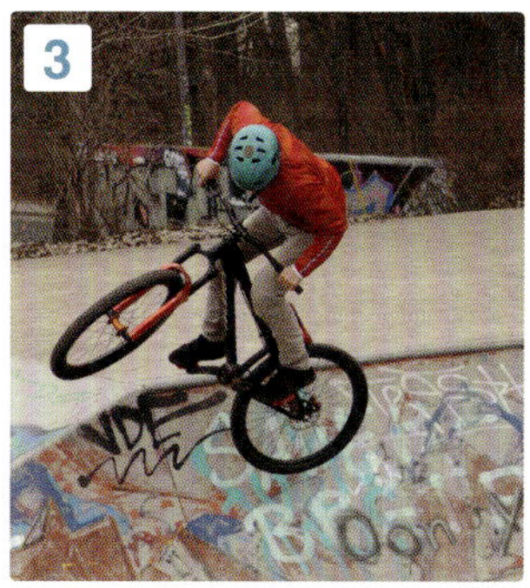

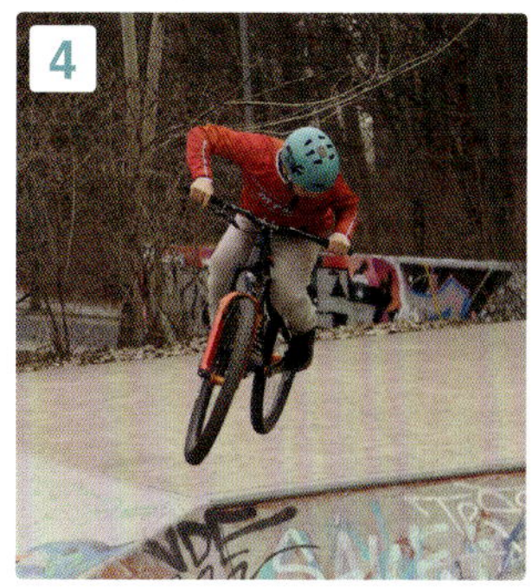

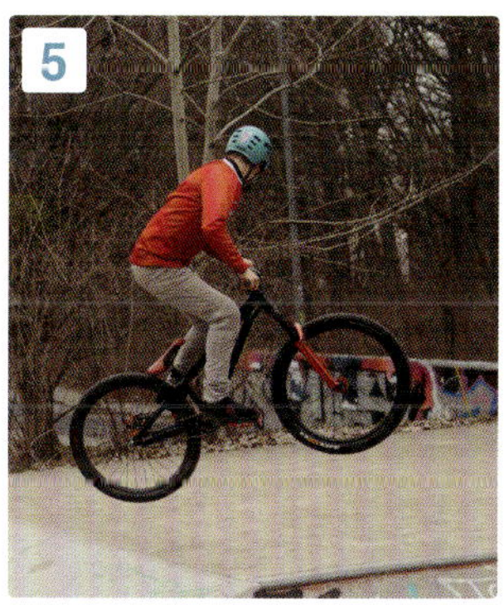

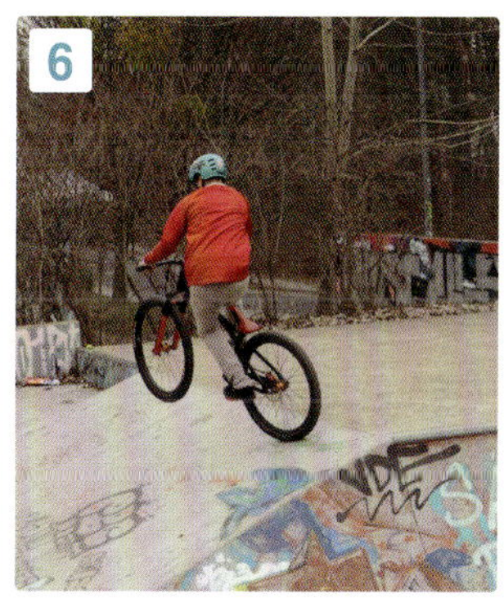

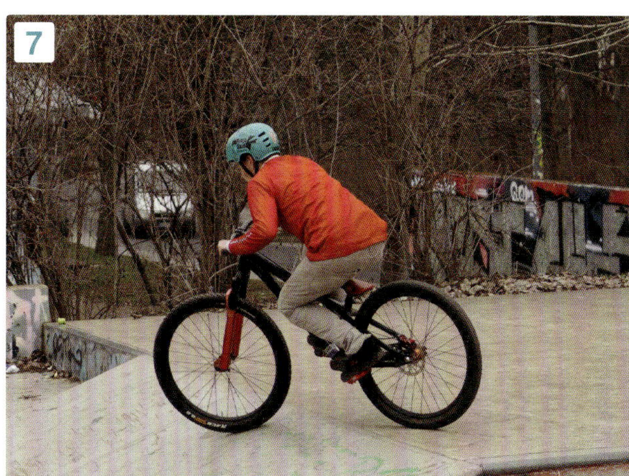

Tuck-Nohand-Air

Voraussetzungen: Air & Tuck-Nohand

Vorübung I

1-2 Bevor du den Tuck-Nohand-Air probierst, solltest du den Tuck-Nohand routiniert über einen geraden Sprung beherrschen. Besonders wichtig beim Tuck-Nohand im Air ist es, den Rahmen fest zwischen den Knien zu klemmen und den Lenker am Verdrehen zu hindern. Das schaffst du, indem du die Oberschenkel, die Hüfte oder den Oberkörper an den Lenker drückst (je nachdem wie groß du bist).

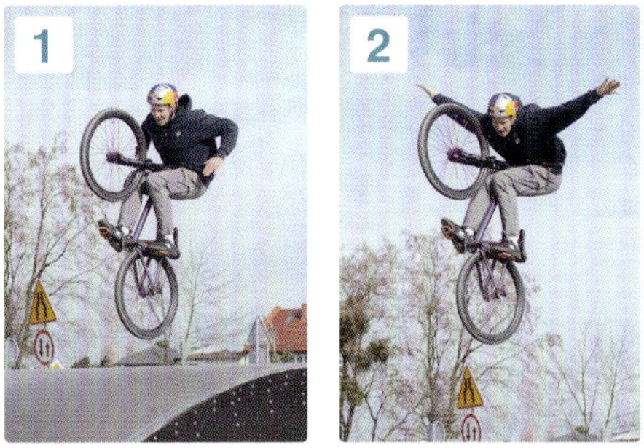

Vorübung II

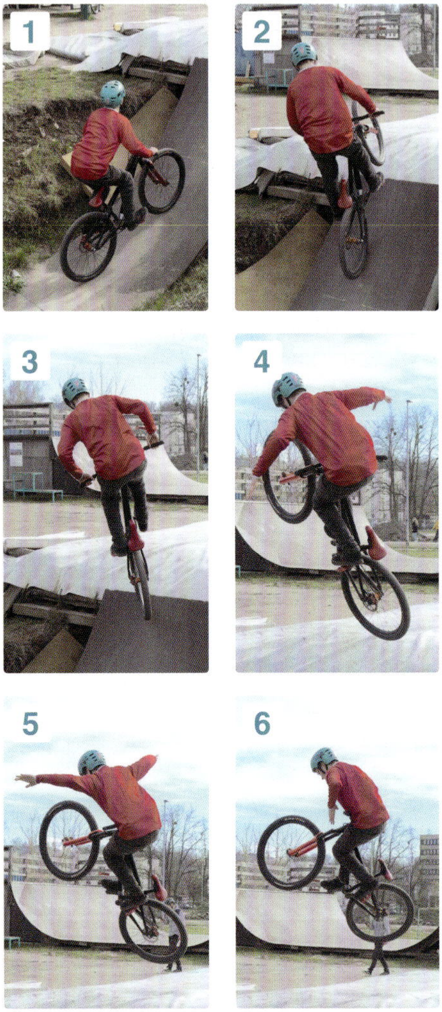

1 Spring frontlastiger ab, als bei einem normalen 180, indem du dich mit deinem Oberkörper beim Abspringen nach vorne lehnst. Durch das frontlastige Abspringen und Fliegen verhinderst du, dass du hecklastig landest.

2 Lehn dich nach dem Abspringen weiter nach vorne.

3 Beuge deine Arme so weit, dass sich deine Knie zwischen Ober- und Unterrohr befinden. Streck dabei deine Beine, sodass der Lenker an deinen Oberschenkeln oder deiner Hüfte anliegt, damit er sich nicht weit drehen kann. Drück deine Knie zwischen Ober- und Unterrohr zusammen und klemm damit den Rahmen fest ein.

4 Lehn dich mit deinem Oberkörper weit nach vorne über den Lenker und öffne leicht deine Hände.

5 Wenn du deinen Rahmen so fest geklemmt hast, dass er sich nicht bewegt und sich der Lenker nur leicht dreht, kannst du die Hände schrittweise weiter weg nehmen.

6 Greif wieder zum Lenker. Achte dabei darauf, dass sich dein Lenker während des Tuck-Nohands wahrscheinlich gedreht hat. Drück danach das Vorderrad nach unten.

Solltest du dennoch hecklastig landen, dann lass dir mehr Zeit bis zum Klemmen und lehn dich beim Abspringen noch weiter nach vorne.

Im Air

1 Fahr so schnell an, dass du beim Air ungefähr 30 cm über dem Coping schwebst. Steuer ca. im 15°–30°-Winkel auf die Quarter zu, sodass du beim Air nicht zu weit fliegst.

2 Spring etwas frontlastiger ab als bei einem normalen Air.

3 Wart einen kurzen Moment, bist du in die Klemmposition gehst, damit du dein Fahrrad stabilisieren kannst und nicht zu hecklastig fliegst.

4 Beuge deine Arme und streck deine Beine, sodass sich deine Knie neben dem Ober- und Unterrohr befinden und dein Lenker an deinen Oberschenkeln oder deiner Hüfte anliegt. Drück deine Knie zwischen Ober- und Unterrohr zusammen.

5 Öffne vorsichtig deine Hände und beobachte, ob dein Rahmen fest geklemmt ist und ob er sich nicht bewegt. Überprüfe auch, ob sich dein Lenker nur wenig drehen kann.

6 Nimm die Hände in kleinen Schritten immer weiter vom Lenker weg.

7 Greif wieder zurück zum Lenker, achte dabei darauf, dass sich dein Lenker wahrscheinlich etwas gedreht hat und sich die Griffe nicht an der vom Tuck-Nohand gewohnten Stelle befinden.

8-9 Streck deine Arme und drück dein Vorderrad nach unten.

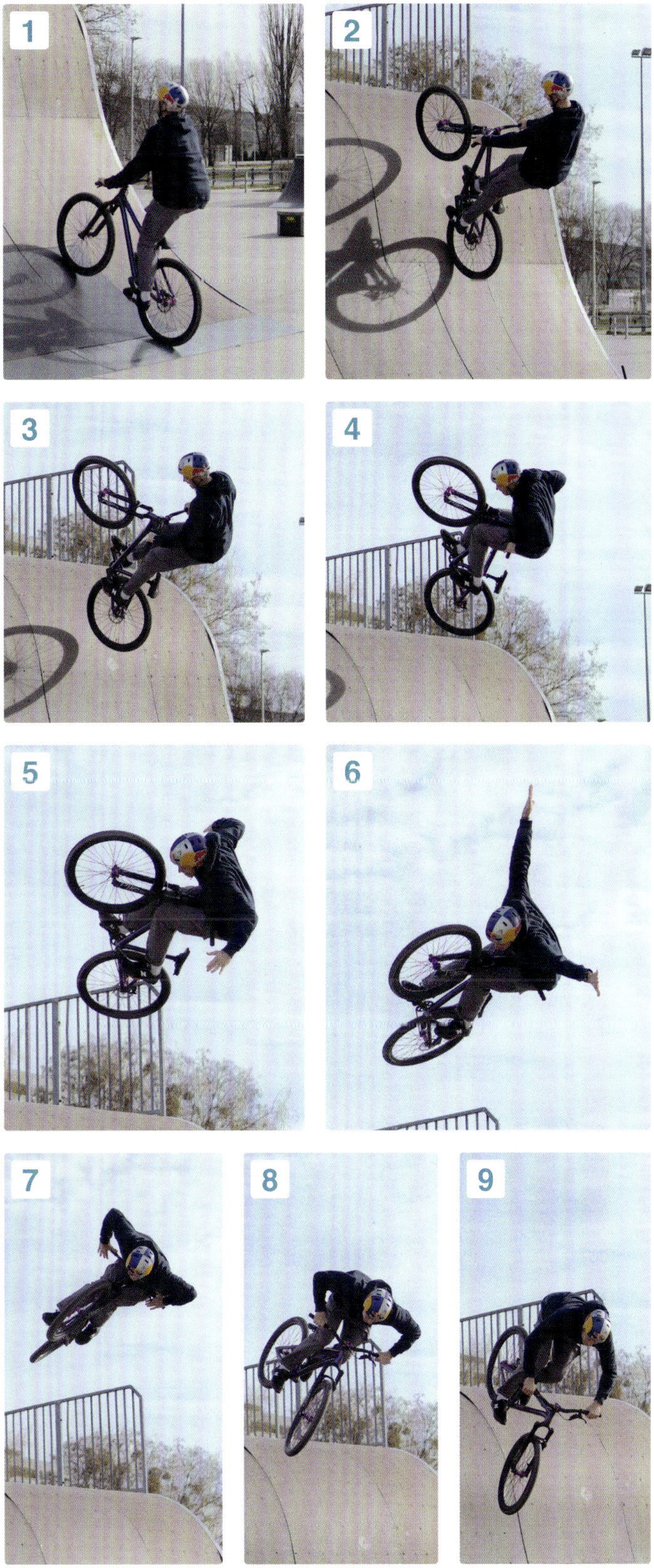

Barspin-Air

Voraussetzungen: Air & Barspin

Vorübung I

1 Spring mit mittlerer Geschwindigkeit für einen 90 von einer Quarter ab.

2 Streck deine Beine, senk deinen Oberkörper, indem du die Arme beugst, und klemm den Sattel mit deinen Knien und die Kurbeln mit deinen Füßen.

3 Bleib mit deinem Oberkörper nah am Lenker und führ oder wirf den Barspin. Der Barspin geht dabei wesentlich besser, wenn du ihn entgegen deiner Drehrichtung drehst.

4 Lande auf der Oberfläche zur Quarter hin gelehnt, sodass du die Seitenkräfte der Landung abfangen kannst.

5 Wiederhole den Ablauf, aber lande mit mehr als 90° Drehwinkel. Achte auch hier darauf, dass du zur Quarter hin gelehnt landest, sodass du die seitlichen Landekräfte abfangen kannst, um danach wieder in die Quarter zu droppen.

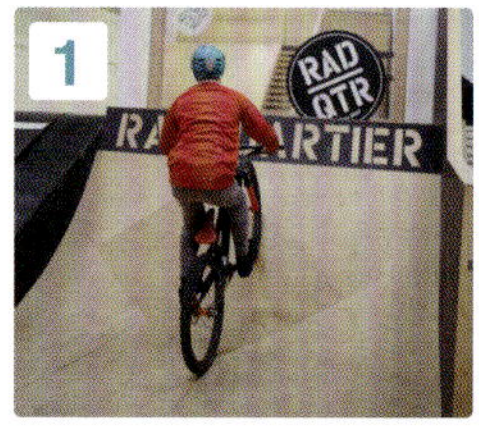

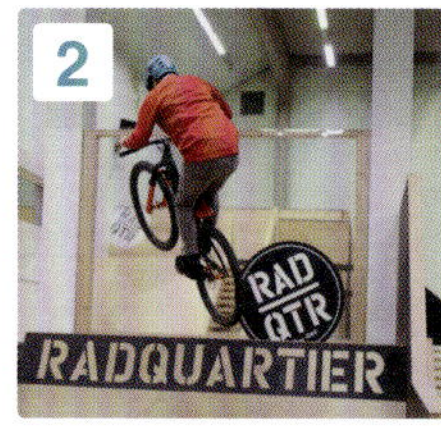

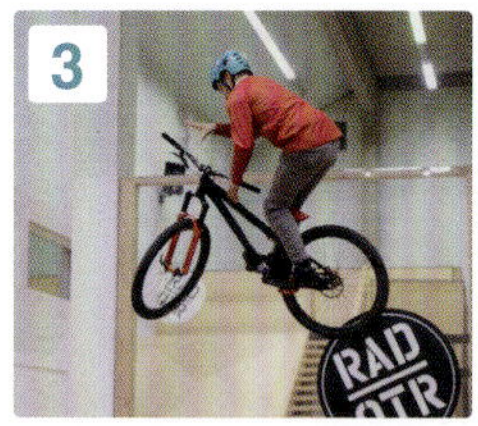

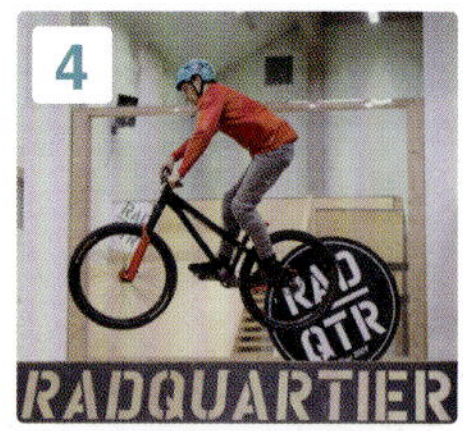

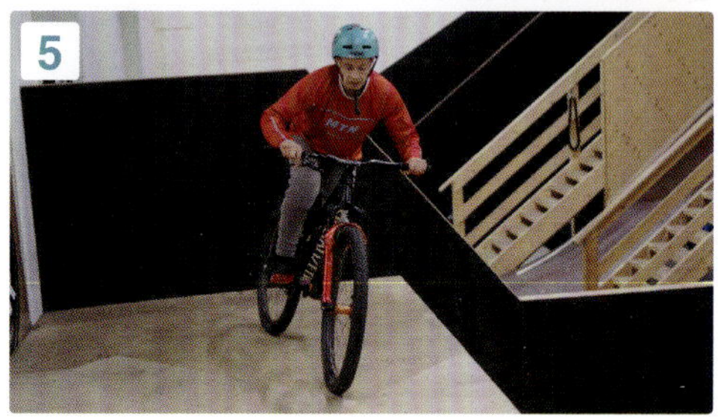

Vorübung II

Bestenfalls kannst du den Barspin-Air von einer Quarter in eine Bank üben, da du dabei aufrechter landen kannst. Das hat auch den Vorteil, dass du die Landung besser abfangen kannst, wenn es nicht ganz klappt.

1 Je nach Höhe der Quarter und Entfernung zur Bank solltest du einen Absprungpunkt suchen, der dir genug Zeit für den Barspin gibt, aber keine zu große Flughöhe erzeugt.

2 Dreh den Air an und spring ca. im 45°-Winkel aus der Quarter heraus.

3 Streck deine Beine, senk deinen Oberkörper und klemme den Sattel und die Kurbeln. Lehn dich dabei leicht mit dem Oberkörper von der Rampe weg, um mit der passenden Schräglage in der Bank zu landen.

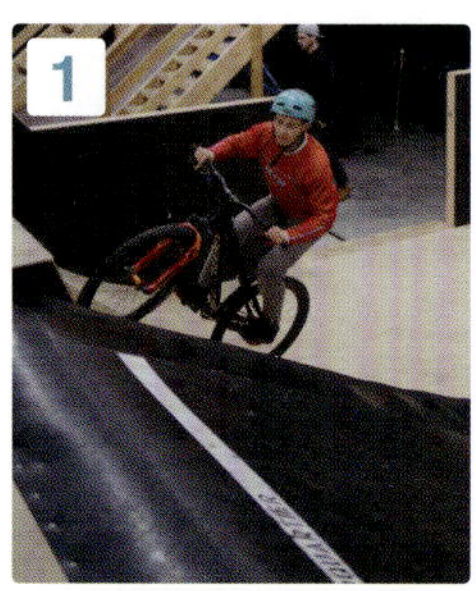

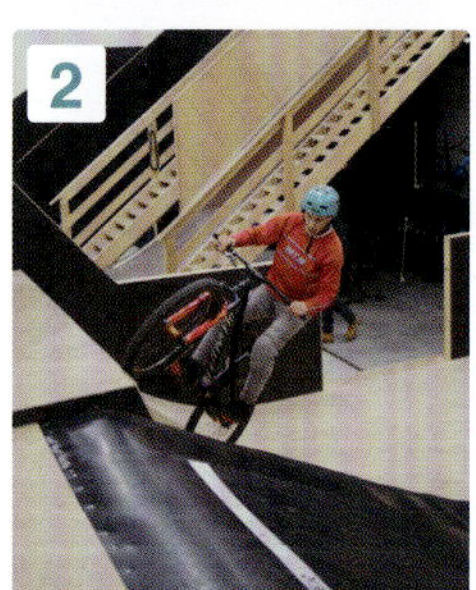

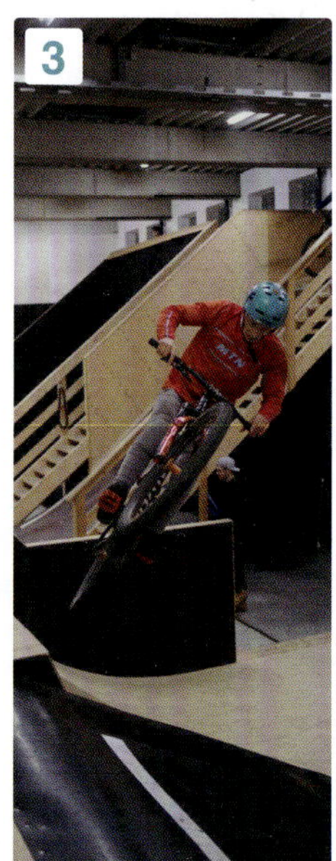

4 Dreh oder führe den Barspin. Der Barspin entgegen der Drehrichtung funktioniert dabei einfacher.

5 Fang den Lenker und halte ihn fest. Stell dich darauf ein, falls nötig, durch Lenken und Gewichtsverlagerung deine Landung und Fahrtrichtung zu korrigieren.

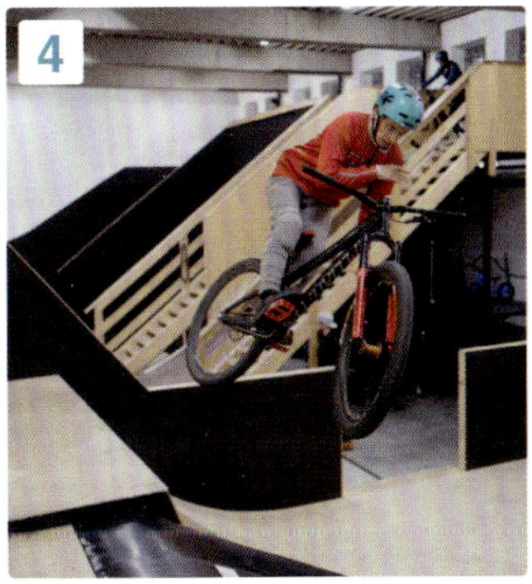

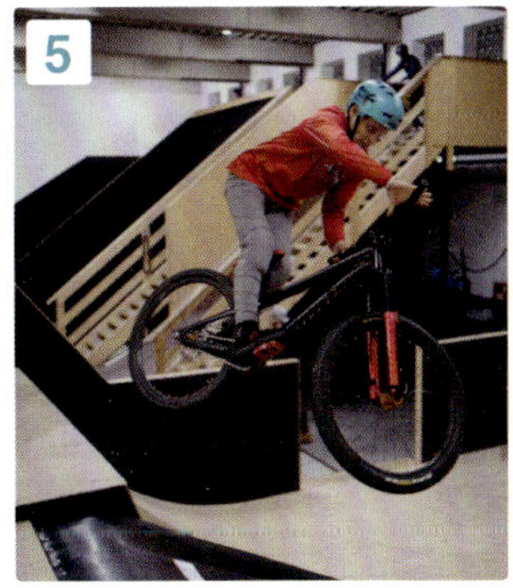

In der Quarter

1 Fahr langsam wie bei einem kleinen Air auf eine Quarter an. Der Air soll dir genug Zeit für den Barspin geben, aber nicht zu hoch sein. Fahr ca. in einem 30°-Winkel flach auf die Quarter zu, um dein Fahrrad nicht so weit drehen zu müssen.

2 Spring mit einem hohen Bunnyhop zum Air ab und dreh dein Fahrrad leicht an, sodass dein Fahrrad bei der Landung leicht von der Coping wegzeigt.

3 Lehn dich etwas weniger als beim normalen Air von der Quarter weg, um aufrechter in der Quarter zu landen. Streck deine Beine, geh mit deinem Oberkörper näher zum Lenker und klemme Sattel und Kurbel.

4 Wirf oder führe den Barspin. Auch hier hilft es sehr, wenn du den Barspin in die Gegenrichtung zu deiner Rotation drehst.

5 Fang den Lenker, halte ihn gut fest und lehn dich in die Landung, sodass du den Air ausfahren kannst. Korrigiere die Landung mit Lenkbewegungen und deinem Körpergewicht, falls du nicht ausgewogen landest.

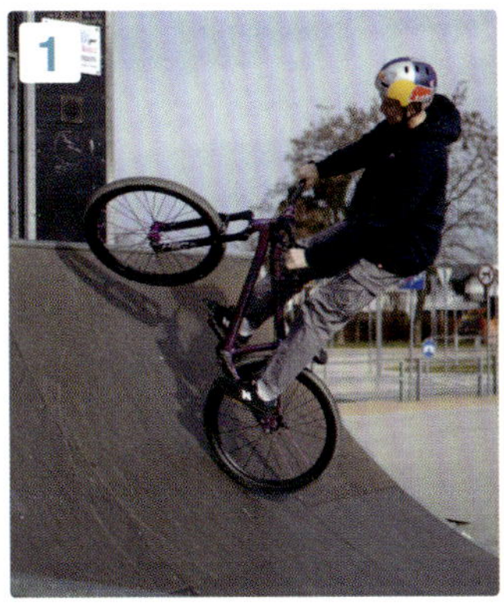

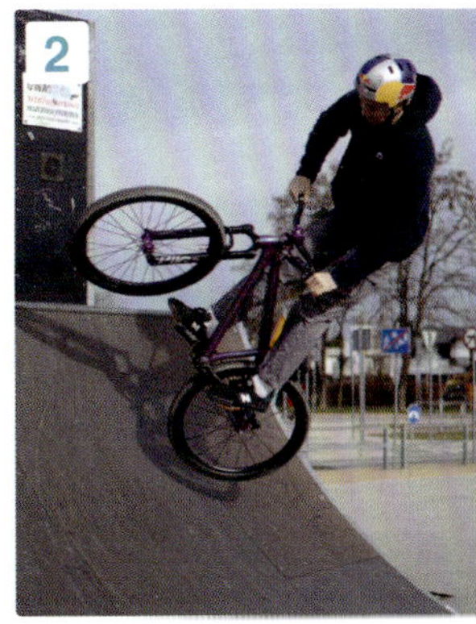

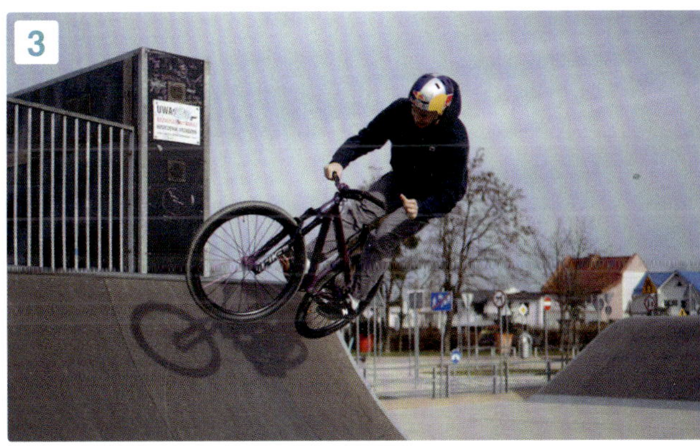

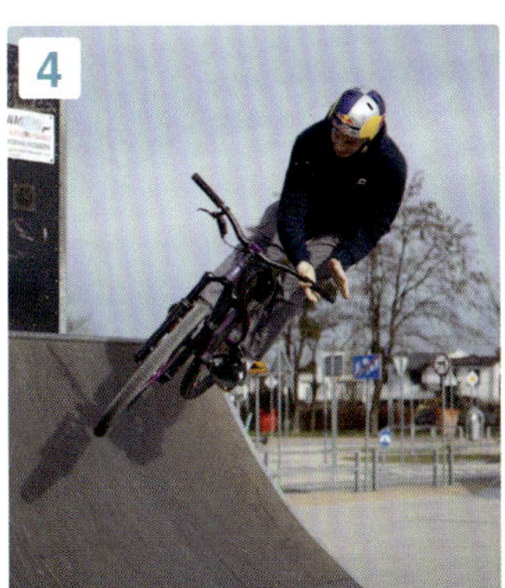

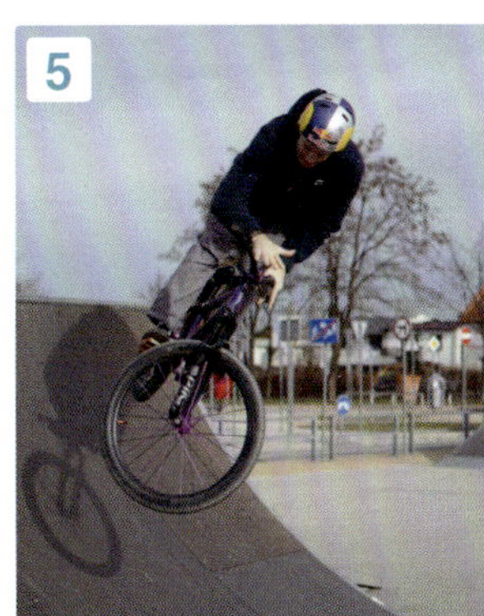

Tailwhip-to-Tailtap

Voraussetzungen: Tailtap & Tailwhip

Vorübung

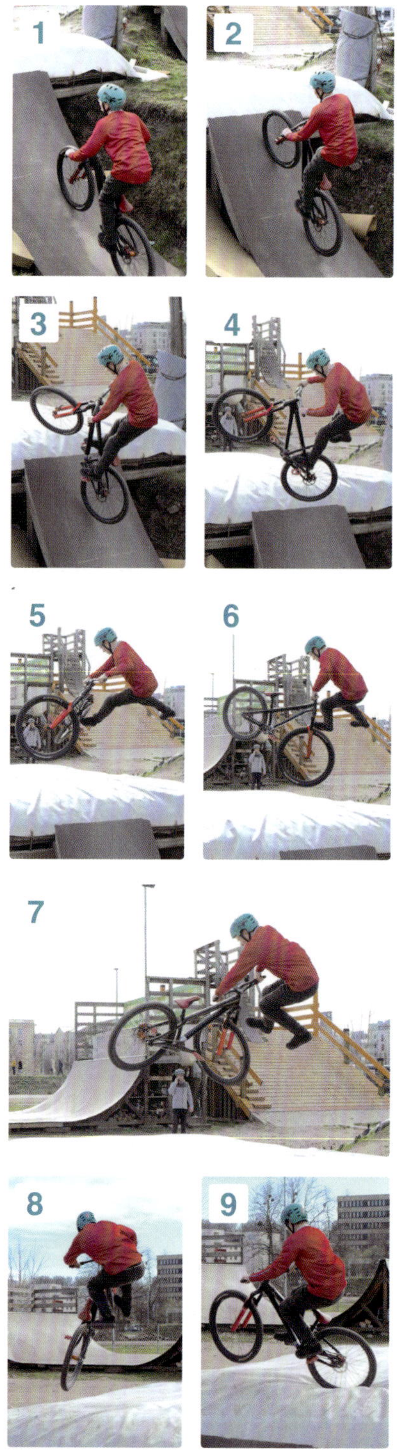

1 Fahr leicht Alley-oop auf die Quarter zu. Beug deine Arme und Beine und dreh deinen Oberkörper leicht gegen die Drehrichtung.

2 Fahr eine leichte Kurve in die Drehrichtung und dreh deinen Oberkörper in die Drehrichtung, sodass du einen 90 auf das Flyout machst. Lehn dich gleichzeitig mit deiner Schulter zur Quarter hin und streck deine Arme und Beine. Spring mit beiden Rädern gleichzeitig und leicht frontlastig ab (da dich sonst der Tailwhip hecklastig fliegen lässt).

3 Lehn dich mit deinem Oberkörper etwas über den Lenker und seitlich zur Quarter hin. Lass dir Zeit, bis du etwas über der Quarter bist. Es wird sich so anfühlen, als müsstest du den Tailwhip so früh wie möglich werfen, um viel Zeit zu haben. Aber der Tailwhip wird dadurch deutlich schwerer und hecklastiger und die gewonnene Zeit nutzt dir nichts.

4 Nimm dein vorderes Bein vom Pedal und winkel es nach hinten und oben an, um Platz für das vorbeischwenkende Hinterrad zu haben.

5 Lös deinen hinteren Fuß vom Pedal und drück seitlich gegen die Kurbel oder den Hinterbau, um das Fahrrad anzukicken.

6 Drück den Lenker weit zur Seite und halte den Lenker auf der zu dir zeigenden Seite deutlich tiefer. Lehn deinen Oberkörper weiterhin nach vorne, um nicht hecklastig zu fliegen.

7 Zieh den Lenker nach hinten und drück beide Lenkergriffe wieder auf die gleiche Höhe. Streck deine vorderes Bein nach vorne zum Pedal.

8 Vollende die Kreisbewegung des Lenkers, indem du ihn wieder vor dich ziehst. Halte dabei deinen Oberkörper weiterhin etwas frontlastig und deine Schulter ganz leicht Richtung Quarter gelehnt. Lande mit deinem vorderen Fuß entweder direkt auf dem Pedal oder fang den Rahmen am Sitzrohr und setz dann den Fuß aufs Pedal.

9 Setz den hinteren Fuß aufs Pedal und versuch die seitlichen Landekräfte auszugleichen, indem du leicht zur Quarter gelehnt landest.

An der Quarter

Wenn du den 90-Tailwhip gelandet hast, dann taste dich an den Tailtap heran.

1 Spring etwas weniger frontlastig ab als in der Vorübung, indem du dich beim Abspringen weniger mit dem Oberkörper nach vorne lehnst. „Weniger“ heißt aber auch, dass du dich trotzdem noch etwas nach vorne lehnen musst, da du sonst durch den Tailwhip selbst für einen Tailtap zu hecklastig landest. Dreh so an, das du auch mit Tailwhip ca. 100° weit rotierst.

2 Kick den Tailwhip an. Schieb den Lenker zur Seite und halte dessen zu dir zeigende Seite tiefer. Lehn dich mit deiner Schulter leicht zur Quarter und mit deinem Oberkörper leicht vor.

3 „Rühr“ den Lenker in einer großen Bewegung. Achte auf deine Lage in der Luft und die Position des Fahrrads. Konzentriere dich auf den Tailwhip und darauf, deinen Körper an der richtigen Stelle zu haben, um wieder auf dem Fahrrad landen zu können. Auf den Tailtap kannst du dich nach dem Fangen konzentieren.

4 Streck deinen vorderen Fuß vor und fang entweder direkt das Pedal oder zuerst das Sitzrohr und setz dann den Fuß aufs Pedal. Konzentriere dich auf das vordere Pedal. Wenn du eine Hinterbremse hast, kannst du den Tailtap auch erst mal einfüßig landen und dann den hinteren Fuß im Nachhinein auf das Pedal nehmen.

5 Brems mit der Hinterbremse oder drück gegen das vordere Pedal. Lande mit etwas mehr als einer 90° Drehung. Dadurch wirken die Landekräfte nicht nur seitlich, sondern auch nach hinten und rückwärts kannst du die Kräfte wesentlich besser abfangen und dein Vorderrad oben halten.

6-7 Balanciere den Tailtap aus, indem du deine Hüfte jeweils vor- oder zurückbewegst. Lehn dich mit der Schulter zur Quarter hin und spring wieder in die Quarter.

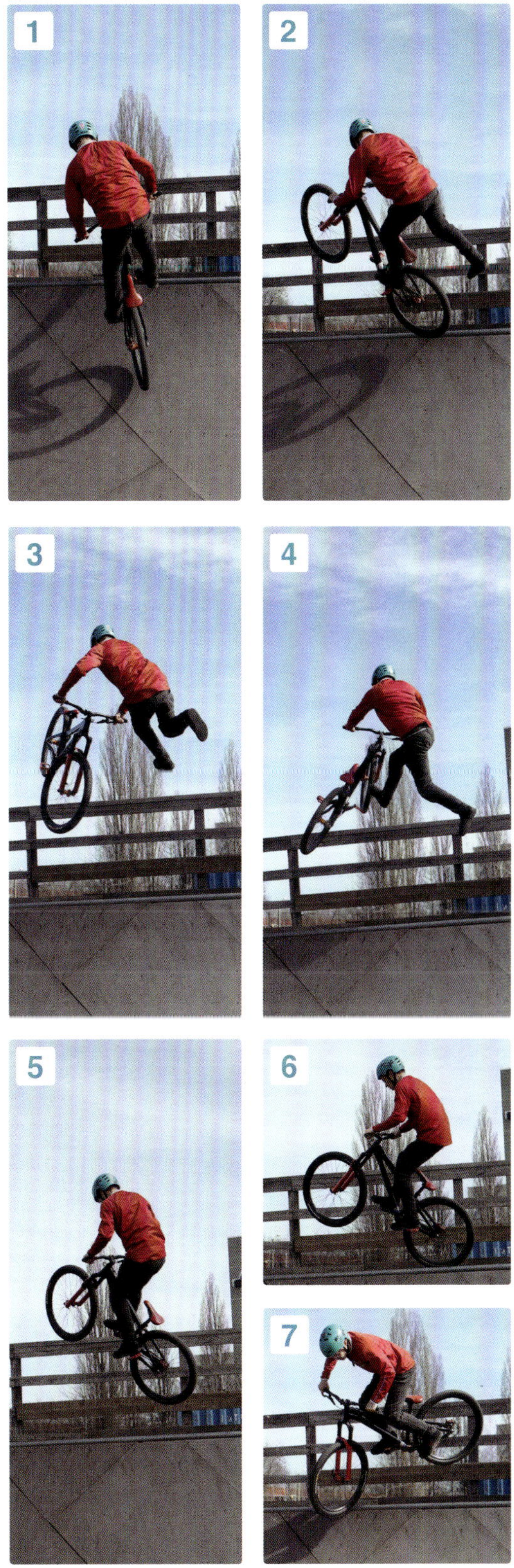

Tailwhip-Air

Voraussetzungen: Air & Tailwhip

In der Quarter

Bevor du den Tailwhip-Air probierst, ist es sinnvoll, den 90-Tailwhip aufs Fly-out zu können (Vorübung des Tailwhip-to-Tailtap). Damit bekommst du ein Gefühl dafür, wie sich der Tailwhip in einer Drehung anfühlt.

Übe den Tailwhip-Air an einer hohen Quarter mit einem großen Radius. Mit einer weichen Matte auf der Landefläche schonst du beim Probieren dich und dein Hinterrad.

1 Fahr ca. im 45°-Winkel mit gemäßigter Geschwindigkeit auf die Quarter zu. Beuge deine Arme und Beine und dreh deinen Oberkörper leicht in die Gegenrichtung.

2 Spring mit beiden Rädern gleichzeitig ab und drück dich dabei seitlich und nach oben von der Quarter ab. Ziel ist es, deinen Körper aus der schrägen Position an der Quarter wieder senkrecht auszurichten. Dreh gleichzeitig deinen Oberkörper stärker in die Drehrichtung als beim normalen Air.

3 Lehn deinen Oberkörper etwas mehr über das Vorderrad, nimm dein vorderes Bein nach hinten und oben. Kick danach dein Fahrrad an, indem du mit dem hinteren Fuß gegen die Kurbel oder den Hinterbau drückst.

4 „Rühr" deinen Lenker in einem großen Kreis auf der Seite, die von der Quarter weg zeigt. Halt dabei bei der ersten Hälfte des Tailwhips den Lenker auf der zu dir zeigenden Seite tiefer.

5 Lehn dich mit dem Oberkörper nach vorne. Streck dein vorderes Bein in Richtung des ankommenden Pedals und schieb den Lenker vor dich.

6-7 Fang das vordere Pedal und versuch, auch den anderen Fuß auf das Pedal zu setzten. Lenk leicht von der Quarter weg, um den Air auszufahren. Mit Übung kannst du die Geschwindigkeit erhöhen und einen höheren Air machen.

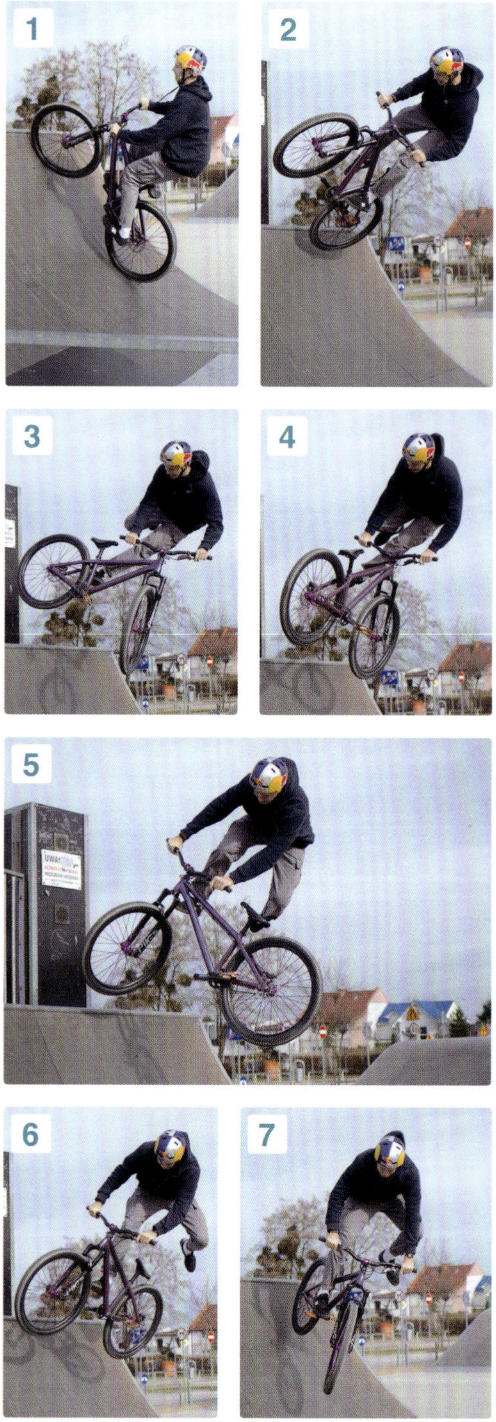

Disaster-to-180-Fakie

Voraussetzungen: Fakie & 180 & Disaster

Im Sprung

Je flacher die Quarter ist, desto einfacher geht der Disaster-to-180-Fakie und umso besser kannst du ihn üben.

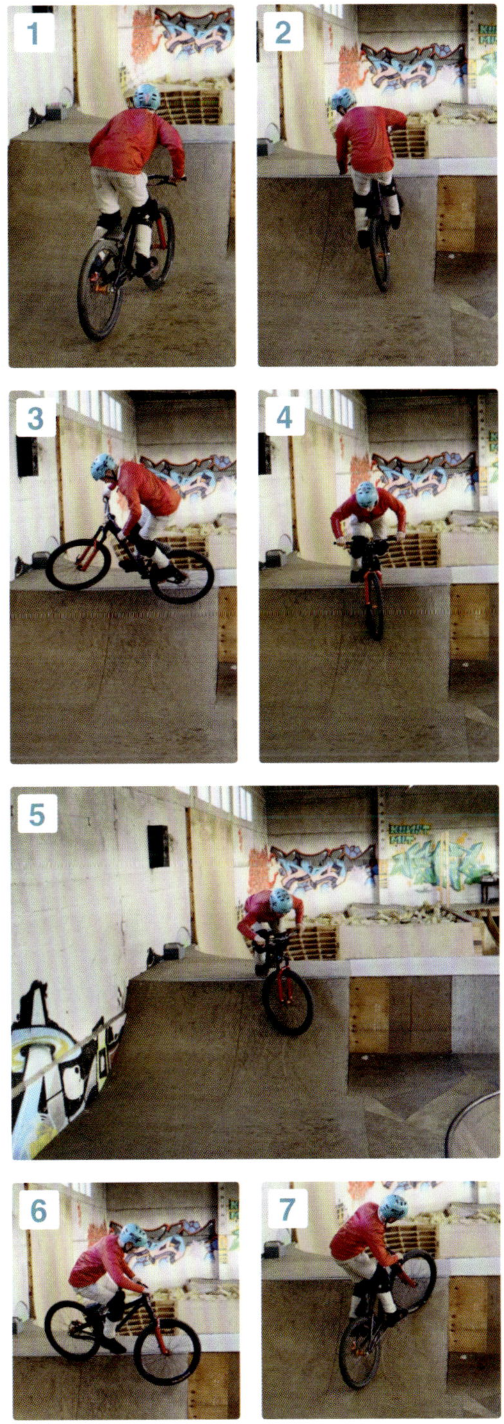

1 Fahr mit so viel Schwung leicht Alley-oop auf die Quarter zu, dass dein Kettenblatt beim Disaster mittig über dem Coping stehen wird. Beuge deine Arme und Beine und dreh deinen Oberkörper entgegen der Drehrichtung.

2 Lenk in die Drehrichtung, dreh deinen Oberkörper ebenfalls dahin und streck deine Arme und Beine.

3 Spring gleichzeitig mit beiden Rädern ab. Heb dein Hinterrad über das Coping, indem du deine Beine beugst. Schau auf die Stelle in der Quarter, an der dein Vorderrad landen soll.

4 Dreh deinen Oberkörper entgegen der Drehrichtung und lande am besten leicht überdreht. Dein Kettenblatt sollte mittig über dem Coping schweben. Wenn du zu weit unten landest, ist es schwer, zum 180 abzuspringen. Wenn du zu weit auf der Fläche landest, ist es schwer, wieder bis in die Quarter zu springen. Beuge deine Arme und Beine.

5 Lenk stark in die Drehrichtung ein und dreh deinen Oberkörper in die gleiche Richtung. Streck danach deine Arme und Beine nach oben und hinten, um dich von der Quarter wegzudrücken, damit du mit dem ganzen Rad wieder in der Quarter landest.

6 Beuge deine Arme und Beine sehr stark und zieh damit dein Fahrrad so nah wie möglich an dich heran, um mit deinem Hinterrad über das Coping zu kommen und genug Zeit zum Drehen zu haben.

7 Versuch mit beiden Rädern möglichst gleichzeitig zu landen, damit das Landen und Fakie-Fahren einfacher wird.

Flair

Voraussetzungen: Backflip & Air & 180

Vorübung

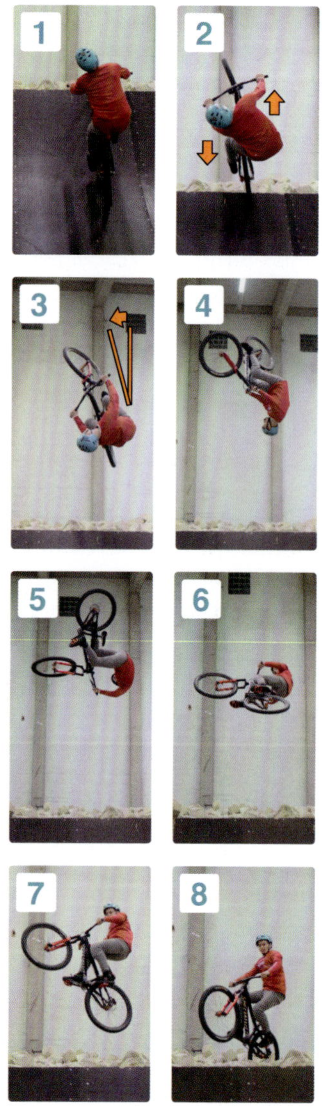

Übe den 180-Backflip in ein Foampit mit viel Schaumstoff in der Landezone. Dafür und für den Flair solltest du den Backflip gut beherrschen.

Der Flair und der 180-Backflip beginnen mit einem leicht geneigten Backflip. Kurz vor Vollendung des Backflips verschiebt sich die Drehachse, sodass der restliche Schwung der Drehung (Bild 4-8) in den 180 geht. Das musst du allerdings schon beim Abspringen einleiten.

1 Fahr Alley-oop auf den Absprung zu, lenk zuerst in eine Gegenkurve und erst dann in eine lange, sanfte Kurve in deine Drehrichtung.

2 Spring wie beim normalen Backflip ab, aber lehn dich zusätzlich mit deiner Schulter auf der Drehrichtungsseite zum Absprung runter und mit der anderen Schulter nach oben, sodass du und dein Fahrrad in der Luft eine Lehnung in die Drehrichtung bekommt (3 ähnlich einem Tabletop). Schau dabei in die Drehrichtung über deine Schulter nach unten und hinten.

3 Du und dein Fahrrad sollten nun geneigt kopfüber in der Luft hängen (bis dahin wirst du keinen Teil des 180 drehen). Schau weiter über deine Schulter nach unten und hinten.

4 Bei ca. 5/8 des Backflips sollte sich deine Drehachse verschieben und dein Fahrrad sollte beginnen den 180 zu drehen.

5 Schau jetzt stark in die Drehrichtung des 180, damit der Backflip langsamer wird und der 180 schneller.

6-8 Positioniere dich mittig auf dem Fahrrad und schau zum Absprung.

Du kannst dir den 180-Flip auch als kopfüber angedrehten 360-Nosedive vorstellen, den du dann 180° überdrehst.

Übungsorte

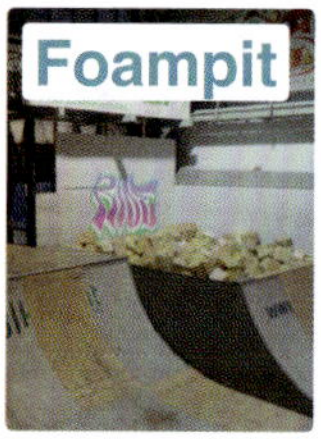

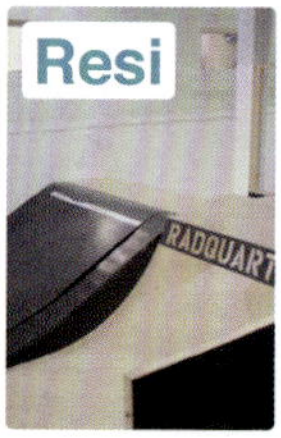

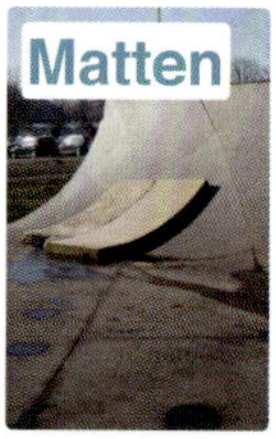

Foampit Idealerweise kannst du den Flair von einem seitlichen Absprung ins Foampit üben.

Resi Eine Quarter mit Resi-Landung ist der zweitbeste Möglichkeit.

Matten Eine provisorische Alternative sind weiche Matten in die Landung einer Quarter.

In einer Quarter

Versuche den Flair erst dann, wenn du den Backflip-180 sicher ins Foampit beherrschst. Es kann dir helfen, dir immer wieder den Bewegungsablauf und vor allem deine Position in der Luft vorzustellen.

1 Fahr mit mittlerer Geschwindigkeit und gerade auf die Quarter zu.

2 Lenk in die Drehrichtung ein. Drück dich mit deinen Beinen stark und mit deinen Armen noch stärker von der Quarter ab, um den Backflip einzuleiten. Im Gegensatz zum 180-Backflip musst du in der Rampe bleiben und dich mit voller Kraft von der Quarter abstoßen, um eine große Flughöhe (ohne Flugweite) zu erzeugen.

Je flacher die Quarter ist, desto mehr musst du dich mit den Beinen von der Quarter abdrücken, um in der Rampe zu bleiben. Eine steilere Quarter drückt dich dagegen schon von selbst höher.

3 Dreh dich mit dem oberen Teil deines Oberkörpers in die Drehrichtung und nach hinten. Drück deine Hüfte in die andere Richtung, also nach oben. Lehn deinen Kopf nach unten in die Drehrichtung und schau über deine Schulter nach unten.

4-5 Lehn dich mit deinem Oberkörper weiter in die Drehrichtung, kopfüber sollte deine Schulter zur Quarter zeigen. Falls du den Backflip beschleunigen willst, beugst du deine Arme und Beine und ziehst damit dein Fahrrad an dich heran.

6-7 Versuch das Coping mit deinem Blick zu fixieren, um deine Position einschätzen zu können.

8-9 Streck deine Arme und Beine zum Abfedern der Landung. Wenn du eine Hinterradbremse hast, halt sie bremsbereit, falls du zu hecklastig landen solltest.

Solltest du den 180 nicht schaffen, musst du deinen Oberkörper und deine Hüfte beim Abspringen stärker drehen. Wenn du überdrehst, dann dreh dagegen schwächer an. Sollte dein Flip nicht schnell genug sein, drück dich stärker mit den Beinen und vor allem den Armen von der Rampe ab und mach dich in der Luft kleiner.

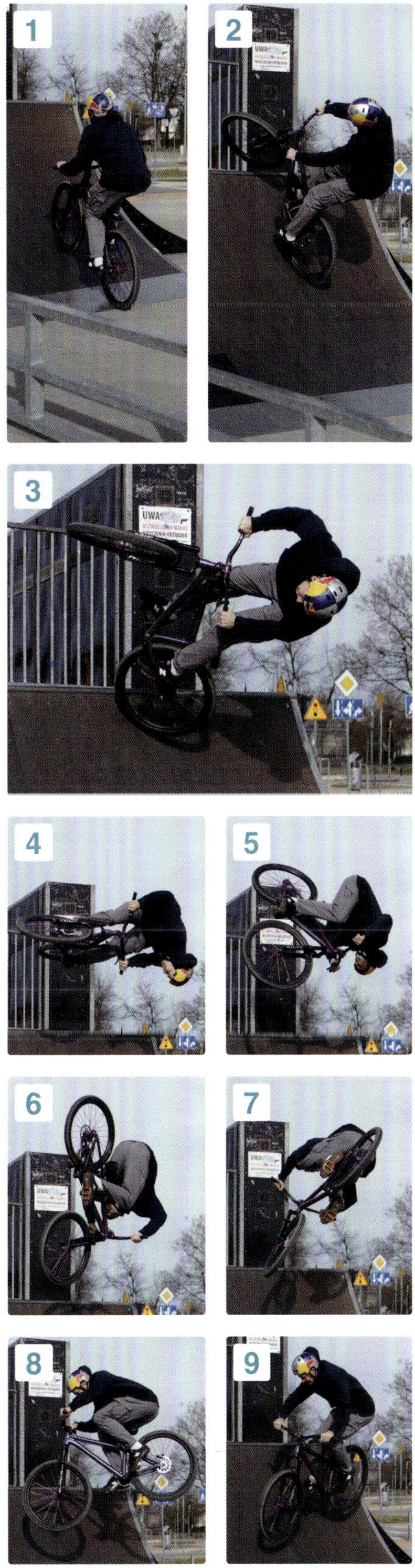

Tricklevel

Grinden

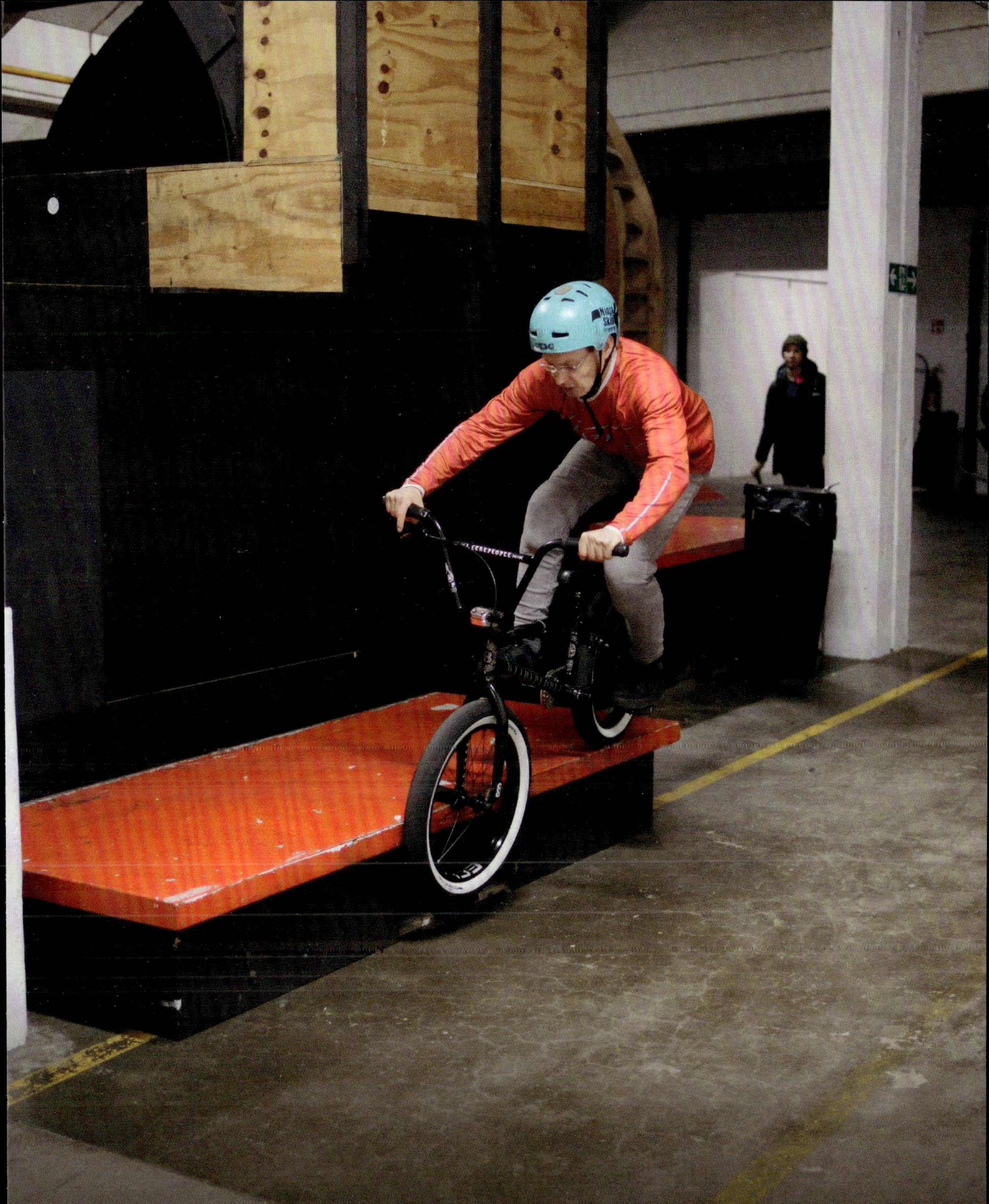

Durch den Park rutschen

Nachdem du bisher deine Reifen benutzt hast, um dich im Skatepark zu bewegen, kommen nun andere Elemente deines Rades zum Einsatz. Egal ob du deine Pedalen benutzt oder dir Pegs anbaust: Bei diesen Tricks sind ein trainierter Gleichgewichtssinn und eine genaue Positionierung deines Fahrrads nötig.

Grundwissen zum Grinden

Grinden und dein Fahrrad

Pegs werden in erster Linie an BMX montiert. Am Mountainbike sind sie eher unüblich. Mit Pegs machst du es dir einfacher, auf Flächen und Kanten zu rutschen.

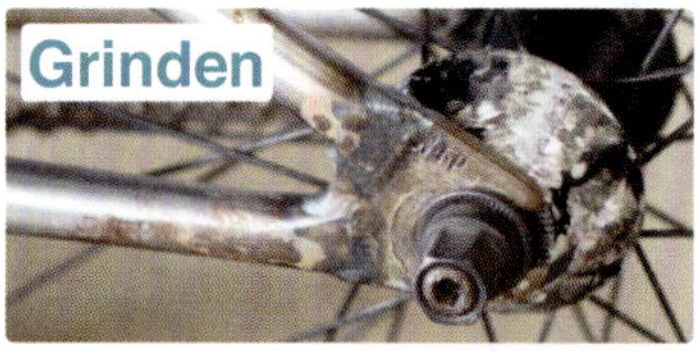

Grinden Es soll dich nicht davon abhalten zu grinden, aber du solltest wissen, dass das Grinden dein Fahrrad stärker abnutzt und dein Fahrrad tiefe Kratzer und Dellen bekommen kann.

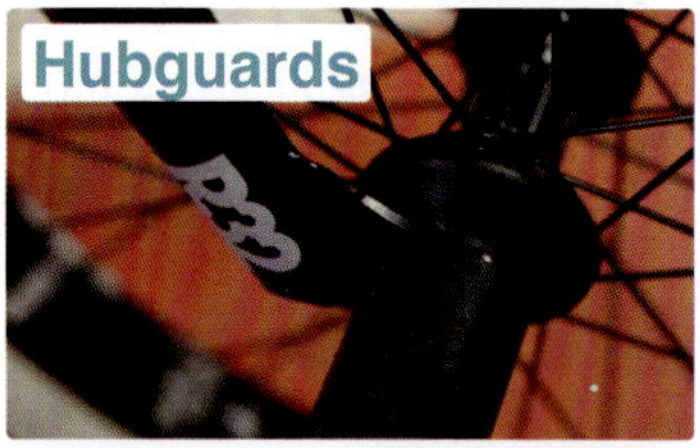

Hubguards Wenn du Pegs verwendest, solltest du sogenannte Hubguards montieren, um zu verhindern, dass deine Naben kaputtgehen oder unschöne Kratzer bekommen. Hubguards werden seitlich über die Nabe geschoben oder angeschraubt und schützen den Nabenflansch und die Speichen.

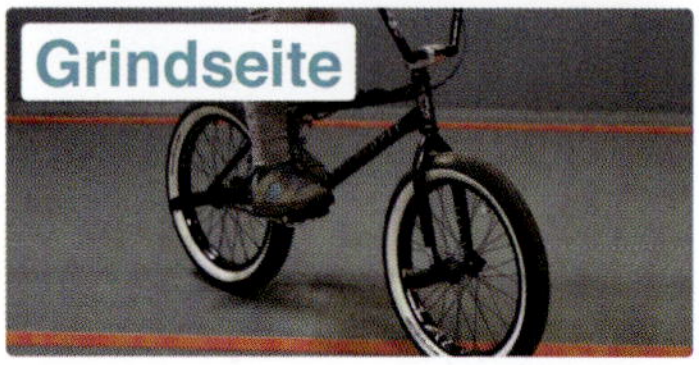

Grindseite Prinzipiell kannst du auf beiden Seiten Grinden und Pegs anbauen. Für die meisten funktioniert es allerdings auf der Seite des vorderen Fußes besser.

Vorübung zu allen Grinds

Um zu grinden, musst du mit einem seitlichen Bunnyhop auf eine Ledge springen können. Das kannst du gut an einer Bordsteinkante üben.

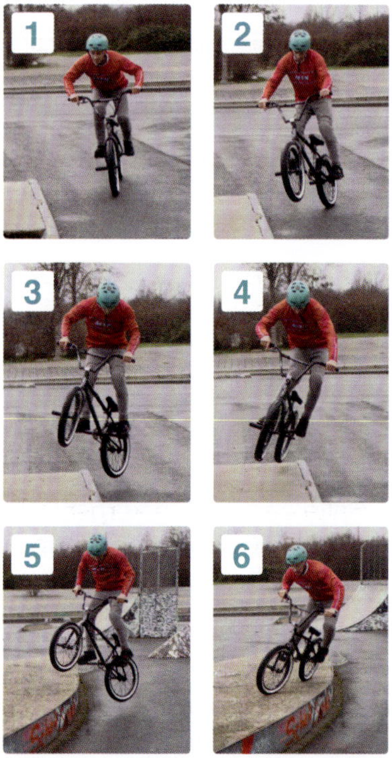

1 Fahr mit etwa doppelter Schrittgeschwindigkeit ca. in einem 15° flachen Winkel auf die Bordsteinkante zu. Beuge deine Arme und Beine, lehn dich mit deinem Oberkörper zur Bordsteinkante hin und lass dich mit dem Fahrrad leicht Richtung Bordsteinkante kippen.

2 Lenk leicht zur Bordsteinkante hin und streck deine Arme und Beine zum Bunnyhop. Drück dich dabei nach oben und zur Seite ab und lehn dich mit deinem Oberkörper weiter zur Bordsteinkante.

3-4 Spring weit auf die Fläche hinter die Bordsteinkante. Neige dein Fahrrad leicht von der Bordsteinkante weg, um die seitlichen Kräfte abzufangen.

5-6 Such dir nun schrittweise immer höhere Ledges. Wenn du aus mindestens 30 cm seitlicher Entfernung sicher auf der Oberfläche landest, kannst du das Grinden an einer Ledge dieser Höhe probieren.

Feeble-Grind

Voraussetzung: Bunnyhop auf eine Ledge

Vorübung

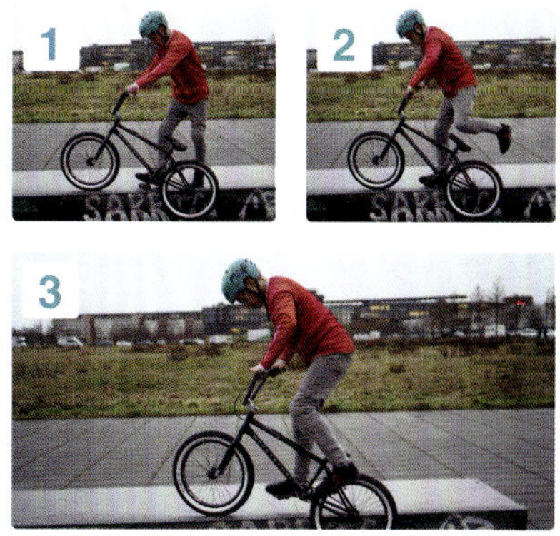

1 Stell dein ganzes hinteres Peg auf die Fläche einer Ledge und setz dein Vorderrad nah an die Kante. Dreh das Pedal so nach unten, dass es auf der Fläche steht.

2 Nimm den Lenker in beide Hände und steig mit dem Fuß auf das Pedal, das auf der Fläche steht.

3 Balanciere dein Gewicht aus und nimm vorsichtig deinen zweiten Fuß aufs Pedal. Dreh die Kurbel waagerecht, sobald du sicher stehst. Halte dich in der Position und gewöhn dich an die Haltung.

An einer Ledge

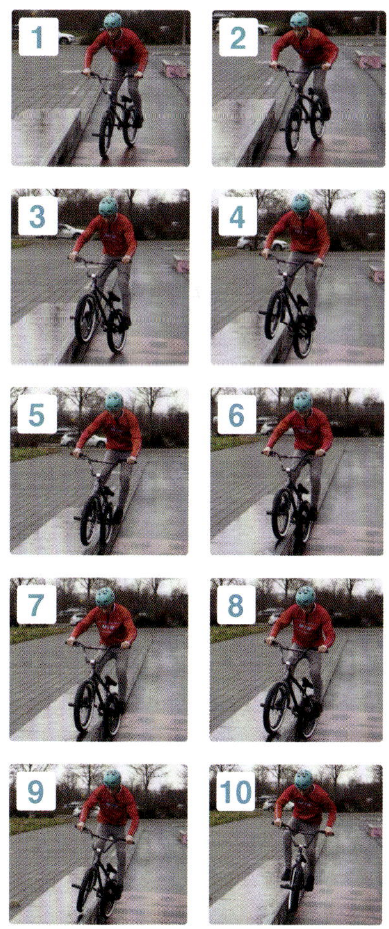

1 Roll langsam ca. im 15°-Winkel auf eine niedrige Ledge zu. Steuer nicht zum Anfang der Ledge, sondern etwas weiter nach hinten, damit du beim Üben nicht an der Vorderseite hängen bleibst.

2 Beuge deine Arme und Beine und lehn dich mit Oberkörper und Fahrrad leicht zur Ledge hin.

3 Lenk leicht zur Ledge und streck deine Arme und Beine zum Bunnyhop. Drück dich dabei auch seitlich zur Ledge hin vom Boden ab.

4 Zieh dein Fahrrad so nach oben, dass du mit dem Vorderrad und dem Peg auf der Fläche landest und nicht an der Seitenfläche hängen bleibst.

5 Lehn dich leicht mit dem Oberkörper zur Ledge hin, um die einseitige Landung auf dem Peg abzufangen, und setz mit dem Peg auf.

6 Lande mit dem Vorderrad parallel zur Kante und ca. 10–15 cm entfernt. Mit mehr Übung kannst du näher landen und noch besser grinden.

7 Halte deinen Oberkörper leicht zur Ledge gelehnt, um im Gleichgewicht zu bleiben. Lenk mit deinem Vorderrad parallel und nah zur Kante.

8 Beug deine Arme und Beine.

9-10 Lehn dich von der Ledge weg. Lenk direkt danach nach außen, streck zeitgleich deine Arme und Beine und drück dich seitlich von der Ledge ab.

Double-Peg-Grind

Voraussetzung: Feeble-Grind

Vorübung I

1 Stell dein Fahrrad komplett mit beiden Pegs auf die Ledge und dreh das Pedal runter auf die Fläche.

2 Nimm beide Hände an den Lenker und stell deinen Fuß auf das Pedal auf der Ledge.

3 Nimm vorsichtig deinen anderen Fuß auf das äußere Pedal. Du musst dich beim Double-Peg-Grind noch mehr als beim Feeble-Grind zur Ledge lehnen, da beide Aufsetzpunkte deines Fahrrades außerhalb der Mitte liegen. Gewöhn dich an den Bewegungsablauf zum Balancieren, indem du deinen Oberkörper testweise nach links und rechts neigst.

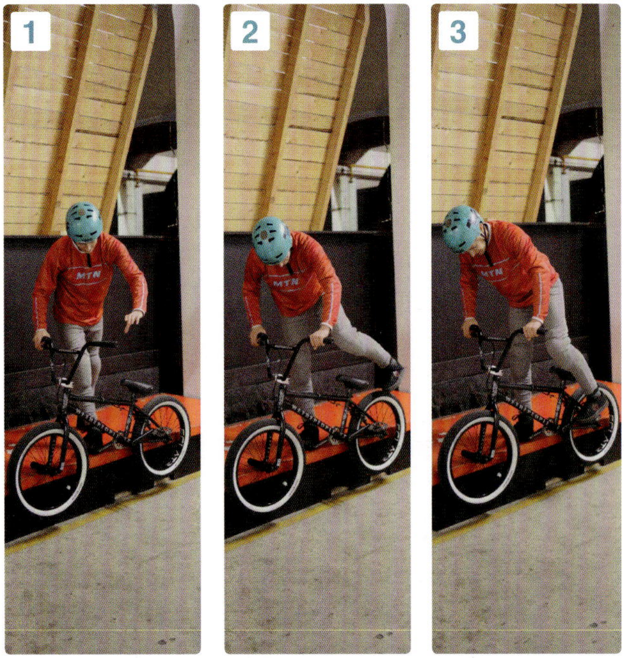

An einer Ledge

Du solltest hierfür die Vorübung I vom Feeble-Grind, den seitlichen Bunnyhop, sehr gut beherrschen.

1 Fahr sehr langsam in einem flachen Winkel an die Ledge heran.

2 Beuge deine Arme und Beine und lehn dich mit deinem Oberkörper und dem Fahrrad leicht zur Ledge.

3 Lenk zur Ledge, sodass du ca. 20–30 cm von deren Kante entfernt bist und streck deine Arme und Beine zum Bunnyhop. Stoß dich dabei auch seitlich ab, sodass du zur Ledge rüberspringst.

4 Zieh dein Fahrrad mit deinen Armen und Beinen so hoch, dass du nicht mit den Pegs an der Ledge hängen bleibst.

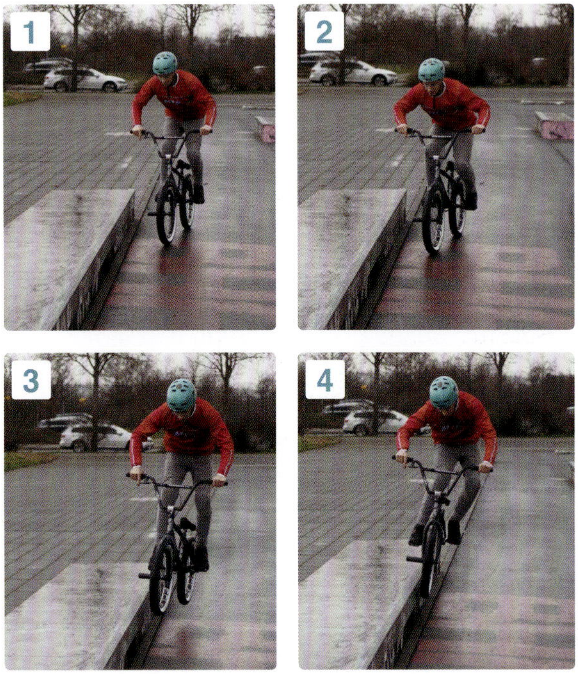

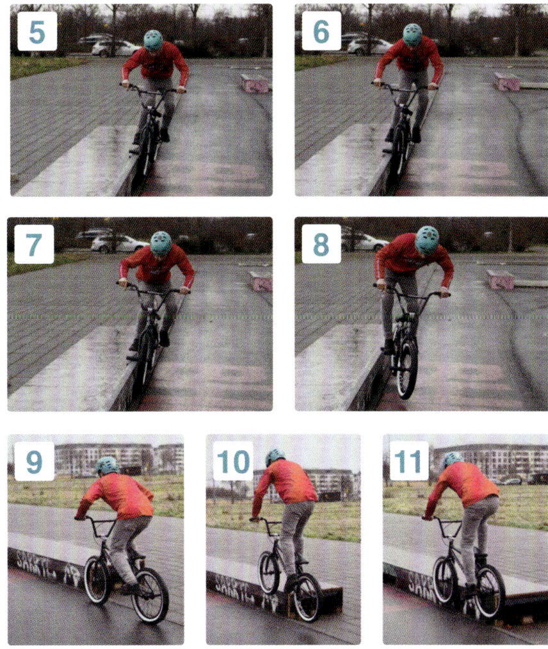

5 Lehn deinen Oberkörper leicht zur Ledge, um die außermittige Landung auszubalancieren. Setz mit beiden Pegs möglichst gleichzeitig und weit innen auf.

6 Lehn dich mit deinem Oberkörper weiter leicht über die Pegs, damit du das Gleichgewicht seitlich halten kannst.

7 Beuge deine Arme und Beine.

8 Lehn dich mit deinem Oberkörper leicht von der Ledge weg. Streck direkt danach deine Arme und Beine nach unten und zur Ledge, um seitlich von der Ledge abspringen zu können.

9-11 Nun kannst du das Ganze mit immer mehr Geschwindigkeit und geraderer Anfahrt probieren.

An einer Quarter

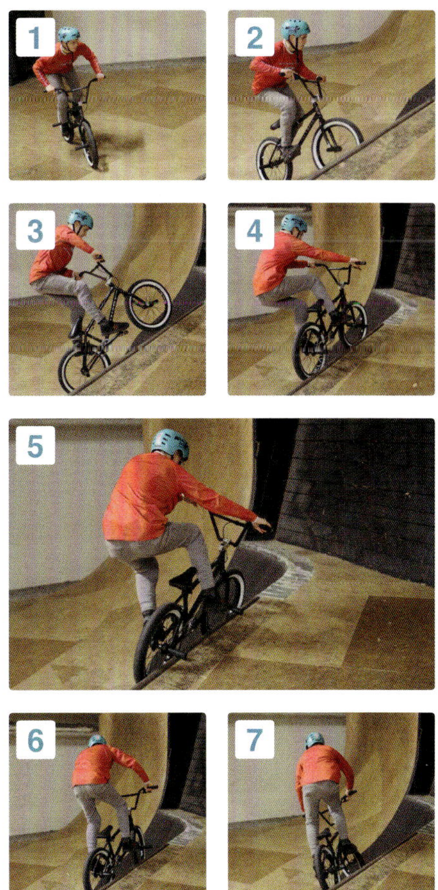

1 Such dir eine steile Quarter mittlerer Größe und fahr ca. im 50°-Winkel auf die Quarter zu.

2 Fahr in der Quarter eine Kurve in die Drehrichtung, lehn dich dabei im oberen Teil der Quarter mit deinem Oberkörper leicht zum Coping hin (im Gegensatz zum Air, bei dem du dich von der Quarter weg lehnst).

3 Lehn dich noch weiter zur Coping hin und spring mit beiden Rädern zeitgleich von der Quarter ab.

4 Zieh dein Fahrrad so hoch, dass du auf jeden Fall mit den Pegs über das Coping kommst, und neige dein Fahrrad sehr weit zur Quarter hin. Dreh dabei das Pedal auf der Coping-Seite nach oben, um es besser neigen zu können.

5 Setz möglichst gleichzeitig und weit innen auf dem Coping auf. Lehn dich dabei mit dem Oberkörper weiter zum Coping.

6 Lehn dich zur Quarter. Schieb dich seitlich mit deinen Armen und Beinen und drück dich damit seitlich von der Quarter ab.

7 Lehn dich weiterhin mit deinem Oberkörper stark in die Quarter, damit du mit deinem Fahrrad weit genug in die Quarter geneigt bist, und lenk in die Quarter ein.

Smith-Grind

Voraussetzung: Double-Peg-Grind

Vorübung I

1 Stell dein vorderes Peg auf die Ledge, dein Hinterrad nah an die Kante und dreh das Pedal zur Oberfläche.

2 Nimm beide Hände an den Lenker und setz deinen Fuß auf das Pedal auf der Fläche. Achte schon jetzt darauf, deinen Körper etwas weiter hinten zu positionieren als üblich, um den tief liegenden Lenker auszugleichen.

3 Steig mit dem anderen Fuß vorsichtig auf das andere Pedal. Behalte dabei deinen Körper weiter hinten als üblich und lehn ihn etwas zur Ledge hin.

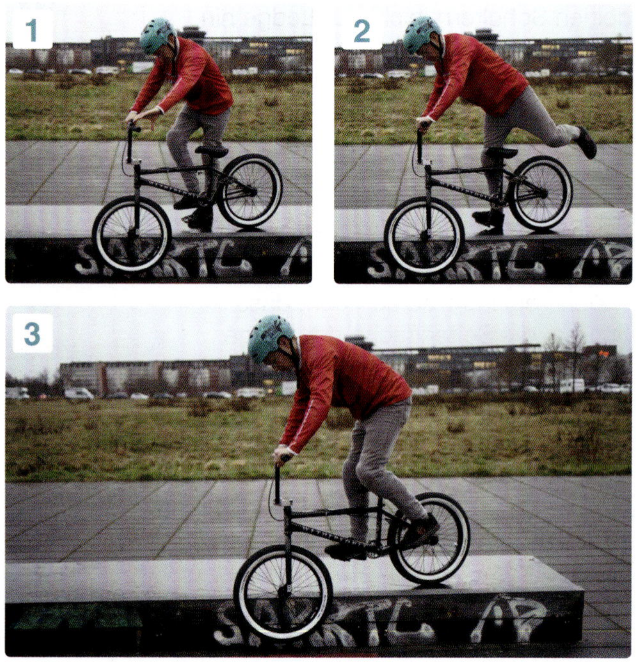

Vorübung II

1 Fahr in einem flachen Winkel auf die Ledge zu und beuge deine Arme und Beine.

2 Lehn dich mit deinem Oberkörper und Fahrrad in Richtung Ledge und spring zu ihr ab.

3 Zieh dein Fahrrad mit deinen Armen und Beinen hoch, sodass du über die Kante der Ledge kommst.

4 Setz mit beiden Rädern gleichzeitig auf der Ledge auf. Lande dabei möglichst nah an der Kante.

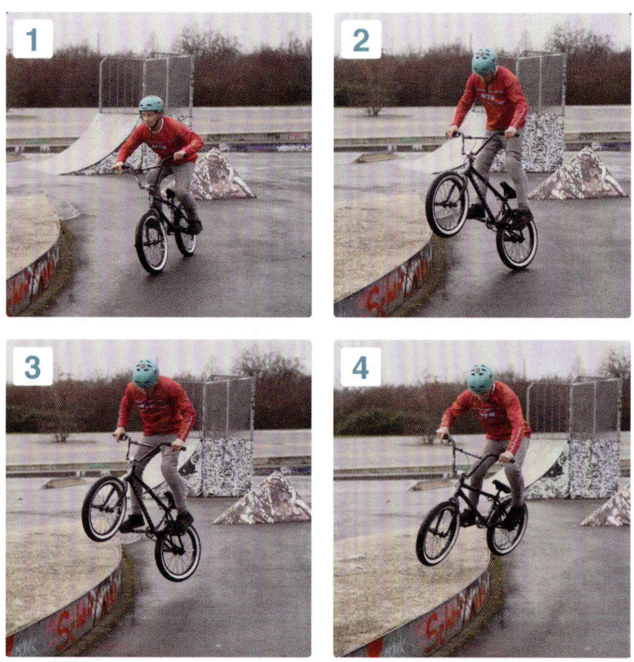

Im Sprung

1 Fahr in einem flachen Winkel auf die Ledge zu.

2 Lehn dich mit dem Oberkörper und dem Fahrrad in Richtung Ledge. Dreh gleichzeitig deinen Oberkörper mit deinen Schultern leicht zur Ledge hin.

3 Spring seitlich in Richtung Ledge ab. Dreh dabei deinen Oberkörper leicht von der Ledge weg. Damit erreichst du, das dein Vorderrad nicht so weit zur Seite fliegt wie dein Hinterrad und du dein vorderes Peg auf der Ledge landen lassen kannst.

4 Zieh dein Fahrrad so hoch, dass du über die Seitenfläche der Ledge kommst, halte dabei dein Vorderrad leicht weg von der Ledge, indem du deine Arme zur Seite nach außen hältst.

5 Geh mit deinem Körper etwas nach hinten. Damit verhinderst du, nach vorne zu kippen, und nimmst damit außerdem die Last vom vorderen Peg, sodass es weniger bremst. Setz dann dein vorderes Peg und dein Hinterrad auf die Ledge.

6 Bleib mit deinem Körper weiter hinten und schieb deine Schulter seitlich etwas über das vordere Peg. Bereite dich nach der Landung schon wieder aufs Abspringen vor, denn dadurch, dass dein Hinterrad von der Fläche herunterfährt, kannst du nur kurz im Smith-Grind bleiben.

7 Beuge deine Arme und Beine und lass dich mit dem Oberkörper leicht von der Ledge wegkippen.

8 Dadurch, dass dein Lenker so tief liegt, ist es schwerer, aus dem Grind herauszuspringen. Daher musst du die Ledge mit einem Schweinehop verlassen. Streck dafür deine Arme und Beine gleichzeitig nach unten und zur Ledge. Drück dich mit den Armen etwas stärker ab, damit dein Vorderrad höher kommt und du mit beiden Rädern gleichzeitig auf dem Boden landest.

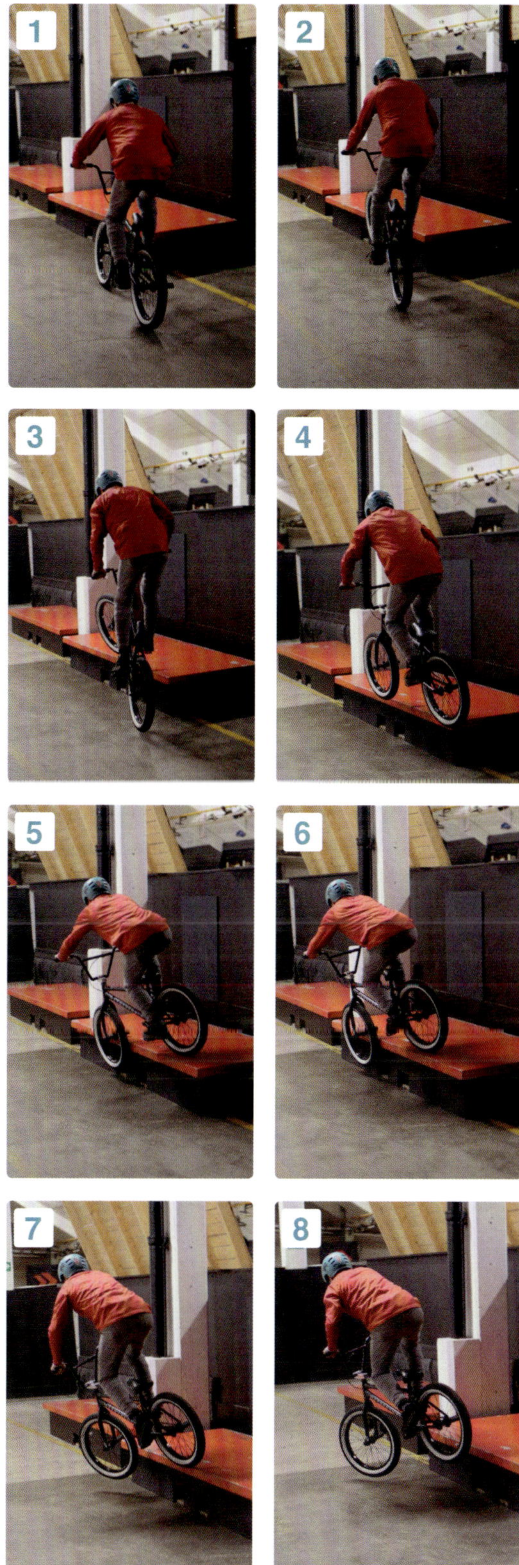

Danke euch!

Ich danke ganz besonders Alexandra. Ohne deine Unterstützung beim Fotografieren, Schreiben, Lektorieren und Gestalten würde dieses Buch wahrscheinlich nicht existieren. Besonderer Dank gebührt auch Lisa, die mich immer wieder in den entscheidenden Momenten motiviert hat. Auch meinen Testlesern, Motivatoren und Freunden Vanessa, Jonas, Paul und Charlie danke ich. Danke an Dawid, für das Fotoshooting. Meiner Lektorin Karen danke ich dafür die vielen kleinen Punkte zu finden, die ich noch ausbessern konnte und für die Geduld hundert Rückfragen zu beantworten. Erwähnt seien auch noch Christoph, Patrick und Blaise. Ich danke Elisa und allen Teilnehmern der Autorenwerkstatt für die tollen Abende. Zu guter Letzt danke ich meinen Eltern, die mich auf meinem Weg immer unterstützt haben.

Danke an die Unterstützer auf Instagram!

@lysa_pysa
@jda_jonas
@widukin_bmx
@alex.extrem
@sendung.mit.jonas
@celine_mtb
@pauljawoll_bikelife
@hugo.dirt
@hxlene_mtb
@marco_whitecoat
@0scar_mtb
@joco_bike
@louis_onbike
@nori.mtb
@freeride.levin
@baldiun.bmx
@samli_braveheart
@radelnder.arne
@smq.mtb
@__mountain__biker
@_lagertha02
@xbreaklessx
@matondo_dj_fr
@yanick_lips
@jakob.weik
@bmx.pusher
@jonahvirginasmtb
@tilltell.mtb
@nero.mtb
@freeride.nik
@lorenz_gstrein
@endurofritze
@tobsentherider
@riegerdominic
@paul_freeridee
@alexandermueller78
@elias_haindl
@rouven_rme
@zimtrakete
@charles_darwin.icd
@alex13_mtb
@leon_fbg
@flx._mtb
@charles.tsi
@niggo_mit_g
@marlon._dh
@maxim_blk
@phxl._.scootz15
@p3l_bmx
@pumprider_
@luis__mtb_
@leooomtb
@freeride.levin
@flx._mtb
@till.hff
@j.paulv._
@dr_bike__
@pascalcallecore
@nicolas_2457
@jannes_rzh
@alfred.mtb
@lumpi_bmx
@lukas_on_mtb
@dirt_liam__2501
@jarnokindbmx
@joel_mtb_07
@olemtb
@celine.mtb
@lucaa.tom
@trail_fux
@zimmi_mtb
@lif_bmx
@peer_bks_mtb
@henning_j.06
@lohsi_mtb
@luca.downhill13
@frissdreckstreetstore
@philip_melzer
@florianbuzoverovbmx
@pascal._.slopestyle
@maxmartinbmx
@maxwernerbmx
@tylerdeanhilfertbmx
@slicki_bmx
@niclas4130bmx
@mo__bmx
@arturpankowbmx